사자성어

# 千字典

천자전

편저 이창범

법문북스

## 1. 천자문이란

본래 지나인支那人들에게 석봉천자문石峰千字文은 참 멋이 있는 책이다. 만약 지나인支那人의 역사歷史와 지리地理를 담은 부분만 없었다면, 우리에게도 참 멋이 있는 책이라고 하겠다. 천자문千字文은 수록收錄된 천자千字가 한자도 겹치지 않았으며, 또 「사서삼경」의 중요한 내용도 골고루 담고 있다. 퇴폐적頹廢的이거나 염세적厭世的이지도 않고, 사언절구四言絶句의 시로써 두 구句가 하나의 이야기가 되어 전체적으로는 크고 긴 맥락脈絡이 서로 이어져 있다. 또한 광활廣闊한 우주로부터 작은 한 사람의 마음까지도 살필 수 있게 꾸며진 멋이 있는 책이라고 하겠다. 그러므로 우리나라에서도 수백 년 동안 그 명성名聲이 끊이지 않고 이어져 올 정도로 멋이 있게 꾸며진 책이다.

천자문千字文은 지나인支那人의 역사歷史와 지리地理 이외에도 수신제가修身齊家를 주장하는 대학大學, 인仁의 정치政治와 교육敎育을 주장하는 논어論語, 공자의 인仁에 의義를 덧붙인 인의仁義, 성선설性善說을 주장하는 맹자孟子와 겸근칙謙謹勅에 힘써 지성至誠에 이르기를 권유하는 중용中庸, 공자가 그렇게도 읽기를 주장했던 시경詩經까지를 포괄包括해서 담은 멋이 있는 책이다.

그러므로 이를 어려서부터 공부한 사람이라면 어찌 부모를 거역해서 불효不孝를 하겠으며, 또한 어찌 세상을 거역해서 사람을 저버릴 수 있겠는가. 이 정도로 천자문은 지나인들에게는 잘 꾸며진 책이다. 따라서 석봉천자문石峰千字文에서 지나인支那人의 역사歷史와 지리地理를 담은 부분을 빼고, 우리의 역사와 지리를 담아서 새롭게 꾸민 「신천자방新千字房」은 우리의 역사와 지리는 물론 사서삼경에서 주장하는 세상의 모든 이치를 총체적總體的으로 담은 멋이 있는 서책書冊이 되었다고 하겠다. 그러므로 이를 필독必讀하는 사람은 사서삼경四書三經은 물론 우리의 역사와 지리까지도 함께 공부할 수 있게 되었다고 하겠다.

이처럼 석봉천자문의 일부 내용을 바꿔 신천자방으로 이름도 바꾸고, 그 일부 내용을 어떤 예로 바꿨는가를 천하에 널리 알리고자그 예를 아래에 실었다.

## 2. 석봉천자문을 어떻게 바꿨는가

첫째 천자문은 천 개의 문자文字가 서로 겹치지 말아야 하며, 둘째 여덟 글자씩 한 문장을 이뤄야 하므로 총 125구句로 이루어진 천자문에서 31구를 바꾸고, 이외에 2구는 지나인支那人들 방식의 번역을 우리 방식으로 바꾼 것이다. 따라서 많은 문자가 겹치게 되므로 겹치는 문자를 이어서 연쇄적連鎖的으로 바꿨다.

例1. 신화神話
* 龍師火帝 鳥官人皇 → 因雄遺芳 三神 悠久

'용사화제 조관인황龍師火帝 鳥官人皇'이라고 하여, 복희 씨는 용으로 벼슬을 기록하고
황제는 불로써 벼슬을 기록하였고, 무점포사업은 새로써 벼슬을 기록하고 황제는 인문을
갖추었으므로 인황人皇이라고 하였다는 말을 '인웅유방 삼신유구因雄遺芳 三神悠久'라고 하
여, 하느님桓因과 한울님桓雄은 빛나는 영예榮譽를 후세에 남기셨으니, 삼신三神으로 유원
悠遠하시다.
우리 민족은 아주 아득한 옛날부터 '하느님'이란 말이나 '한울님'이라는 말을 사용했
다. 또 한단고기桓檀古記에도 '한인桓因'과 '환웅桓雄'이라는 단어가 있다. 물론 '하느님'
과 '한인桓因', 또 '한울님'과 '환웅桓雄', 위 네 단어가 서로 연관성이 있다고 증명하기란
쉽지 않다. 그러나 지금까지 많은 선배 학자들께서 짐작하여 주신대로 '하느님'을 '한인
桓因'으로, '한울님'을 '환웅桓雄'으로 인정하여 천자문을 만들었다.
또한 삼신三神은 우리의 신神이시다. 어떤 이는 하시는 일이 삼생三生의 모든 일을 관장
하시므로 세 분의 신이 있다고 하여 이분들을 가리켜서 삼신이라 하고, 또 어떤 이는 이
름만 삼신三神일 뿐 사실은 한 분이라고 하기도 하며, 또 어떤 이는 우리 모두를 따라다니
며 도와주시므로 천지사방天地四方 아무 곳에나 있는 분이라고도 하였다. 그러므로 하느
님桓因과 한울님桓雄은 빛나는 영예榮譽를 후세에 남기셨으니, 삼신三神으로 유원悠遠하시
라고 바꿨다.

因 雄 遺 芳 三 神 悠 久 因(말미암을 인)雄(영웅 웅)遺(끼칠 유)芳(이름 빛날 방)三(석
삼)神(귀신 신)悠(멀 유)久(오랠 구)


2. 지리地理

* 背邙面洛 浮渭據涇 → 背岳面漢 浮據兩塘

'배망면락 부위거경背邙面洛 浮渭據涇'이라고 하여, 북쪽 배후에는 북망산이 있고 앞에는
낙수落水에 면해 있으며, 경수에 웅거하여 마치 위수渭水에 떠있는 것 같다. 동경은 북에
북망산이 있고, 낙양은 남에 낙천이 있다. 위수에 뜨고 경수를 눌렀으니 장안은 서북에
이천, 경수, 두 물이 있다 하는 말을 '배악면한 부가양당背岳面漢 浮據兩塘'이라고 하여, 서
울은 배후背後에 북악(北岳 : 북한산)이 있고, 한강漢江과 면면해 있으며 양당兩黨에 웅거하

였으니 마치 한강에 떠있는 것과 같다. 양당兩黨이란 양수리兩水里 못을 가리키는 말이며, 팔당八塘이란 댐의 생긴 모습대로 성형象形한 명칭으로 팔八자의 한 가닥은 북한강을 가리키고, 다른 한 가닥은 남한강을 가리킨다고 하겠다.

背岳面漢浮據兩塘 背(등 배)岳(큰산 악)面(낯 면)漢(물 이름 한/놈 한) 浮(뜰 부)據(의거할 거)兩(둘 양/쌍 양)塘(못 당/방축 당)


## 3. 역사歷史

*起頗頗牧 用軍最精 → 薩水隋葬 決戰唐破

'기전파목 용군최정起頗頗牧 用軍最精'이라고 하여, 백기와 왕전은 진나라 장수요 염파와 이목은 조나라 장수인데, 이들은 군사 쓰기를 가장 정교하게 잘하였다는 말을 '살수수장 결전당파薩水隋葬 決戰唐破'라고 하여, 수나라 군사는 살수에 장사葬事 지냈으며, 당나라 군사는 안시성에서 격파擊破하였다. 즉 고구려의 을지문덕乙支文德 장군은 수隋나라 군사 113만 3,800명을 살수撒水에 장사시켜 수隋나라를 멸망滅亡하게 만들었으며, 양만춘楊(梁)萬春 장군은 안시성安市城에서 당唐나라 군사 17만 명을 격파擊破시켰다. 이때 당태종唐太宗도 고구려 군사가 쏜 화살에 한 쪽 눈을 맞아 이로 말미암아 애꾸눈으로 4년을 앓다가 죽었다는 말로 바꿨다.

薩 水 隋 葬 決 戰 唐 破薩(보살 살)水(물 수)隋(나라이름 수)葬(묻을 장) 決(결단할 결, 틀 결)戰(싸움할 전)唐(나라 이름 당)破(깨트릴 파)


* 綺回漢惠 說感武丁 → 徐熙說諭 邯贊龜州

'綺回漢惠 說感武丁(기회한혜 설감무정)'이라고 하여, 한나라 네 현인 가운데 한 사람인 기가 돌아와서 혜제를 회복시켰으며, 무정의 꿈에 감동되어 정승을 삼으라고 말을 하였다. 곧 정승이 되었다고 하는 말을 '서희설유 감찬구주徐熙說諭 邯贊龜州'라고 하여, 993년(성종 12) 고려의 외교가 서희徐熙 중군사가 세 치寸 혀로 강동육주江東六州를 회복한 것을 축하하는 것이요, 이어서 발발한 전쟁에서 강감찬姜邯贊 장군의 구주대첩龜州大捷을 기린다는 말로 바꿨다. 설유說諭는 말로 타이른다고 하는 말이다.

徐 熙 說 諭 邯 贊 龜 州徐(더딜 서)熙(빛날 희)說(말씀 설/달랠 세/기뻐할 열)諭(고할 유) 邯(땅 이름 함/이름 감)贊(도울 찬)龜(땅 이름 구/거북 귀)州(고을 주)

# 목 차

# 부  록

천天은 크다小之對, 지나다過, 길고長, 지극하다甚, 極 등을 뜻하는 대大 위에 한數之始, 순전한純, 같다同, 하나第之本 등의 뜻이 있는 일一을 한 문자로 하여 지고무상至高無上한 하늘乾, 만물의 근본萬物之根本, 조물주造物主, 진리眞理, 임금帝王敬稱, 운수運命, 태어난다出生, 아버지父, 아비父, 중요하다重要 등의 뜻이 있으며, 대大와 일一은 하나의 부수部首이다.

하늘 천

지地는 토土로 발음을 할 때는 흙地, 땅, 뭍陸, 나라邦, 곳場所, 뿌리根, 고향故鄕 등의 뜻이 있으며, 두土로 발음을 할 때는 뽕 뿌리根, 桑土 등의 뜻이 있는 토土 변에 말을 잇다語之餘, 또亦, 어조사語助辭 등의 뜻이 있는 야也를 더한 문자로, 땅坤, 天之對, 뭍陸, 나라邦國, 아래下, 곳處所, 예비豫備하다 등의 뜻이 있다.

땅 지

玄은 하나의 부수部首로 하늘, 아득하다幽遠, 검붉으며黑赤, 고요하며淸靜, 현묘하다玄妙하다는 뜻이다. 즉 현玄은 하늘의 상태狀態를 이르는 말이다.

검을 현

황黃은 하나의 부수로, 누르다五色之中央土色, 급히 서두르다倉黃, 늙은 이黃老, 어린아이 명칭小兒之稱 등의 뜻이다. 천지天地는 하늘과 땅, 우주宇宙, 세상世上, 세상에 많다는 뜻이 있으며, 현황玄黃은 현색玄色의 하늘과 황색黃色의 땅을 가리키는 말이므로, 하늘과 땅을 가리키는 말이다.

누를 황

# 天地玄黃 宇宙洪荒

우宇는 움집 면宀 아래에 가다往, 여기是, ~로부터 歸遠于將之於, 乎, 어조사語助辭 등의 뜻이 있는 우于를 더한 문자로 하여 집居雷, 천지사방天地四方, 헤아리다度量, 끝端, 처마기슭屋邊簷下, 품성品性 등의 뜻이 있다. 우于는 두數一之加一, 둘數一之加一, 같다一生二生三同, 두 마음功無二於天下異心, 의심하다疑, 나누다分 등의 뜻이 있는 이二를 갈고리를 뜻하는 '궐亅'로 꿴 문자이다.

집 우

주宙는 움집 면宀 아래에 말미암다從, 행하다行, 쓰다用, 마음이 든든하다自得貌, 지나다經, 까닭理由, 인하다因 등의 뜻이 있는 '유由'를 더한 문자로 집居, 고금往古來今, 하늘天, 때無限時間 등의 뜻, 유由는 밭 전田 부수에 있다.

집 주

홍洪은 물, 강河川, 홍수洪水 = 大, 고르다橫平準 등의 뜻이 있는 수氵변에 한가지同, 함께同, 행하다向, 다皆, 모두다合, 공변하다公 등의 뜻이 있는 공共을 한 문자로, 크다, 넓다, 큰물降水 등의 뜻이 있으며, 여덟 팔八 부수에 있다. 만약 땅을 사람의 몸으로 비교한다면 돌은 사람의 뼈이며, 흙은 사람의 살, 물은 사람의 피에 해당한다고 한다.

넓을 홍

황荒은 풀 초艹 아래에 죽이다殺, 없어진다失 등의 뜻이 있는 망亡, 내 천川을 더한 문자로, 거칠다, 크다大, 폐廢하다, 흉년 들다, 멀다遠, 오랑캐 등의 뜻이 있다. 즉 황荒은 모든 냇물은 마르고, 모든 풀은 말라죽어 황폐荒廢한 모습을 상형象形하였다고 하겠다.

거칠, 클 황

하늘은 검붉고 땅은 누르며, 우주宇宙는 넓고 크다. 그러므로 천지天地는 하늘과 땅, 우주宇宙, 세상世上, 대단히 많은 것을 가리키며, 우주宇宙는 천지사방天地四方과 고금왕래古今往來, 세계世界 또는 천지간天地間, 만물을 포용하는 공간을 가리킨다. 그러나 위의 본문 때문에 현황玄黃도 천지天地를 가리키는 말이 되었다.

| | |
|---|---|
| 日<br><br>날     일 | 일日은 하나의 부수로, 해太陽精, 人君象, 날太陽精, 人君象, 하루一晝夜, 날자曆數, 먼저往者, 낮晝 등의 뜻이 있다. 즉 일日은 태양太陽의 정령精靈으로, 태양의 모습을 그렸다고 한다. 이처럼 일日이 임금의 표상表象으로 땅을 골고루 비추듯이, 임금은 일日을 본받아 백성을 바르게 다스려야 한다고 한다. |
| 月<br><br>달     월 | 월月은 하나의 부수로, 달, 30일, 세월, 달빛月光月下 등의 뜻이 있다. 즉 월月은 태음太陰의 정령精靈이며, 수水의 정령, 토土의 정령이다. 태음太陰이란 지구의 위성衛星인 달을 일컫는 말이고, 수水는 물을 가리키는 말이며, 토土는 땅을 가리키는 말이다. 일월日月이란 해와 달, 날과 달, 광음光陰, 세월歲月 등을 뜻한다. |
| 盈<br><br>찰     영 | 영盈은 그릇 명皿 부수部首로, 그릇이 차고充滿, 남고盈縮, 넘친다溢 등의 뜻이 있다. 즉 명皿은 그릇을 가리키며, 내乃 안에 또 우又를 한 문자는 내乃안에 아들 자子를 하면 아이 밸 잉孕이 되어 회임懷妊한 여인을 가리킨다면, 이는 이미 찼는데 또 찼다라는 의미가 있다. 그러므로 영盈은 이미 그릇이 찼는데 또 찼다라는 말이 되므로 차고, 남고, 넘친다는 의미가 있다. |
| 昃<br><br>기울     측 | 측昃은 날 일日 아래에 산기슭 엄厂, 사람 인人을 더한 문자로, 해 기울어지다日中則側西의 뜻이 있다. 이는 해日 아래 사람人이 언덕이나 기슭厂에 선 모습이므로, 해(하루)가 지려고 서쪽으로 기운 것을 상형한 문자이다. 그러므로 영측盈昃이란 차면 기운다는 의미를 가지고 있다. |

日月盈昃 辰宿列張

**별 진**

진辰은 하나의 부수로, 진辰으로 발음을 할 때는 별日月合宿, 때時, 북두天樞北斗 등의 뜻이 있고, 신辰으로 발음을 할 때는 나다日, 生辰 등의 뜻이 있다. 즉 별辰은 일월日月과 함께 머무는 것이며, 진辰은 때와 북두칠성北斗七星도 가리킨다.

**잘 숙, 별 수**

숙宿은 움집 면宀 아래에 많은百 사람人 = 亻을 그린 문자로, 숙宿으로 발음을 할 때는 잔다夜止, 드새다夜止, 본디素, 쉬다休, 지키다守, 머무르다留, 크다大 등의 뜻이 있고, 수宿로 발음을 할 때는 별列星, 성좌星座, 떼별列星 등의 뜻이 있다. 이처럼 숙宿에는 많은 별이 한자리에 머무른다는 의미가 있으나, 문자의 상형은 많은 사람이 한 집안에 머무는 모습을 상형象形한 것이다. 진숙辰宿이란 별, 별자리 등을 뜻한다.

**벌일 렬**

렬列은 칼兵刃, 돈 이름錢名, 거루小船 등의 뜻이 있는 도刂 변에, 살을 발은 뼈 알歹을 더한 문자로, 벌리다分解, 차례位序, 베풀다陳, 항오軍伍, 펴다布 등의 뜻이 있다.

**베풀 장**

장張은 활 궁弓 변에 긴 장長을 더한 문자로, 활 당기다弦弓, 베풀다施, 벌리다開, 과장하다誇, 고치다更張, 속이다誑, 어기어지다相戾, 차려 놓다設, 별 이름星名, 물건 수효物數 등의 뜻이 있고, 장長은 하나의 부수이다. 열장列張이란 넓게 펼쳐져 있다는 뜻이다.

해와 달은 차면 기울고, 별은 열을 지어 하늘에 펼쳐져 있다. 해는 서쪽으로 기울고, 달도 차면 점차 이지러지며 성좌星座도 해와 달 같이 하늘에 넓게 벌려져 있다는 우주의 진리를 말한 것이다. 일월日月은 해와 달, 날과 달, 광음光陰을 가리키며, 진수辰宿는 별, 별자리를 가리킨다. 따라서 일월진수日月辰宿는 일월성진日月星辰으로 해와 달과 별을 가리키는 말이 된다. 이처럼 별을 가리킬 때는 숙宿은 수宿로, 진辰은 진辰으로 읽는다.

寒
찰 한

來
올 래

暑
더울 서

往
갈 왕

한寒은 움집 면宀아래에 정일팔빙井一八을 더한 문자로, 차다冬氣暑之對, 춥다冬氣暑之對, 떨다戰慄, 가난하다窮窘, 뼈에 사무치다徹, 얼다凍, 그만두다歇, 쓸쓸하다寂, 겨울冬 등의 뜻이 있다. 움집 면宀 아래에 우물 정井을 더한 문자는 뜰의 우물庭井 정穽자이며, 정穽 아래에 일一 팔八을 더한 문자는 틈隙 하寏자 이다. 그러므로 한寒은 너무 추워서 뜰의 우물庭井조차도 크게(꽁꽁) 얼었다고 상형한 문자이다. 한寒과 닮은 새塞는 흙 토土 위에 틈隙 '하'를 한 문자로 하여 변방의 뜻을 가지고 있으며, '하'는 움집 면宀 아래에 정대井大를 한 문자이다.

래來는 사람 인人 변에 나무 목木을 더한 문자로, 오다조, 돌아오다還, 보리麥, 오대손五代孫, ~로부터自, 이르다조 등의 뜻이 있다. 래來는 마치 나무 밑에서 두 사람人이 만나는 모습을 상형한 문자이다.

서暑는 해 일日 아래에 어조사語助辭 자者를 더한 문자로, 덥다夏氣寒之對, 熱, 더위熱, 여름철夏節 등의 뜻이 있으며, 자者는 늙을 로耂 아래에 해 일日을 더한 문자이다. 즉 서暑의 파자破字는 일자日者로 일日은 해太陽를 가리키며, 자者는 어조사語助辭로 '해이니라' 라는 뜻에서 상형된 문자이다.

왕往은 자축거릴小步 척彳변에 주인 주主를 더한 문자로, 간다去, 옛昔, 이따금씩時時, 향하다向 등의 뜻이 있다. 왕往의 파자는 척주彳主이므로 강제로 끌려가는 것이 아니라 자발적自發的으로 움직이는 모습이라고 하겠다. 주主는 표할 주丶 아래에 임금 왕王을 더한 문자이며, 내왕來往이란 오고 간다는 뜻이다.

寒來暑往 秋收冬藏

| | |
|---|---|
| **秋**<br><br>가을 추 | 추秋는 곡식稼之總名, 벼嘉穀二月生八月熟 등의 뜻이 있는 화禾 변에, 불物燒而生光熱, 등불燈火, 불나다火災, 빨갛다物體熾熱而成亦, 빛나다光, 타다燃, 급하다急, 화나다逆上心火, 불나다南方位五行之一, 별 이름星名 등의 뜻이 있는 화火를 더한 문자로, 가을金行之時白藏節, 세월歲月 = 千秋, 추장하다趨蹌, 풍년穀物豊作, 추수穀物收穫 = 秋收, 때時, 말 뛰어놀다騰貌馬 등의 뜻이 있다. |
| **收**<br><br>거둘 수 | 수收는 치다小擊, 똑똑 두드리다小擊 등의 뜻이 있는 복攵 부수部首로 아래로는 도저히 흘려버릴 수 없는 '걸개' 모양을 한 문자로, 걷다斂, 모으다聚, 잡다捕, 떨치다振, 정돈하다整, 쉬다息, 가을 맡은 신 이름蓐神, 추수가 많다穫多 등의 뜻이 있다. 추수秋收란 가을걷이를 뜻한다. |
| **冬**<br><br>겨울 동 | 동冬은 얼음 빙冫 위에, 뒤에 오다後至, 뒤에서 오다後至 등의 뜻이 있는 치夊를 더한 문자로, 겨울閉藏節, 겨울 지나다過冬 등의 뜻이 있다. |
| **藏**<br><br>감출 장 | 장藏은 풀 초艹 아래에 착하다善, 두텁다厚, 종奴婢, 숨기다藏, 장부臟 등의 뜻이 있는 장臧을 더한 문자로, 감추다隱, 광장物所畜, 곳집物所畜, 장풀似薀 草名 등의 뜻이 있다. 장臧은 신하事君之稱, 두려워하다惶恐之辭 등의 뜻이 있는 신臣 부수에, 조각 널 장爿과 창 과戈를 더한 문자이다. 그러므로 장藏은 신하臣가 임금이 무서워서 널빤지爿와 창戈으로 덮고, 그 위에 풀艹을 얹어 완전하게 숨어버린 문자라고 하겠다. 동장冬藏이란 겨울에 먹을 것을 갈무리한다는 뜻이다. |

찬 기운이 오면 더운 기운은 가고, 가을에 거두어서 겨울에 먹을 것을 저장貯藏한다. 계절의 변화와 이에 맞추어 사는 사람의 모습을 설명한 것이다. 따라서 추수秋收는 가을에 익은 곡식을 거둬들인다는 말로 가을걷이를 가리키고, 동장冬藏은 겨울에 먹을 것을 갈무리함을 가리킨다.

閏

윤달 윤

윤閏은 문 문문門 안에 임금 왕王을 더한 문자로, 윤달氣盈朔虛積餘附月의 뜻이 있다. 즉 윤閏은 임금王이 만물이 출입하는 문門 안에 들어 있는 모습이다. 이는 모든 날月들 가운데 덤으로 더 살 수 있는 윤달이 으뜸이라는 뜻이다. 왕王은 구슬 옥玉 부수에 있다.

餘

남을 여

여餘는 먹을茹 식食 변에 나我, 자기予, 나머지餘, 사월四月, 陰曆 등의 뜻이 있는 여余를 더한 문자로, 남다膁, 넉넉하다饒, 나머지殘, 끝末 등의 뜻이 있다. 여餘와 의미가 비슷한 잔殘은 살 바른 뼈 알歹 변에, 쌓다委積, 도적賊, 상하다傷 등의 뜻이 있는 전戔을 더한 문자로, 쇠잔하다衰殘, 해하다害, 賊, 나머지餘 등의 뜻이 있으므로 의미가 여餘와 비슷하나, 여餘는 쓰기 전의 넉넉함餘裕이며, 잔殘은 쓰고 난 나머지殘餘란 차이가 있다. 전戔은 창 과戈 아래에 창 과戈를 더한 문자이다. 즉 여유餘裕란 넉넉하고 남음이 있거나 덤비지 않고 사리를 너그럽게 판단하는 마음이 있다는 뜻이고, 잔여殘餘란 처져 있는 나머지를 뜻한다.

成

이룰 성

성成은 전쟁戰爭, 창平頭戟 등의 뜻이 있는 과戈 부수部首에 삐치고丿 장정丁을 더한 문자로, 이룬다就, 畢, 편안하다平, 거듭重, 되다爲, 화목하다和睦, 마치다終, 풍류하다 등의 뜻이 있다. 이처럼 성成을 상형한 까닭은 본래 이룬다는 의미는 전쟁戰爭에서 승리勝利를 하는 일로 생각을 하였거나, 전쟁에서 결사적으로 이기려고 하듯이 일에도 남다른 노력이 있어야 한다는 의미이다.

歲

해 세

세歲는 멈춘다, 혹은 그친다라는 뜻이 있는 지止 부수部首로, 해年, 절후節侯, 나이年齡, 세월歲月, 풍년豊年, 별星名, 곡식이 익는다年穀之成 등의 뜻이 있다. 이처럼 세歲는 풍년豊年이라거나, 곡식이 익는다年穀之成거나 하는 의미 이외에 모두를 멈추게 하고 싶은 것뿐이어서 그런지, 그칠 지止 아래 창戈에 삐치고丿한 일一 밑에 젊음少을 한 문자이다. 그러므로 세歲는 조금씩一 삐쳐서丿 가는 젊음少을 창戈으로 막아서라도 멈추게止 하고 싶다는 의미의 상형이라고 하겠다.

# 閏餘成歲 律呂調陽

| | |
|---|---|
| 律<br><br>가락　　　률 | 률律은 자축거닐小步 척彳 변에 마침내遂, 짓다述, 오직惟, 스스로自, 붓筆, 쫓다循, 소리 내다發聲 등의 뜻이 있는 율聿을 더한 문자로, 법法, 풍류律呂, 짓다述, 저울질하다銓, 붓筆 등의 의미가 있다. 율聿은 하나의 부수이다. |
| 呂<br><br>음률　　　려 | 려呂는 입 구口 위에 입 구口를 더하고, 이들 사이를 삐쳐서丿 서로 이어준 문자로, 풍류陰律, 등골뼈脊骨, 종 이름鍾名, 칼 이름刀名 등의 뜻이 있다. 율聿과 려呂는 악기의 모양이라고 하겠다. |
| 調<br><br>고를　　　조 | 조調는 말씀 언言 변에 두르다帀, 주밀하다密 등의 뜻이 있는 주周를 더한 문자로, 고르다和, 부드럽다柔, 가리다選, 메기다賦, 가락, 운치韻致, 회계會計, 맞다適, 거듭重 등의 뜻이 있으니, 조調의 상형은 말言을 주밀周하게 하는 방법이라고 하겠다. 즉 말言을 고르고 부드럽게 하고자 한다면 속이 빈冂 흙土 속에 입口이 있어야 한다는 의미이다. 그래서 지금도 음악을 하는 사람들이 폭포수瀑布水나, 토굴土窟을 찾는 것은 아닌지 심히 궁금하다. |
| 陽<br><br>볕　　　양 | 양陽은 언덕 부阝 변에, 빛날 양昜을 더한 문자로, 볕日, 해日, 양기陰之對, 밝다明, 봄春, 양지陽地＝山南水北, 거짓佯 등의 뜻이 있다. 양昜은 날 일日 아래에 한 일一과 말 물勿을 한 문자로 양陽의 고자古字이다. 물勿은 쌀 포勹 변으로 물勿, 혹은 몰勿로 읽는다. 양昜과 닮은 이易는 날 일日 아래에 말 물勿을 더한 문자로, 쉽다의 뜻이 있다. 양陽의 대對는 음陰이다. |

　　윤달은 남는 날을 보태어 한 해를 형성하고, 음률은 음양이 조화되어야 하니 즉 율律은 양陽이요, 려呂는 음陰이다. 이처럼 율려律呂는 음악과 가락, 일 년一年, 열두 달, 춘하추동春夏秋冬의 사계四季, 동서남북의 사방四方, 건곤간손乾坤艮巽의 사우四隅, 사방四方과 사우四隅를 합친 팔방八方, 우주의 별자리, 모든 사회 질서를 가리킨다. 그러므로 율려律呂는 우주의 모든 질서이자, 우주의 모든 음악을 가리킨다.

| | |
|---|---|
| 雲 <br> 구름 운 | 운雲은 비 우雨 아래에 이러저러할 운云을 더한 문자로, 구름, 은하수雲漢, 하늘天, 靑雲, 팔대손雲孫 등의 뜻이 있으며, 운云은 두 이二 부수에, 나 사厶를 더한 문자이다. |
| 騰 <br> 오를 등 | 등騰은 말, 추녀 끝屋四角, 벼슬 이름官名, 司馬, 나라 이름 등의 뜻이 있는 마馬 변에, 오를 등鶩을 더한 문자로, 오르다升, 달리다馳, 뛰놀다踊躍 등의 뜻이 있으며, 등鶩은 말 마馬 부수로, 등騰의 속자俗字이다. |
| 至 <br> 이를 지 | 지至는 하나의 부수部首로, 이르다到, 지극하다極, 절기冬至 등의 뜻이 있다. |
| 雨 <br> 비 우 | 우雨는 하나의 부수로, 비水蒸爲雲降爲雨, 비 오다自上而下水雨雪 등의 뜻이 있다. |

# 雲騰至雨 露締爲霜

이슬 로

로露는 비 우雨 아래에 길 로路를 더한 문자로 이슬夜氣爲露, 드러나다 現, 暴露, 보이다暴露, 파리하다羸 등의 뜻이 있고, 로路는 발 족足 변에 각 각異辭, 제각기異辭 등의 뜻이 있는 각各을 더한 문자이며, 각各은 입 구口 위에 뒤에 올後至 치夂를 더한 문자이다. 따라서 로露는 길路 위에 내리는 비雨는 이슬露이라고 기억하면 좋겠다.

맺을 체

체締는 실 사糸 변에 황제王天下之號 제帝를 더한 문자로, 맺히다結不解, 닫히다閉, 닫다閉 등의 뜻이 있으며, 제帝는 수건 건巾 부수에 있다.

할 위

위爲는 손톱·발톱手足甲, 긁어 다니다覆手取物, 할퀴다覆手取物 등의 뜻이 있는 조爫 부수部首로, 할造, 하다造, 다스리다治, 어조사語助辭, 하여 금使, 써所以, 행하다行, 인연因緣, 더불다與, 되다被, 호위하다護衛, 암 원 숭이母猴등의 뜻이 있다.

서리 상

상霜은 비 우雨 아래에 서로 상相을 더한 문자로, 서리露凝, 해가 지나다 歷年星霜, 엄하다至嚴秋霜, 흰털白髮 등의 뜻이 있다. 상相은 눈眼 목目 부 수에, 나무東方位, 질박하다質朴, 강하다不柔木强, 무명綿織, 모과木瓜 등 의 뜻이 있는 목木을 더한 문자로, 서로共 = 相互 바라본다는 의미의 상형 으로 보이고, 목木은 하나의 부수이다. 이는 비가雨 길路 위에 내리면 이 슬露이듯이 비가雨 상相 위에 내리면 서리霜라고 기억하면 좋겠다.

구름이 위로 오르면 비가 되고, 이슬도 맺히고 서리도 된다. 즉 수증기가 하늘로 오르면 구름이 되고, 냉기를 만나면 비가 되며, 밤기운에 이슬이 되어 풀잎에 물방울처럼 맺히고, 더 찬 기운을 접하면 서리가 되는 자연의 기상을 말한 것이다.

| | |
|---|---|
| **金**<br>쇠 금 | 금金은 하나의 부수部首로, 금金으로 발음을 할 때는 쇠鐵, 금黃金, 돈貨幣, 오행萬物根元, 金木水火土中之一, 근斤, 병장기兵仗器, 국명國名, 귀하다貴, 풍류 이름樂器 등의 뜻이 있으며, 김金으로 발음을 할 때는 성姓, 땅이름地名 등의 뜻이 있다. |
| **生**<br>낳을 생 | 생生은 하나의 부수部首로, 낳다産, 해산하다産, 나가다出, 날것未熟, 익지 않다未烹, 살다死之對, 닭이 알을 낳다鷄産卵, 산것活物, 자라다成長, 목숨命, 늘리다殖, 저절로天然, 나自己謙稱, 생활生活, 어조사語助辭 등의 뜻이 있다. |
|  **錦**<br>비단무늬 금 | 금錦은 쇠 금金 변金에 비단繒, 페백幣, 죽백吏, 名竹帛 등의 뜻이 있는 백帛을 더한 문자로, 비단 무늬襄色織文의 뜻이 있으며, 백帛은 수건 건巾 위에 흰 백白을 더한 문자이다. |
|  **江**<br>물 강 | 강江은 물 수氵 변에 장인工匠, 공장工匠, 만들다製作, 공교하다巧, 벼슬官 등의 뜻이 있는 공工을 더한 문자로, 강川之大者, 강수水出岷山, 물水出岷山 등의 뜻이 있는데, 공工은 하나의 부수이다. 강호江湖란 강江과 호수湖水를 가리키는 말로, 우리나라에서 강호江湖라고 한다면 한강漢江과 소양호昭陽湖를 동시에 가리키는 말이라고 하겠다. 그러나 '강호江湖의 제현諸賢들'이라고 할 때는 '세상世上'을 가리키는 말이며, '강호江湖에 묻혀 산다'라고 할 때는 속세俗世를 떠난 선비가 사는 곳을 이르는 말이라고 하겠다. |

# 金生錦江 玉出春原

옥玉은 하나의 부수部首로, 구슬石之美者, 옥石之美者, 사랑하다愛, 이루다成 등의 뜻이 있다.

**구슬 옥**

출出은 입 벌린張口, 위가 벌어진 그릇受物之器 등의 뜻이 있는 감凵 위에 움나다草木初生葉, 떡잎 나다草木初生葉, 풀草 등의 뜻이 있는 철屮을 더한 문자로, 나가다入之對, 토하다吐, 게우다吐, 물리치다斥, 도망하다逃, 보이다見, 낳다生, 잃다失, 발족하다發足, 보내다自內而外之, 생질甥姪 등의 뜻이 있다.

**날 출**

춘春은 날 일日 변으로, 봄歲之始四時首, 화하다和, 다시 살다甦生回春, 나이年齡春秋, 젊은이壯年靑春, 술酒之異名, 남녀의 정사男女情事 등의 뜻이 있다.

**봄 춘**

원原은 굴 바위 엄厂 안에 흰 백白, 그 아래에 적을 소小를 더한 문자로, 언덕地高平, 들野, 원인原因, 근본根本, 거듭再, 살피다察, 용서하다宥罪 등의 뜻이 있다.

**근본, 언덕 원**

---

금金은 금강錦江에서 생산되고, 옥玉은 강원도江原道 춘천春川에서 생산된다. 본래 강원도江原道라고 하는 말은 강릉江陵에서의 강江 자와 원주原州에서의 원原 자를 딴 것이라고 하는데, 우연히도 우리나라에서 가장 길고 큰 강인 임진강, 한강, 금강, 낙동강 모두가 강원도에서 시작되고 있으므로, 강원도는 강원도江原道라는 이름에 걸맞게 모든 강의 원류原流가 모여 있는 곳이라고 하겠다. 그러므로 사계절의 시작인 봄도, 나라의 기상氣象도 강원도에서 시작되어 전국으로 번져나간다고 할 수도 있다.

## 劍
### 칼 검

검劍은 칼兵刃, 돈 이름錢名, 거루小船 등의 뜻이 있는 도刀의 부수명部首名인 칼 도刂 변에, 다咸, 여럿此, 도리채打穀具 등의 뜻이 있는 첨僉을 더한 문자로, 칼兵器, 칼로 찔러 죽이다斬殺 등의 뜻이 있다. 첨僉은 사람 인人 부수에 있다.

## 號
### 이름 호

호號는 범猛獸山獸之君, 호랑이 호虎 변에 이름 호号를 더한 문자로, 부르짖다大呼, 크게 울다大哭, 활 이름弓名, 부르다召, 호령號令, 시호諡號, 이름名稱 등의 뜻이 있다. 호号는 입 구口 아래 교묘하다拙之反, 재주技能, 어여쁘다好, 똑똑하다黠慧 등의 뜻이 있는 교丂를 더한 문자로, 호號의 약자略字가 되며, 교丂는 한 일一 부수로 교巧의 고자古字이다. 호虎의 부수명부首名인 호虍는 범의 문채虎文란 뜻이다.

## 琵
### 비파 비

비琵는 임금 왕王을 부수로, 쌍옥 각珏의 고자古字 아래에 견줄 비比를 더한 문자로, 비파胡琴馬上樂器琵琶란 뜻이 있으며, 쌍옥 각珏의 고자古字는 임금 왕王 변에, 임금 왕王을 더한 문자이다.

## 琶
### 비파 파

파琶도 임금 왕王을 부수로, 쌍옥 각珏의 고자古字 아래에 뱀 파巴를 더한 문자로, 비파胡琴馬上樂器琵琶란 뜻이다. 비파琵琶는 둥글고 긴 타원형의 몸에 자루는 곧고 짧으며, 4현, 또는 5현을 맨 현악기絃樂器를 가리킨다.

# 劍號琵琶 珠稱夜光

주珠는 임금 왕王 변에, 붉을赤色, 南方位 주朱를 더한 문자로, 진주蚌胎所生, 눈동자眠珠 등의 뜻이 있으며, 주朱는 나무 목木 변에 있다.

구슬    주

칭稱은 벼 화禾 변에 손톱 조爪, 가는 털 늘어지다毛細下垂, 남생이 등 언저리龜甲緣, 가는 모양行貌, 침노하다侵 등의 뜻이 있는 염冉을 더한 문자로, 말하다言, 저울질하다銓, 드날리다揚, 들다擧, 일컫다名號, 같다相等, 헤아리다度, 量 등의 뜻이 있다. 염冉은 멀 경    부수에 있다.

일컫을    칭

야夜는 저녁 석夕의 부수部首로 뜻 없는 토 두ㅗ 아래에 사람 인亻을 더한 문자로, 밤, 광중墓穴, 어둡다, 쉬다 등의 뜻이 있다.

밤    야

光

광光은 어진 사람 궤几 변으로, 빛, 빛나다華采, 경치, 영광名譽, 비치다照, 기운勢 등의 뜻이 있다.

빛    광

보검의 이름은 비파琵琶요, 구슬의 이름은 야광夜光이다. 우리나라에서 가장 오래된 보검은 고조선 지역에서 발견되고 있는 고조선의 유물遺物인 비파형동검琵琶形銅劍이다. 칼의 모양이 비파琵琶처럼 생겼다 하여 비파형 동검이라고 부른다. 야광夜光은 밤에 빛이 나는 구슬을 가리킨다.

果

과실 과

진珍은 임금 왕王 변에 사람 인人, 그 아래에 털이 자라다毛長, 터럭을 그린다毛髮繪飾 등의 뜻이 있는 삼彡을 한 문자로, 보배寶, 서옥瑞玉, 귀중하다貴重, 맛 좋다食之美者 등의 뜻이 있다. 진珍과 닮은 진診은 말씀 언言변에 사람 인人, 그 아래에 털이 자랄毛長 삼彡을 더한 문자로, 보다視, 증험하다驗, 맥 짚다候脈診察, 병을 본다候脈診察 등의 뜻이 있다. 역시 진珍과 닮은 진疹은 병력疾 녁疒 안에 사람 인人, 그 아래에 털이 자랄毛長 삼彡을 더한 문자로, 마마痘瘡, 손님痘瘡, 홍역紅疹, 역질紅疹, 두드러기, 열병熱病, 화병 등의 뜻이 있다.

과果는 나무 목木 윗가지에 날 일日을 더한 문자로, 과실木實, 열매木實, 과연驗, 과단하다敢, 시녀女侍, 釋敎正果, 맺히다因, 결단하다決, 배부르다腹飽果然, 짐승 이름獸名, 날뛰다勇, 도적 죽이다殺敵, 벌거벗다赤體 등의 뜻이 있다. 과果와 닮은 동東은 나무 목木 가운데에 날 일日을 더한 문자로, 봄春, 동녘日出方, 오른쪽日出方 등의 뜻이 있으며, 고杲는 나무 목木 위에 날 일日을 더한 문자로, 해 돋다日出杲貌, 밝다明, 높다高 등의 뜻이 있다.

珍

맛 좋을, 보배 진

李

오얏 리

리李는 나무 목木 아래에 아들 자子를 더한 문자로, 오얏果名多子者(자두), 성姓, 행장行裝, 보따리行裝, 선비를 천거하다薦士謂之桃李, 역말關驛行李 등의 뜻이 있다.

奈

능금나무 내

내柰는 나무 목木 아래에 볼垂示 시示를 더한 문자로, 사과果名, 어찌那, 柰何 등의 뜻이 있다. 즉 나무木 아래에 아이子들이 모여 있으면 자두나무요, 나무를木 밑에서 위로 올려다보면示 사과나무라고 하겠다.

# 果珍李奈 菜重芥薑

**菜** 나물, 반찬 채

채菜는 풀 초⁺⁺ 아래에 캐다採, 취하다取, 채색采色, 일事, 가리다擇, 식읍食邑, 풍채風采 등의 뜻이 있는 채采를 더한 문자로, 나물蔬, 반찬飯饌 등의 뜻이 있다. 채采는 분별하다辨別, 짐승의 발톱獸指爪 등의 뜻이 있는 변釆 부수에 있다. 채采는 쌀, 낟알 등의 뜻이 있는 미米를 위에서 삐쳤으므로 丿, 이는 쌀을 대신代身할 수 있는 풀草이란 의미의 상형이다. 즉 나물을 가리킨다고 하겠다. 그러나 변釆은 하나의 부수이며, 채采는 변釆 부수에 있다.

**重** 무거울, 소중할 중

중重은 마을 리里 부수部首로, 무겁다輕之反, 삼가다愼, 두텁다厚, 거듭複, 疊, 두 번再, 무겁게 여기다重之, 높이다尊, 짐 바리, 가신위假神位 등의 뜻이 있다.

**芥** 겨자 개

개芥는 초두艹 아래에 끼다際, 멀다擊, 크다大, 돕다助, 갑옷甲, 절개節介, 중매仲謀, 인因하다, 딱지鱗, 홀 짐승(짝 없는 짐승) 등의 뜻이 있는 개介를 더한 문자로, 겨자辛菜, 짚, 티끌 등의 뜻이 있으며, 개介는 사람 인人 부수에 있다.

**薑** 생강 강

강薑은 초두艹 아래에 지경地境, 변방邊方, 굳세다 등의 뜻이 있는 강疆의 속자俗字인 강畺을 더한 문자로, 생강이란 뜻이 있으며, 강畺은 밭 전田 부수에 있다.

맛 좋은 과일은 오얏(자두)과 능금(사과)이요, 반찬飯饌으로 소중한 것은 겨자와 생강이다.

해海는 물 수氵 변에 매양 매每를 더한 문자로, 바다百川之母, 百川朝宗, 많다多, 넓다廣 등의 뜻이 있으며, 매每는 말勿, 없다, 지명地名 등의 뜻이 있는 무毋 부수이며, 매每는 말 무毋에 표할 주ヽ를 더한 어미 모母가 들어간 문자이다. 즉 모母는 말 무毋에 표할 주ヽ를 더한 문자로, 어미, 장모妻母, 聘母, 암컷禽獸之牝, 모체母體 등의 뜻이 있다.

**바다 해**

함鹹은 짜다鹹, 염밭西方鹽地, 구차하다, 거칠다, 황무지, 훔치다 등의 뜻이 있는 로鹵 변에, 다하다悉, 같다同, 골고루偏, 괘 이름卦名 등의 뜻이 있는 함咸을 더한 문자로, 짜다鹽味란 뜻이 있으며, 함咸은 입 구口 부수에 있다.

**짤 함**

하河는 물 수氵 변에 옳을 가可를 더한 문자로, 물大川, 강大川, 은하수天漢 등의 뜻이 있으며, 가可는 입 구口 변에 장정 정丁을 더한 문자이며, 정丁은 한 일一 부수部首에 갈구리 궐亅을 더한 문자이다.

**물 하**

담淡은 물 수氵 변에 불꽃火光上, 불꽃이 성하다熾, 태우다焚 등의 뜻이 있는 염炎을 더한 문자로, 싱겁다薄味, 묽다濃對, 물 가득하다水滿澹淡, 물 모양水貌 등의 뜻이 있다. 염炎은 불 화火 아래에 불 화火를 더한 문자로, 즉 불 화火를 상하上下로 포개 놓은 문자인데, 물 수氵 변에 염炎을 놓아 근자에 해수海水를 증류蒸溜시켜 음료수飲料水를 만드는 모습을 미리 예측하여 담淡자를 상형한 듯이 보여 예사로워 보이지 않는다.

**묽을 담**

# 海鹹河淡 鱗潛羽翔

鱗

비늘 린

린鱗은 물고기鱗蟲總名, 생선鱗蟲總名, 좀衣魚 등의 뜻이 있는 어魚 변에, 도깨비 불鬼火, 불 일어나다自起煌, 반딧불螢火, 원소 이름元素之一, 성냥燐寸 등의 뜻이 있는 린을 더한 문자로, 비늘魚甲, 물고기魚類總稱 등의 뜻이 있으며, 린粦은 쌀 미米 아래 어수선할 천舛을 더한 문자로, 린燐과 같은 문자이다.

潛

잠길 잠

잠潛은 물 수氵 변에 일찍曾 참朁을 더한 문자로, 잠기다沈, 감추다藏, 떠다니다浮游, 깊다深, 땅 이름地名, 물 이름魚所息 등의 뜻이 있다. 참朁은 가로 왈曰 위에, 숨이 막힐氣塞 기旡를 거듭한 문자이다.

羽

깃 우

우羽는 하나의 부수部首로, 깃鳥翅, 펴다舒, 우성五音之一, 모으다聚 등의 뜻이 있다.

翔

높이 날 상

상翔은 깃 우羽 변에, 양柔毛畜, 새 이름鳥名, 노닐다遊 등의 뜻이 있는 양羊을 더한 문자로, 돌아서 날다回飛翺翔, 공경하는 모양莊敬貌, 엄숙하다莊敬貌 등의 뜻이 있다.

바닷물은 짜고 강물은 민물이며, 물고기는 물 속에 있고 새는 하늘을 난다. 이는 아주 한가하고 평화스런 경치景致를 있는 모습 그대로 읊은 시이다. 그러나 시경詩經에 '연비려천鳶飛戾天 어약우연魚躍于淵' 이라고 하는 구절은, '솔개는 하늘을 날고, 고기는 못 속에서 뛰어논다.' 라고 풀이를 해서는 안 된다. 물론 같은 의미로 풀이할 수도 있겠으나, 실제 의미는 그와 아주 다르기 때문이다.

| | |
|---|---|
| 因<br><br>말미암을 인 | 인因은 나라 국口 안에, 큰 대大를 더한 문자로, 인하다仍, 말미암다由, 헤치다析, 부탁하다托, 따르다隨, 겹치다重合, 까닭理由, 인연緣, 의지하다依, 엄습하다襲 등의 뜻이 있다. |
| 雄<br><br>영웅 웅 | 웅雄은 꼬리 짧은 새 추隹 변에, 둥글다圓, 팔꿈치臂上一節 등의 뜻이 있는 '굉'을 더한 문자로, 수컷, 웅장하다武稱, 영웅英雄, 굳세다勇 등의 뜻이 있다. 웅雄의 대對인 자雌도 새 추隹 변에, 이 차此를 더한 문자로, 암컷牝, 약하다弱, 약 이름藥名雌黃 등의 뜻이 있다. |
| 遺<br><br>끼칠 유 | 유遺는 '책받침'이라고도 하고, 쉬엄쉬엄 가다(乍行乍止 = 잠깐 가다가 잠깐 멈춘다), 뛰다踊 등의 뜻이 있는 착辶 위에, 귀하다物不賤, 높다位高尊 등의 뜻이 있는 귀貴를 더한 문자로, 끼치다贈, 주다贈, 먹이다饋, 잃어버리다失, 남다餘, 더하다加, 자취陳迹, 버리다棄, 잊다忘 등의 뜻이 있으며, 귀貴는 조개 패貝 위에 바를 중中과 같을 일一을 더한 문자이며, 중中은 셈 대 세울 곤丨 부수에, 입 구口를 더한 문자이다. |
| 芳<br><br>이름 빛날 방 | 방芳은 풀 초艹 아래에 모날 방方을 더한 문자로, 향기芬芳香氣, 이름 빛나다聲譽之美, 덕성스럽다德行之美 등의 뜻이 있으며, 방方은 하나의 부수이다. 유방遺芳이란 후세에 남긴 빛나는 명예名譽를 가리키는 말이다. |

因雄遺芳 三神悠久

삼三은 한 일一변에, 두 이二를 더한 문자로, 석二之加一, 세 번二之加一, 셋二之加一, 자주頻 등의 뜻이 있다.

석 삼

신神은 시示로 발음을 할 때는 보이다垂示, 바치다福, 가르치다敎 등의 뜻이 있으며, 기示로 발음을 할 때는 귀신示이란 뜻이 있는 바칠 시示 변에, 펴다伸, 거듭重, 약속 밝히다明約束, 기지개 켜다欠伸, 원숭이猿 등의 뜻이 있는 신申을 더한 문자로, 귀신靈, 陰陽不測之謂, 영검하다, 신통神通, 하느님天神, 정신神經 등의 뜻이 있다.

귀신 신

유悠는 마음, 염통火藏, 가운데中, 가슴胸, 근본根本, 가지 끝 등의 뜻이 있는 심心 위에, 곳 유攸를 더한 문자로, 멀다遠, 생각하다思, 한가하다閒暇貌, 아득하다眇邈無限 등의 뜻이 있으며, 유攸는 칠 복攵 부수에 있다.

멀 유

久

구久는 삐침 별ノ부수로, 오래다暫之反, 기다리다待 등의 뜻이 있다. 유구悠久란 길고 오래다, 아득히 멀다라는 뜻이다.

오랠 구

하느님桓因과 한울님桓雄, 단군님檀君은 빛나는 영예榮譽를 후세에 남기셨으니, 삼신三神으로 유원悠遠하시다. 우리 민족은 아주 아득한 옛날부터 '하느님'이란 말이나 '한울님'이라는 말을 사용했다. 또한 「한단고기桓檀古記」에도 '한인桓因'과 '한웅桓雄'이라는 단어가 있다.

## 始 처음 시

시始는 여자 녀女 변에, 태台로 발음을 할 때는 별三台星, 三公曰三台三鼎, 늙다大老 등의 뜻이 있고, 이台로 발음을 할 때는 나我, 기쁘다悅, 기르다養 등의 뜻이 있는 이台를 더한 문자로, 비로소初, 처음初, 시작하다新起, 풍류 이름樂名華始, 별 이름星名句始, 바야흐로方 등의 뜻이 있으며, 이台는 입 구口 위에 나 사厶를 더한 문자이다.

## 制 지을 제

제制는 칼 도刂 변으로, 짓다造, 금禁하다, 제도制度, 마르다裁, 절제節制하다, 임금님의 말씀 등의 뜻이 있으며, 제制와 닮은 제製는 옷 의衣 위에 짓을 제制를 더한 문자로, 마르다裁, 짓다造, 법제式, 본새式, 우장옷雨衣 등의 뜻이 있다.

## 文 글월 문

문文은 하나의 부수部首로, 글월書契文字, 글文字, 글자文字, 빛나다華, 錯畵, 文章, 아름답다美, 착하다善, 법法, 문채斑, 채색彩色, 다스리다理, 法, 禮, 꾸미다飾, 文過 등의 뜻이 있다. 문文에서 두ㅗ는 아무 뜻이 없으나, 예乂는 풀을 벤다艾草, 정리한다整, 다스린다治, 어질다賢才之稱 등의 뜻이 있다. 그러므로 문文을 이렇게 상형한 까닭은 예乂에 있다고 하겠다.

## 字 글자 자

자字는 움집 면宀에 아들 자子를 더한 문자로, 글자文, 사랑愛, 젖 먹이다乳, 암컷이 기르다, 기르다育 등의 뜻이 있다. 그러나 자字와 닮은 안安에 아내女가 집宀에 있으니 편안하다는 의미가 있다면, 자字는 자식이子 집宀에 있으니 글을 가르쳐야 한다는 의미의 상형이라고 하겠다.

始制文字 乃服衣裳

| | |
|---|---|
| **乃**<br>이에    내 | 내乃는 삐침 별/ 부수로, 겨우僅, 곧卽, 옛吉, 어조사語助辭 등의 뜻이 있다. |
| **服**<br>옷    복 | 복服은 달 월月 변에 일하다以手治事, 다스리다治 등의 뜻이 있는 '복'을 더한 문자로 입다衣, 익히다習, 복종하다從, 일事, 행하다行, 생각하다思, 직책職, 쓰다用, 다스리다治, 나라邦國九服, 화살 담는 그릇盛矢器, 오랑캐蠻夷荒服, 친숙하다親, 수레 첫째 멍에車右騎 등의 뜻이 있으며, '복'은 또 우又 부수에 있다. |
| **衣**<br>옷    의 | 의衣는 하나의 부수部首로, 옷庇身上衣裳, 입다服之 등의 뜻이 있다. |
| **裳**<br>치마    상 | 상裳은 옷 의衣 변으로, 치마下衣裙, 성하다盛 등의 뜻이 있다. |

문자文字를 처음으로 지었으며, 옷과 치마도 입기 시작하였다. 글이 없어서 옛일들을 구전口傳으로만 전傳하던 시절에 배달국白達國의 초대 거발한 천왕天王께서는 문자가 없는 불편을 느끼시고, 신지神誌 혁덕赫德에게 명하여 문자를 만들게 하셨다. 신지神誌는 사슴의 발자국을 보고 글자를 처음으로 만들었다. 이를 녹도문자鹿圖文字라고 한다.

# 推
## 밀 퇴, 옮을 추

추推는 손 수扌 변에 새 추隹를 더한 문자로, 추推로 발음을 할 때는 차례로 옮기다順遷, 가리다擇, 포장하다, 힐난하여 묻다窮詰, 궁구하다 등의 뜻이 있으며, 퇴推로 발음을 할 때는 밀다排 등의 뜻이 있다.

# 位
## 자리 위

위位는 사람 인亻 변에 밝힐明 립효을 더한 문자로, 자리坐, 벼슬官爵, 벌리다列, 바르다표, 방위方位 = 方角 등의 뜻이 있으며, 립효은 하나의 부수이다.

# 遜
## 겸손할 손

손遜은 뛸 착辶 위에 손자孫, 움 돋는다再發生, 겸손謙遜하다, 순順하다, 피避하다 등의 뜻이 있는 손孫을 더한 문자로, 겸손謙遜하다, 순順하다, 도망하다遁, 사양辭讓하다 등의 뜻이 있다. 손孫은 아들 자子 변에 이어갈 계系를 더한 문자이므로, 손孫은 자손子孫을 이어간다는 의미가 있다.

# 讓
## 사양할 양

양讓은 말씀 언言 변에 돕다贊, 편편하다夊, 오르다上, 멍에駕, 뽑아버리다除, 이루다成 등의 뜻이 있는 양襄을 더한 문자로, 사양하다謙, 꾸짖다責, 주다與 등의 뜻이 있으며, 양襄은 옷 의衣 부수에 있다. 손양遜讓은 '소냥' 이라고 읽으며, 겸손하여 사양한다는 말이다.

# 推位遜讓 新羅暬千

新은 근權十六兩, 열엿냥一斤 = 十六兩, 도끼斫木器, 대패釿, 날기劑劚之總稱, 밝게 살피다明察 등의 뜻이 있는 근斤 변에 정할設定 립효 아래 나무 목木을 더한 문자로, 새初, 첨初, 새로울革其舊, 곱다鮮 등의 뜻이 있다.

새 신

羅는 그물羅罟總名 망罒 아래에 벼리 유維를 더한 문자로, 벌리다列, 벌려列, 깁다綺縠, 새그물鳥罟, 지남철羅針盤 등의 뜻이 있으며, 유維는 실 사糸 변에 새 추隹를 더한 문자이다.

벌릴 라

朞는 달 월月 위에 어조사語助辭, 그指物辭 등의 뜻이 있는 기其를 더한 문자로, 돌週年, 두루하다 등의 뜻이 있다. 朞와 닮은 期도 달 월月 변에 그 기其를 더한 문자로, 기약約, 믿다信, 나이 많다, 여덟 갈래, 모이다會, 기한限, 반드시必, 언약하다契約, 돌周年 등의 뜻이 있으며, 기其는 여덟 팔八 위에 달 감甘, 그 아래에 한 일一을 더한 문자이다.

돌 기

千은 열數名, 열 번番, 열 배十倍, 네거리十字街, 완전完全 등의 뜻이 있는 열 십十 위에 삐침 별丿을 더한 문자로, 일 천十百, 천 번十百番, 길南北通路, 성姓 등의 뜻이 있다.

일천 천

왕위王位를 미뤄 겸손謙遜하게 사양辭讓을 하니 신라는 천 년을 갔다. 화백제도和白制度가 있는 신라는 시조 혁거세赫居世로부터 서로 겸양하며 나라를 잘 다스렸다. 이러한 전통에 힘입어 56대 신라의 마지막 임금 경순왕도 고려에 천 년年 사직을 손국遜國하니 56대, 992년간 존속한 것이다. 신라의 국호는 신라, 신로新盧, 사라斯羅, 서나(徐那：徐那伐), 서야(徐耶：徐耶伐), 서라(徐羅：徐羅伐), 서벌徐伐 등으로 불렸는데, 모두 마을 읍里를 뜻하는 것으로 풀이하고 있다.

## 弔

**슬퍼할 조**

조弔는 활 궁弓에 셈 대 세우다, 위아래로 통하다, 물러서다退 등의 뜻이 있는 곤ㅣ을 더한 문자로, 조상하다問, 슬퍼하다傷, 불쌍히 여기다愍, 이르다至 등의 뜻이 있다. 이처럼 조弔는 상주喪主가 지팡이를 짚고 서 있는 모습도 같고, 상여喪輿 앞에 선 깃발 같기도 하다. 조弔의 속자俗字로 조弔는 입 구口 아래에 수건帨, 머리 건羃, 首飾 등의 뜻이 있는 건巾을 더한 문자로, 마치 너무 슬퍼서 수건으로 입을 가리고 우는 모습이라는 뜻이 있다.

## 姓

**백성, 씨 성**

성姓은 여자婦人總稱, 아낙네婦人總稱, 별 이름宿名, 계집坤道成婦人, 처녀未嫁稱, 시집 보내다以女妻人, 너汝 등의 뜻이 있는 녀女 변에 날 생生을 더한 문자로, 성系統生, 성씨系統生, 일가一族, 자손子孫, 백성百姓 등의 뜻이 있다. 즉 자손은 '여자가 낳는다' 혹은 '여자에게 낳게 한다'라고 하는 의미가 있어서 여자 녀女 변에 날 생生을 더한 것이다.

## 罪

**허물 죄**

죄罪는 그물 망罒 아래에 아니다不是, 나무라다誹, 그르다不正, 어기다違, 없다無, 몹쓸惡 등의 뜻이 있는 비非를 더한 문자로, 죄 주다罪惡, 물고기 그물魚網 등의 뜻이 있으며, 비非는 하나의 부수이다. 곧 죄罪는 그릇됨非이 그물罒에 걸렸음을 상형象形하였다고 하겠다.

## 罰

**벌줄 벌**

벌罰은 그물 망罒 아래에 소리聲 견訓을 더한 문자로, 벌 주다, 벌 받다天罰, 處罰, 꾸짖다責 등의 뜻이 있으며, 견訓은 말씀 언言 변에 칼 도ㅣㅣ를 더한 문자이다. 곧 벌罰은 소리를 그물로 거르는 것이다. 아니 그물 망罒 아래에 말씀 언言과 칼 도ㅣㅣ를 더하였으므로, 말을 조심하도록 하는 것을 벌로 상형象形하였다고 하겠다.

弔姓罪罰 弘益人間

| | |
|---|---|
| **弘**<br>클 홍 | 홍弘은 활 궁弓 변에 사사私事 = 自營, 나我 등의 뜻이 있는 사厶를 더한 문자로, 크다大의 뜻이 있다. |
| **益**<br>더할 익 | 익益은 그릇 명皿 위에 팔일팔八一八을 더한 문자로, 더하다增, 加, 나아가다進, 많다多, 넉넉하다饒, 넘치다盈溢 등의 뜻이 있으며, 팔八과 일一은 각각 하나의 부수이다. 그러므로 익益은 그릇을 덮고 또 덮은 모습이라고 하겠다. |
| **人**<br>사람 인 | 인人은 하나의 부수로, 사람動物最靈者五行秀氣, 백성民, 남己之對, 잘난 사람賢者, 사람됨爲人 등의 뜻이 있다. 시속時俗에 '만사萬事는 인사人事다.' 혹은 '인사人事는 만사萬事다'라는 말이 있다. 이때 만사萬事는 만 가지의 일 즉, 많은 여러 가지의 일을 가리키는 말이며, 인사人事는 인사관리人事管理를 가리키는 말이다. 즉 많은 어려움도 인사人事로 해결을 할 수 있다고 하는 말이다. |
| **間**<br>사이 간 | 간間은 문 문門 안에 날 일日이 들어간 문자로, 간間으로 발음을 할 때는 사이隙, 가운데中, 사이하다隔, 가깝다厠, 샛길間道, 이간하다離間, 병이 낫다瘳, 나무라다訾, 섞이다雜, 대신代身 등의 뜻이 있으며, 한閒으로 발음을 할 때는 겨를暇, 편안하다安 등의 뜻이 있다. 흔히 간閒은 한가하다는 한閒 자로만 알고, 간間은 사이를 뜻하는 간間 자로만 아나, 실제 간間은 간閒의 속자俗字로 간閒과 같은 글자이다. 인간人間이란 사람, 인류를 뜻하며, 사람이 사는 곳, 세상世上도 가리킨다. |

불쌍한 백성은 도와주고 죄지은 백성은 벌을 주어, 인간 세상을 널리 이롭게 해야 한다. 홍익인간弘益人間이란, 「삼국유사三國遺事」'고조선조' 및 우리의 고기古記에만 나오는 우리나라의 건국이념建國理念이다. 태초太初에 인류 최초로 나라를 세운 우리 민족에게는 백성을 이롭게 해야 한다는 나라를 세운 목적이 있었다. 즉 우리 민족이 나라를 세운 것도 인류人類 최초의 일이지만, 나라를 세워야 하는 일정한 건국이념이 있었다는 것도 인류 초유初有의 일로써 세상에서 유일하다.

坐

앉을 　좌

　　좌坐는 흙 토土 위에 사람이 마주 앉아 있는 문자로, 앉다行之對, 죄 입다被罪, 무릎 꿇다跪, 자리席, 行所止, 지키다守護, 대심하다罪人對理 등의 뜻이 있다.

朝

아침 　조

　　조朝는 달 월月 변에 열 십十, 그 아래에 이르다晨, 새벽晨, 먼저先 등의 뜻이 있는 조卓를 더한 문자로, 이르다卓, 뵙는다謁見, 아침卓, 조정朝廷, 조회朝會, 찾다訪 등의 뜻이 있으며, 조卓는 날 일日 아래 열 십十을 한 문자이다. 조朝의 파자는 십일 시월十日十月인데, 기원전 2333년, 즉 단군기원 원년戊辰年 음력 10월 3일에 단군檀君께서 조선朝鮮을 건국하셨다고 하는 것이나, 또 우리 민족은 시월十月에 한 해 농사를 추수하여 감사하는 마음으로 햇곡식으로 제천행사를 하고 10월을 상달上月이라고 부르는 것, 또 나라의 이름을 조선朝鮮이라고 정한 것이 마치 시월 십일十月十日을 기리는 것으로 보여 예사롭지가 않아 보인다.

問

물을 　문

　　문問은 입 구口 변에 문 문門을 더한 문자로, 묻다訊, 문안하다訪, 분부하다命令, 문초하다訊 등의 뜻이 있다. 즉 입口을 문門 안에 두니 묻는다는 뜻이라고 하겠다. 그러므로 학문學問이란 궁금한 것을 묻고 또 물어 궁구窮究해서 내 것으로 만드는 작업이라고 하겠다.

道

길, 말할 　도

　　도道는 뛸 착辶 위에 머리 수首를 더한 문자로, 길路, 밟다踏, 이치理致, 순하다順, 도리道理＝仁義忠孝之德義, 말하다言, 말미암다由, 쫓다從, 도行政區域 등의 뜻이 있으며, 수首는 하나의 부수이다.

## 坐朝問道　垂拱平章

**드리울, 변방　수**

수垂는 흙 토土 변으로, 드리우다自上縋下, 거의 미치다將及, 남기다殘, 변방邊方 등의 뜻이 있다.

**껴안을　공**

공拱은 손 수扌 변에 한가지 공共을 더한 문자로, 손아귀를 맞추다拱手, 껴안다包容 등의 뜻이 있으며, 공共은 여덟 팔八 부수에 있다.

**평평할　평**

평平은 방패盾, 범犯하다, 구求하다, 막다扞, 물가水涯, 약간若干, 기울다, 마르다乾, 간여干與하다, 눈물 흘리다淚流貌, 난간欄干, 무늬 놓아 짠 베, 천간天干 등의 뜻이 있는 간干 변으로, 바르다正, 평탄平坦하다, 화和하다, 다스리다治, 고르다均, 쉽다易, 거듭 풍년들다, 화친하다 등의 뜻이 있다.

**글월, 밝을　장**

장章은 설住 립立 아래에 일찍 조早를 더한 문자로, 문채采, 글文, 밝다明, 표表하다, 인장印款, 장정條, 큰 재목大材木 등의 뜻이 있으며, 조早는 날 일日 아래에 열 십十을 더한 문자이다.

좌조坐朝는 천하를 통일하여 왕위에 앉은 것이고, 문도問道는 나라를 다스리는 방법이다. 변방도 포용해서 태평하고 밝게 해야 한다는 말이다. 즉 천하를 통일하여 왕위에 앉았으면 나라를 다스리는 방법은 도道를 물어서 천하를 태평하게 해야 한다는 말이다.

**사랑 애**

애愛는 마음 심心 변에 받을相付 수愛를 더한 문자로, 사랑仁之發, 친하다親, 은혜恩惠, 어여삐 여기다憐, 괴이다寵, 사모하다慕, 기뻐하다喜, 좋아하다喜, 몰래 간통하다密通, 아끼다 등의 뜻이 있다. 이처럼 애愛의 상형象形이 마음心을 수愛한다는 의미는 수愛는 잇다繼承, 얻다得, 담다盛, 용납하다容物, 받다相付, 입다被 등의 뜻이 있고, 애愛의 상형의 취지는 '마음心을 잇는다繼承', '마음心을 얻는다得', '마음心을 담는다盛', '마음心을 용납한다容物', '마음心을 받는다相付', '마음心을 입는다被' 라는 의미가 있다고 하겠다.

**기를 육**

육育은 살肌, 고기肌, 몸身, 살찌다肥, 차다滿, 옥둘레璧邊, 저울추 등의 뜻을 나타내는 육肉의 고기 육月 변으로, 기르다養, 자라다成, 발육發育 등의 뜻이 있다.

**검을 려**

려黎는 기장, 메기장 등의 뜻이 있는 서黍 변에 구기 작勺을 더한 문자로 무리衆, 검다黑, 동 트다黎明 등의 뜻이 있으며, 작勺은 쌀 포勹 변에 표할 주丶를 더한 문자이다.

**머리 수**

수首는 하나의 부수로, 머리頭, 먼저先, 괴수魁首, 비로소始, 임금君, 우두머리首領, 향하다嚮, 자백自白하다, 항복降服하다, 시詩 한편 등의 뜻이 있다.

# 愛育黎首 臣伏胡矮

臣

신하　신

신臣은 하나의 부수部首로, 사군지칭事君之稱이라고 하여 임금을 섬기는 사람을 가리키며, 신臣은 황공지사주惶恐之辭主라고 하여 임금이 무서워서 임금에게 황공惶恐하다는 말을 입에 달고 사는 사람을 가리킨다. 그러므로 신臣에는 신하, 두려워하다 등의 뜻이 있다.

伏

엎드릴　복

복伏은 사람 인亻 변에 큰 개 견犬을 더한 문자로, 엎드리다踣, 감추다藏, 굴복屈伏하다, 복時令三伏, 새 알을 품다鳥抱卵 등의 뜻이 있다. 복伏의 파자破字는 인견亻犬으로, 즉 사람이亻 개犬처럼 엎드린 모양이 복伏이다. 아니 사람이 숨고자 한다면 개처럼 납작 엎드려야 한다는 의미가 있어 보인다. 즉 여름에 더위를 피하고자 하면 개처럼 자세를 낮추거나, 새가 알을 품듯이 해야 더위를 쉽게 이길 수 있다는 의미가 있다.

胡

오랑캐　호

호胡는 고기 육月 변에 열 십十, 입 구口를 더한 문자로, 어찌何, 오래 살다壽, 멀다遐遠, 오랑캐夷, 되夷, 혹은 되놈 등의 뜻이 있다. 우리 역사에는 1627년과 1636년 2차에 걸친 청淸나라의 침입을 정묘호란丁卯胡亂과 병자호란丙子胡亂이라고 적고 있으며, 진시황泰始皇이 호胡에게 망한다는 예언豫言을 듣고 호들갑을 떨며 만리장성萬里長城을 쌓았으나 결국 항우項羽와 유방劉邦에게 망했으니 바로 이들이 호胡라고 하겠다. 즉 이들의 후예後裔가 지금도 호胡라고 하겠다.

矮

종족 이름, 난장이　왜

왜矮는 살箭 시矢 변에 버리다棄, 맡기다任, 쓰러지다頹, 붙이다屬, 시들어지다萎, 맘이 든든하다, 벼 이삭이 고개 숙이다, 아름답다美, 끝末, 쌓이다積 등의 뜻이 있는 위委를 더한 문자로, 난쟁이短人, 줄이다縮 등의 뜻이 있으며, 위委는 여자 녀女 위에 벼 화禾를 더한 문자이다.

임금이 모든 백성을 사랑하고 보호하자, 호胡와 왜倭도 감화되어 신하 되기를 청한다. 여수黎首는 여민黎民 즉 모든 백성, 서민庶民을 가리키는 말이다. 그러므로 명군明君의 다스림이 중민衆民을 사랑으로 감싸니, 그 덕이 멀리 있는 호胡와 왜倭에까지도 미쳐 찾아온다는 말이다. 즉 명군明君은 중민衆民을 사랑으로 감싸야 한다는 말이다.

**遐 멀 하**

하遐는 뛸 착辶 변으로, 멀다遠, 무엇何 등의 뜻이 있다.

**邇 가까울 이**

이邇도 뛸 착辶 위에 너汝, 어조사語助辭, 가까이近, 말 잇다而, 그其 등의 뜻이 있는 이爾를 더한 문자로, 가깝다近란 뜻이 있다. 이爾는 형상하다像, 괘 이름, 본 받다效, 변하다變, 사귀다爻 등의 뜻이 있는 효爻 변에 있다.

**壹 한 일**

일壹은 선비儒, 벼슬官之總名, 일事, 군사軍卒, 남자尊稱, 살피다察 등의 뜻이 있는 사士 아래에 덮을 멱冖과 콩 두효를 더한 문자로, 하나, 모두全, 한결같이專, 정성誠, 통일솜, 막히다閉塞 등의 뜻이 있다.

**體 몸 체**

체體는 뼈肉之覈, 살事物之骨, 꼿꼿하다剛直 등의 뜻이 있는 골骨 변에 예豊를 더한 문자로, 몸身, 사지四肢, 모양形狀, 꼴形狀, 물건物, 것物, 근본本, 본 받다效 등의 뜻이 있다. 예豊는 예도禮度, 절敬 등의 뜻이 있는 예禮와 같은 문자이다. 이로써 체體는 강직剛直한 자세를 가리키는 문자라고 하겠다. 곧 바른 몸가짐을 뜻한다고 하겠다.

# 遐邇壹體 率賓歸王

거느릴 솔, 비율 률

솔率은 검을 현玄 변으로, 솔率로 발음을 할 때는 거느리다領, 쫓다循, 다皆, 대강大略率常, 쓰다用, 경솔하다輕遽貌, 행하다行, 소탈하다坦, 하늘 이름上天兜 등의 뜻이 있고, 고음古音으로 술率이나 률率로 발음發音을 할 때는 셈하다, 헤아리다計, 표하다表的, 과녁表的, 비례比例 등의 뜻이 있으며, 수率로 발음을 할 때는 새 그물鳥網, 장수渠率 등의 뜻이 있다.

손 빈

빈賓은 자개, 조개, 재물貨, 비단 이름錦名 등의 있는 조개 패貝 부수部首로, 손客, 인도하다導, 복종服從하다, 공경하다敬, 성姓 등의 뜻이 있다.

돌아갈, 돌아올 귀

귀歸는 그칠 지止 변으로, 귀歸로 발음을 할 때는 돌아오다還, 돌아가다還, 돌려보내다, 시집 가다嫁, 던지다投, 붙쫓다附, 허락하다許, 끝終 등의 뜻이 있으며, 궤歸로 발음을 할 때는 먹인다餉라는 뜻이 있다.

임금 왕

왕王은 구슬 옥玉 부수部首로, 임금君, 할아버지大尊稱, 王父, 왕 노릇하다五霸身臨天下, 가다往, 어른長, 왕성하다盛 등의 뜻이 있다. 왕王은 옥玉에서 한 획수劃數가 빠진 문자이며, 변邊으로 사용되는 왕王은 임금 왕 변이라고 칭칭稱한다.

임금이 덕을 베풀면 멀고 가까운遐邇 = 遠近 나라가 모두 하나가一體 = 全部되어 빈객賓客마저 데리고 왕에게 돌아온다. 이는 덕을 입고 복종치 않는 이 없음을 말하는 것이다.

| | |
|---|---|
| 鳴<br><br>울　명 | 명鳴은 새 조鳥 변에 입 구口를 더한 문자로, 새 소리鳥聲, 운다凡物出聲皆曰鳴 등의 뜻이 있다. 이처럼 각종 짐승을 나타내는 문자에 입口을 붙여서 상형象形한 문자들이 더러 있다. 예를 든다면 입 구口 변에 개 견犬을 더한 문자는 개 짖을 폐吠, 소 우牛를 한 문자는 소가 울 음哞, 말 오午를 더한 문자는 부를 우吘, 납 신申을 더한 문자는 끙끙거릴 신呻, 말 마馬를 더한 문자는 꾸짖을 마嘛, 입 구口 변으로 두 개의 입 구口 아래에 개 견犬을 한 문자는 사람이 몹시 서러워 운다는 울 곡哭 자이다. |
| 鳳<br><br>봉황새　봉 | 봉鳳은 새 조鳥 부수部首로, 안석, 책상机, 제기祭享載牲器 등의 뜻이 있는 궤几 안에 한 일一, 그 아래에 새 조鳥를 더한 문자로, 새神鳥, 봉황鳳凰 등의 뜻이 있다. 봉황鳳凰은 우리 민족이 상상하여 만든 실재하지 않는 새로써, 봉鳳은 수컷, 황凰은 암컷으로 자웅雌雄의 한 쌍을 가리킨다. 봉황鳳凰 머리의 앞쪽은 기린의 수컷, 뒤쪽은 사슴, 목은 뱀과 같고, 꽁지는 물고기처럼 생겼으며, 용과 같이 비늘이 있고, 등은 거북의 등이며, 턱은 제비요, 부리는 닭과 같이 생겼다. |
| 在<br><br>있을　재 | 재在는 흙 토土 변으로, 있다存, 살다居, 곳所, 살피다察, 집에 있다在家 등의 뜻이 있다. |
| 樹<br><br>나무　수 | 수樹는 나무 목木 변으로, 세우다立, 심다植, 나무, 막다屛 등의 뜻이 있다. |

# 鳴鳳在樹 白駒食場

흰 백

백白은 하나의 부수部首로, 백白으로 발음을 할 때는 희다素, 西方色, 말하다告, 아뢰다告, 분명하다明, 깨끗하다潔, 결백하다潔, 밝다光線, 아무것도 없다無, 성姓 등의 뜻이 있으며, 배白로 발음을 할 때는 땅 이름 등의 뜻이 있다. 그런데 백白 위에 한 일一을 더하면 일백 백百이 되므로, 백白은 아흔아홉이라고도 한다. 그러므로 99세를 가리켜서 백수白壽라고 칭稱하기도 한다.

망아지 구

구駒는 말 마馬 변에 구절章句文詞止處, 글귀, 문장이 끊어지는 곳句讀, 굽다, 구부러지다, 나라 이름國名高句麗, 맡아보다句當, 句辨理, 귀신 이름神名句芒, 활을 잡아당기다弓引, 땅 이름地名須句 등의 뜻이 있는 구句를 더한 문자로, 망아지二歲馬, 애말小馬伝, 나무 등걸, 말, 성숙한 말, 젊은이 등의 뜻이 있다.

밥 식

식食은 하나의 부수로, 식食으로 발음을 할 때는 음식殽饌飮食, 밥殽饌飮食, 먹는다茹, 씹다, 제血食, 일월식日月食, 헛말食言 등의 뜻이 있으며, 사食로 발음을 할 때는 밥飯, 밥 먹이다以食與人飯, 기르다飼 등의 뜻이 있다. 또한 이食로 발음을 할 때는 사람 이름人名의 뜻이 있다. 물론 식食은 하나의 부수이나, 파자는 인량人良으로 사람 인人 아래에 어질 량良을 더한 문자이다.

마당 장

장場은 흙 토土 변에 빛날 양昜을 더한 문자로, 마당除, 타작마당收禾圃, 곳處, 밭田, 전쟁터戰爭, 때時, 제사하는 곳祭場 등의 뜻이 있으며, 양昜은 날 일日 아래에 한 일一과 말 물勿을 더한 문자로, 양陽의 고자古字이며, 물勿은 쌀 포勹 변으로, 물勿, 혹은 몰勿로 읽는다.

봉황은 나무에서 울고, 흰 망아지는 마당에서 풀을 뜯네. 곧 태평성세를 가리키는 말이다. 즉 덕망德望있는 임금이 덕을 베풀면 명군 성현이 나타났다고 봉황이 울고, 흰 망아지도 감화되어 사람을 따르며 마당에서 풀을 뜯게 됨을 이르는 말이다.

德
큰 덕

덕德은 자축거릴 척彳 변에 큰 덕悳을 더한 문자로, 큰行道有得, 은혜惠, 품행品行, 왕기四時旺氣, 별 이름星名, 木星, 낳다生 등의 뜻이 있다. 덕德은 덕悳, 덕悳과도 동일同一한 문자이므로, 마음 심心 위에 곧다不曲 등의 뜻이 있는 직直, 눈 목目이 가로누워 그물 망罒이 되어도 그 의미에서는 변함이 없이 같은 문자라고 하겠다. 그러므로 덕德이란 마음을 불곡不曲 없이 곧고 바르게 행할 때 비로소 얻을 수 있다는 것을 상형象形한 문자이다.

被
입을, 덮을 피

피被는 옷 의衤 변에 가죽剝獸取革, 껍질體表, 거죽體表, 성姓 등의 뜻이 있는 피皮를 더한 문자로, 이불寢, 더하다加, 덮다覆, 미치다及, 나타나다著, 땋은 머리首飾 등의 뜻이 있으며, 피皮는 하나의 부수이다.

草
풀 초

초草는 풀 초艹 아래에 이를 조早를 더한 문자로, 새百卉總名, 풀百卉總名, 초솔하다粗, 草率, 초초하다苟簡, 글초하다文藁, 비롯하다創初, 초서草書 등의 뜻이 있고, 조早는 날 일日 아래에 열 십十을 더한 문자이다.

木
나무 목

목木은 하나의 부수部首로, 나무東方位, 질박하다質撲草訥, 강하다不柔草強, 무명綿織, 모과木瓜 등의 뜻이 있다. 초목草木이란 풀과 나무를 뜻한다.

德被草木 賴及萬方

**힘입을 뢰**

뢰賴는 조개 패貝 위에 칼 도刀와 묶을縛 속束을 더한 문자로, 힘입다蒙, 믿다恃, 자뢰하다藉 등의 뜻이 있다. 또 조개 패貝 위에 칼 도刀를 더한 문자는 부負로, 짐 지다背荷物, 지다敗, 빚지다受貸不償, 입다蒙, 負傷, 저버리다背恩, 믿다有所恃 등의 뜻이 있고, 속束은 나무 목木 부수에 입 구口를 더한 문자이다.

**미칠, 더불어 급**

급及은 또亦, 용서하다宥, 다시復 등의 뜻이 있는 우又 부수로, 미치다逮, 미쳐가다覃被, 죄 미치다連累, 차다滿, 때時來, 더불어與 등의 뜻이 있다.

**일만 만**

만萬은 풀 초艹 아래에 우禹로 발음을 할 때는 짐승 이름獸名, 꼬리 긴 원숭이, 구역, 구별, 나타나다, 일의 실마리가 드러나다 등의 뜻이 있고, 옹禹으로 발음을 할 때는 땅 이름地名의 뜻이 있는 우禹를 더한 문자로, 일만, 여러多數, 만일若, 결단코決, 벌 이름蜂名, 춤 이름舞名 등의 뜻이 있다. 우禹는 짐승의 발자국 유内 부수部首에 있다.

**모 방**

방方은 하나의 부수部首로, 모나다矩, 방위嚮, 방법術, 이제今, 있다有, 바야흐로且, 또한且, 견주다比, 떳떳常, 책策簡, 붙이다寄, 배 서로 연하다併舟, 처방하다醫書處方 등의 뜻이 있다.

덕화德化가 초목에도 미치니, 만방萬方이 힘입게 된다. 덕화德化는 어질고 너그러운 행실로 교도矯導하여 감화感化시킨다는 말이다. 초목草木은 풀과 나무를 가리키며, 만방萬方은 여러 방면, 즉 모든 곳을 가리킨다. 힘입는다는 말은 남의 신세를 지다, 또는 남에게 부탁하여 도움을 받는다는 말이다.

| | |
|---|---|
| 蓋<br>덮을 개 | 개蓋는 풀 초艹 아래에 어찌 아니하다何不之義, 합하다合, 덮다覆 등의 뜻이 있는 합盍을 더한 문자로, 개蓋로 발음을 할 때는 덮다覆, 뚜껑覆, 대개大凡, 우산傘, 가리다掩, 이엉苫, 白茅 등의 뜻이 있고, 합蓋으로 발음을 할 때는 이엉을 덮다苫覆, 부들자리蒲席 등의 뜻이 있다. 또한 갑蓋으로 발음을 할 때는 고을 이름齊下邑名, 성姓 등의 뜻이 있으며, 합盍은 그릇 명皿 위에 간다離, 버리다棄, 예전過時, 쫓다放逐, 멀다遠, 떨어지다距, 감추다藏, 제하다除 등의 뜻이 있는 거去를 더한 문자로, 거去는 사사自營 사厶 위에 흙 토土를 더한 문자이다. |
| 此<br>이 차 | 차此는 그칠停 지止 변에 비수 비匕를 더한 문자로, 이茲, 斯, 그치다止 등의 뜻이 있으며, 비匕는 하나의 부수이다. |
| 身<br>몸 신 | 신身은 하나의 부수部首로, 몸軀, 아이 배다懷孕有身, 몸소親 등의 뜻이 있다. |
| 髮<br>터럭 발 | 발髮은 머리를 늘어뜨리다長髮垂, 깃발 날리다, 머리털 희뜩희뜩하다白黑髮雜 등의 뜻이 있는 표髟 부수部首로, 터럭頭上毛, 머리카락頭上毛, 메마른 땅, 모래땅 등의 뜻이 있다. 또 표髟의 파자破字는 길다短之對, 길이短之對, 항상常, 늘常, 길이永, 멀다遠, 오래다久, 크다大, 넉넉하다優, 좋다善, 잘하다善, 맏이孟, 어른年長, 높이다尊, 기르다養, 나아가다進, 나머지餘分, 쓸데가 없다, 재다度, 많다多 등의 뜻이 있는 장長과 터럭 그리다毛髮繪飾, 털 자라다毛長 등의 뜻이 있는 삼彡으로 나뉘어진다. |

蓋此身髮 四大五常

| | |
|---|---|
| 四<br>넉   사 | 사四는 나라 국口 안에 어진 사람 궤几를 더한 문자로, 넉數名, 넷數名, 사방四方, 네 번四次 등의 뜻이 있다. |
| 大<br>큰   대 | 대大는 하나의 부수部首로, 크다小之對, 지나다過, 길다長, 지극하다甚, 極, 높이는 말尊稱 등의 뜻이 있다. 사대四大란 논하는 사람이나 단체에 따라 다를 수 있다. 그러나 여기에서 논하는 사대四大란 천지군부天地君父를 가리키는 말로, 누구나 하늘과 땅이 크고 넓음을 알고 두려워하듯이 군부君父도 하늘과 땅만큼 크고 넓게 생각해야 한다는 말이다. 여기서 군君은 국가國家이며, 부父는 양친 부모를 가리키는 말이다. |
| 五<br>다섯   오 | 오五는 두 이二의 부수部首로, 다섯數名, 다섯 번五回 등의 뜻이 있다. |
| 常<br>항상   상 | 상常은 수건 건巾의 부수로, 항상恒常, 떳떳하다庸, 오래다久, 열여섯 자 倍尋, 벼슬 이름 등의 뜻이 있다. |

이 몸이 터럭으로 덮여 있듯이, 사람이 살아가는 길에도 네 가지 큰 것과 다섯 가지 떳떳함이 있다. 즉 사대四大는 천지군부天地君父요, 오상五常은 인의예지신仁義禮智信이다.

| | |
|---|---|
| 虔<br><br>공경할　건 | 건虔은 범 호虎 아래에 글월 문文을 더한 문자로, 공경하다敬, 빼앗다强取, 죽이다殺 등의 뜻이 있다. |
| <br>惟<br><br>오직　유 | 유惟는 마음 심忄 변에 새 추隹를 더한 문자로, 꾀謀, 생각하다思, 오직獨, 어조사語助辭 등의 뜻이 있다. |
| <br>鞠<br><br>기를, 국문할　국 | 국鞠은 생가죽去毛生皮, 고치다改, 날개翼, 갑주甲冑 등의 뜻이 있는 혁革변에 두 손으로 움키다兩手撮物, 움큼屈掌 등의 뜻이 있는 국匊을 더한 문자로, 기르다養, 치다養, 제기毬子踢, 고하다告, 굽다曲, 鞠躬, 어린아이稚, 鞠子, 궁하다窮, 차다盈 등의 뜻이 있으며, 국匊은 쌀 포勹 안에 쌀 미米를 더한 문자로, 국掬의 속자俗字이다. |
| 養<br><br>기를　양 | 양養은 밥 식食 위에 양 양羊을 더한 문자로, 기르다育, 길다長, 몸을 위하다養生, 치다飼養, 하인賤役, 취하다取, 받들다供, 봉양하다下奉上 등의 뜻이 있다. 부모나 조부모를 받들어 모시는 것은 봉양奉養이라고 하고, 부모를 섬기고 자식을 키우는 것은 사육事育이라고 하고, 부모 대신 남의 자식을 키우는 것은 양육養育, 영재英才를 가르치고 기르는 것은 육영育英, 가축에게 먹이를 줘 키우는 것은 사육飼育이라고 한다. |

# 虔惟鞠養　豈敢毀傷

| | |
|---|---|
| <br>어찌 기 | 기豈는 콩 두료 위에 뫼 산山을 더한 문자로, 기豈로 발음을 할 때는 어찌焉, 非然辭, 일찍曾 등의 뜻이 있으며, 개豈로 발음을 할 때는 승전악勝戰樂의 뜻이 있다. |
| 敢<br>감히 감 | 감敢은 칠 복攵 부수部首로, 구태여進取忍爲, 용감하다勇敢, 과단성 있다果敢, 범하다犯, 감히冒昧辭 등의 뜻이 있다. |
| 毀<br>헐 훼 | 훼毀는 팔모창兵器, 치다擊 등의 뜻이 있는 수殳 변에 절구臼, 별 이름星名, 땅 이름地名 등의 뜻이 있는 구臼, 그 아래에 흙 토土를 더한 문자로, 헐다, 무너지다壞, 험담하다, 상제 얼굴 파리하다瘦, 아이가 이를 갈다小兒更齒 등의 뜻이 있다. |
| 傷<br>상할 상 | 상傷은 사람 인亻 변으로, 상하다創損, 아프다痛, 근심하다憂思, 해하다害 등의 뜻이 있다. |

부모는 오직 공경하는 마음으로만 봉양奉養을 해야 한다. 어찌 부모로부터 물려받은 몸을 감히 훼상毀傷하랴! 봉양奉養은 부모나 조부모를 받들어 모심을 가리키며, 훼상毀傷은 몸에 상처를 냄을 가리킨다.

| | |
|---|---|
| **女**<br><br>여자　녀 | 녀女는 하나의 부수部首로, 계집坤道成婦人, 여자婦人總稱, 처녀未嫁稱, 아낙네婦人總稱, 너汝, 시집 보내다以女妻人, 별 이름宿名婺女 등의 뜻이 있다. |
| **慕**<br><br>모뜰, 사모할　모 | 모慕는 밑 마음 심忄 위에 무성할茂 막莫을 더한 문자로, 생각하다思, 사모하다係戀不忘, 모뜨다愛習模範 등의 뜻이 있고, 막莫은 풀 초艸 아래에 말할語 왈曰, 그 아래에 클小之對 대大를 더한 문자이다. 사모思慕란 우러러 받들고 마음으로 따른다는 의미와 정이 들어 애틋하게 생각하고 그리워한다는 두 가지 의미가 있다. |
| **貞**<br><br>곧을　정 | 정貞은 조개 패貝 위에 점問龜, 주다賜與, 가리다遯, 기대하다期, 짐擔 등의 뜻이 있는 복卜을 더한 문자로, 곧다正, 굳다固 등의 뜻이 있으며, 복卜은 하나의 부수이다. |
| **烈**<br><br>매울　렬 | 렬烈은 불 화灬 위에 벌릴分解 렬列을 더한 문자로, 불 활활 붙다火猛, 뜨겁다熱, 맵다寒氣, 독하다毒, 위엄스럽다威, 빛나다光, 공業, 맹렬하다猛 등의 뜻이 있다. 정렬貞烈이란 부녀婦女의 행실行實이 곧고 맵다라는 의미이다. |

# 女慕貞烈　男效才良

**사내 남**

남男은 밭 전田 아래에 힘筋力 력力을 더한 문자로, 사내丈夫, 아들 등의 뜻이 있다. 녀女는 여자의 모습이며, 남男은 많은十 사람口을 먹여 살릴 수 있는 힘力을 가지고 있다는 의미에서의 상형이라고 한다.

**본받을, 모방 효**

효效는 칠 복攵 변에 사귀다相合, 벗하다俱, 풀풀 나르다飛貌, 서로互, 바꾸다易, 만나다會合 등의 뜻이 있는 교爻를 더한 문자로, 본받다象, 學, 공功, 증험하다驗, 힘쓰다勉, 모방하다倣, 드리다獻, 이르다致 등의 뜻이 있다.

**재주 재**

재才는 손 수手 부수部首로, 재주藝, 재능才能, 현인賢人, 바탕質, 겨우(근근이)僅, 재단裁 등의 뜻이 있다.

**어질 량**

량良은 그치다止, 한정하다限, 간방艮方 등을 가리키는 간艮에 표할 주、를 더한 문자로, 어질다善, 착하다善, 자못頗, 진실로誠, 남편夫稱良人, 머리首, 깊다深, 장인器工, 능하다能, 때문良有以 등의 뜻이 있다.

---

여자는 정렬貞烈을 모뜨고, 남자는 재량才良을 본받아야 한다. 정렬貞烈은 곧고 매운 부녀婦女의 행실을 가리키며, 재량才良은 재주와 도량度量으로 곧 다양한 재능과 선량한 인품을 가리킨다. 그러므로 이는 여자는 정조貞操를 굳게 지켜 행실을 단정히 해야 하고, 남자는 재능을 닦아 어진 것을 본받아야 한다는 말이다.

知는 살 시矢 변에 입 구口를 더한 문자로, 알다識, 깨닫다覺, 이르다論, 주장하다主, 하고자 하다欲 등의 뜻이 있다. 이와 같이 안다, 혹은 깨닫는다는 문자를 지知로 상형한 까닭은 구口는 입이요, 시矢에는 베푼다施, 혹은 곧다直는 의미가 있으므로 곧 아는 자知는 말口로라도 이웃에게 베풀示 수 있는 자라는 의미로 보인다. 바로 지자知者는 빈말이라도 이웃에게 고맙게 하는 자라고 하겠다.

알 지

---

過는 뛸 착辶 위에 입이 비뚤어질口戾不正 괘咼를 더한 문자로, 지나다經, 넘다越, 그릇하다誤失, 허물罪愆, 지난날過去 등의 뜻이 있으며, 괘咼는 입 구口 부수에 있다.

지날, 허물 과

---

필必은 마음을 나타내는 심心에 삐침 별丿을 더한 문자로, 반드시定辭, 살피다審, 그러하다然, 오로지專, 기약하다期必 등의 뜻이 있다. 반드시, 혹은 오로지 한다는 의미의 문자를 필必로 상형한 까닭은 흔들리는 마음心에 말뚝(丿)을 박아 고정固定시킨 모양으로 느껴진다.

반드시 필

---

개改는 칠 복攵 변에 몸身 기己를 더한 문자로, 고치다更, 바꾸다易, 거듭하다再, 새롭게 하다新, 짓다造 등의 뜻이 있으며, 기己는 하나의 부수이다. 곧 개改는 자신己을 잘게 두드려야小擊 = 攵 한다는 뜻이니, 마치 대장간에서 잘게 두드려야 비로소 물건을 만들 수 있는 모습이라고 하겠다.

고칠 개

---

知過必改 得能莫忘

| | |
|---|---|
| 得<br><br>얻을 득 | 득得은 자축거릴 척彳 변에 그친다止, 막히다㝵 등의 뜻이 있는 애㝵를 더한 문자로, 얻다獲, 상득하다契合, 잡다捕, 탐하다貪, 만족하다滿足, 잘하다能, 특별하다特 등의 뜻이 있고, 애㝵는 헤아릴 촌寸 위에 아침 단旦을 더한 문자로, 단旦은 날 일日 아래에 한 일一을 더한 문자이다. |
| 能<br><br>착할, 능할 능 | 능能은 고기 육月 위에 나我 사厶, 비수 비匕 두 개를 더한 문자로, 능能으로 발음을 할 때는 착하다善, 능하다勝任, 곰熊 등의 뜻이 있고, 내能로 발음을 할 때는 세 발 자라三族鼈의 뜻이 있으며, 태能로 발음을 할 때는 별 이름星名의 뜻이 있다. 이처럼 능한 것을 능能으로 상형한 까닭은 마치 비수匕 두 개를 들은 듯이 소月=肉를 해체解體하는 날렵한 손놀림의 모습이라고 하겠다. |
| <br><br>말 막 | 막莫은 풀 초艹 아래에 말할 왈曰, 클 대大를 더한 문자로, 막莫으로 발음을 할 때는 말다勿, 없다無, 정하다定, 엷다薄, 크다大, 무성하다茂, 꾀하다謀라는 뜻이 있고, 맥莫으로 발음을 할 때는 고요하다靜 등의 뜻이 있으며, 모莫로 발음을 할 때는 푸성귀菜, 날 어둡다日且冥 등의 뜻이 있다. |
| <br><br>잊을 망 | 망忘은 마음 심心 위에 망亡으로 발음을 할 때는 죽이다殺, 없어지다失, 죽은 사람亡人 등의 뜻이 있고, 무亡로 발음을 할 때는 없다無 등의 뜻이 있는 망亡을 더한 문자로, 깜짝하다忽, 기억이 없다不記, 잊다志不在 등의 뜻이 있으며, 망亡은 뜻이 없는 토 두亠 부수에 있다. 이처럼 망忘은 잠시 깜박하는 것인데, 상형은 마음心이 죽었다亡고 하였으니 지나쳤다고 하겠다. 아무튼 망忘하지 말라는 의미가 아닐지 싶다. |

　허물을 알았으면 반드시 고쳐야 하고, 착함을 얻었으면 잊지 말아야 한다. 누구나 허물은 있는 것이니 허물을 알았으면 반드시 고치고, 사람으로서 알아야 할 것을 배운 뒤에는 잊지 않도록 해야 한다는 말이다.

| | |
|---|---|
|  罔 <br><br> 없을　망 | 　망罔은 그물 망罒 안에 없을 망亡을 더한 문자로, 없다無, 속이다誣, 맺다結, 아는 것이 없다無知 등의 뜻이 있다. |
| 談 <br><br> 말씀　담 | 　담談은 말씀 언言 변에 불꽃 염炎을 더한 문자로, 말씀論, 바둑 두다圍碁手談 등의 뜻이 있으며, 염炎은 불 화火 아래에 불 화火를 더한 문자이다. 그러므로 담談은 불꽃 튀게 말을 많이 하는 모습이라고 하겠다. |
| 彼 <br><br> 저　피 | 　피彼는 자축 거릴 척彳 변에 가죽 피皮를 더한 문자로, 저此之對, 저것外之辭 등의 뜻이 있다. |
| 短 <br><br> 짧을　단 | 　단短은 살 시矢 변에 콩 두豆를 더한 문자로, 짧다不長, 잘못訣點, 사람의 허물을 지목하다指人過失, 젊어서 죽다夭死 등의 뜻이 있으며, 두豆는 하나의 부수이다. 단短의 반대는 장長이다. |

# 罔談彼短 靡恃己長

# 靡

**아닐 미**

미靡는 아닐 비非 부수部首에 삼 마麻를 더한 문자로, 흩어지다散, 문드러지다爛, 멸하다滅, 얽다繫, 허비하다損, 사치하다奢侈, 예쁘다美, 아름답다美, 없다無, 쓰러지다, 순종하다, 붙좇다, 연하여 뻗다 등의 뜻이 있으며, 마麻는 하나의 부수이다.

# 恃

**믿을 시**

시恃는 마음 심忄 변에 사寺로 발음을 할 때는 절僧居, 관사官舍 등의 뜻이 있고, 시寺로 발음을 할 때는 내관內官＝宦恃의 뜻이 있는 사寺를 더한 문자로, 믿다賴, 의지하다依, 어머니母 등의 뜻이 있다. 사寺는 헤아릴 촌寸 위에 흙 토土를 더한 문자이다.

**몸 기**

기己는 하나의 부수部首로, 몸身, 사사私 등의 뜻이 있다. 기己와 닮은 사巳와 이己도 같은 기己 부수이나, 사巳는 지지地支, 뱀蛇 등의 뜻이 있으며, 이己는 이미, 그치다止, 버리다去, 너무太過, 병이 낫다病愈, 조금 있다己而踰時, 마치다畢 등의 뜻이 있는 것이 다르다. 상형에서 차이점은 기己는 좌측 입구入口가 탁 트인 문자이고, 사巳는 좌측 입구가 꼭 막힌 문자이며, 이己는 좌측 입구가 반만 막힌 문자란 것이다.

**길 장**

장長은 하나의 부수部首로, 길다短之對, 길이短之對, 항상常, 늘常, 길永, 멀遠, 오래다久, 크다大, 넉넉하다優, 좋다善, 잘하다善, 맏孟, 어른年長, 높이다尊, 기르다養, 나가다進, 나머지餘分, 벼슬 이름, 쓸데가 없다, 재다度, 많다多 등의 뜻이 있다.

남의 단점을 말하지 말 것이며, 자기의 장점은 너무 믿지 마라. 그래야 더욱 발전한다.

신信은 사람 인亻 변에 말씀 언言을 더한 문자로, 믿다不疑, 밝히다明, 참되다眞, 정성誠, 맡기다任, 소식消息, 펴다伸, 사신使臣 등의 뜻이 있다. 이는 남에게 믿음을 주고, 밝고, 참되고, 정성되게 보이려면 말슬부터 바르게 행行해야 함을 상형象形하였다고 하겠다.

**믿을　신**

사使는 사람 인亻 변에 관리官吏＝治政官, 아전治政官 등의 뜻이 있는 리吏를 더한 문자로, 부리다役, 하여금令, 가령假定辭, 사신將名者, 심부름 시키다命 등의 뜻이 있다.

**하여금　사**

가可는 입 구口 변에 천간天干, 나이 스무 살 된 사나이成年者, 물이 새어 떨어지는 소리水漏聲, 나무 베는 소리伐木聲, 백성百姓 등의 뜻이 있는 정丁을 더한 문자로, 옳다否之對, 허락하다許, 마땅하다宜, 착하다善 등의 뜻이 있다. 정丁은 한 일一 부수部首에 갈구리 궐亅을 더한 문자이다.

**마땅할　가**

複

복覆은 덮을 아襾 부수部首에 돌아올 복復을 더한 문자로, 돌이키다反覆, 오히려反對, 패하다敗, 엎지르다倒, 자세히 살피다審, 덮다蓋, 싸다包, 고루고루 퍼지다布, 군사 매복하다伏兵 등의 뜻이 있다. 복復은 자축거닐 척彳 부수에 있다.

**자세히 살필, 뒤집힐　복**

# 信使可覆 器欲難量

| | |
|---|---|
| <br>그릇　기 | 　기器는 인구人口 구口 부수로, 네 개의 구口 가운데 개 견犬을 더한 문자로, 그릇成形器皿, 재주才能, 그릇답다才量, 도량度量, 쓰이다使用, 중히 여기다重 등의 뜻이 있다. 물론 물건을 담는 그릇이라면 명皿 부수의 상형象形이 마땅하겠으나, 이처럼 상형된 기器 자는 생김새부터가 그릇을 뜻한다는 생각보다는 엉뚱하게 딴생각을 하게 하는 문자라고 하겠다. 이런 문제 때문인지 예로부터 개 견犬 대신에 장인 공工이 들어간 문자를 기器의 속자俗字로 활용해 왔다. 역시 입 구口 부수에 있다. |
| <br>하고자 할　욕 | 　욕欲은 하품하다張口解悟, 부족하다不足, 기지개疲, 빠지다陷 등의 뜻이 있는 흠欠 부수部首에 골山間水道谿 곡谷을 더한 문자로, 하고자 하다, 장차 그러하다將然 등의 뜻이 있다. |
| <br>어려울　난 | 　난難은 새 추隹 변으로, 어렵다不易艱, 근심스럽다患, 막히다阻, 힐난하다詰辨, 우거지다盛貌難然, 주명珠名 등의 뜻이 있다. |
| 　　量<br><br>헤아릴　량 | 　량量은 마을村里 리里 위에 아침朝, 밝다明, 새벽曉, 일찍루, 밤 새우는 새夜鳴盡旦, 간측하다懇惻 등의 뜻이 있는 단旦을 더한 문자로, 헤아리다度, 예상하다豫想, 생각하다思慮分別, 국량度量, 한정하다限 등의 뜻이 있다. 단旦은 날 일日 아래에 한 일一을 더한 문자이다. |

남에게 믿음을 주려면 모든 것이 마땅해야 한다. 그릇度量이 큰 사람은 헤아리기조차 어렵다. 도량度量은 길이를 재는 자와 양을 되는 되를 가리키는 말로, 너그러운 마음과 깊은 생각을 가리킨다.

| | |
|---|---|
| 墨<br>먹　묵 | 묵墨은 흙 토土 위에 검다五色之一北方陰色, 晦, 어둡다晦, 굿다是非黑白, 캄캄하다暗黑, 사마귀黶 등의 뜻이 있는 흑黑을 더한 문자로, 먹, 그을음煤煙, 헤아리다度, 먹줄繩墨, 자자하다黥 등의 뜻이 있다. |
| 悲<br>슬플　비 | 비悲는 마음 심心 위에 아니다不是, 없다無, 몹쓸惡 등의 뜻이 있는 비非를 더한 문자로, 슬프다痛, 불쌍히 여기다憐, 한심하다寒心 등의 뜻이 있다. 비悲는 마음이心 아닐非 때 또는 슬퍼해야 할 때를 정확하게 짚었다고 하겠다. 즉 슬픈 심정心情을 이보다 더 훌륭히 어떻게 표현할 수 있겠는가? 아마 보통 사람의 생각으로는 도저히 상형象形을 할 수 없지 않겠는가 싶다. |
| <br>실　사 | 사絲는 극히 적은 수絲之半數 사糸 변에 가는 실細絲 멱糸을 더한 문자로, 실細條之稱, 비단실蠶之所吐, 수 이름數名十忽, 풍류 이름絃器 등의 뜻이 있다. |
| <br>물들일　염 | 염染은 나무 목木 위에 물가水涯 궤氿를 더한 문자로, 꼭두서니茜屬, 물들다漬, 유약하다柔弱, 물들이다染之, 더럽히다汚 등의 뜻이 있으며, 궤氿는 물 수氵 변에 아홉 구九를 더한 문자로, 구九는 새 을乙 부수에 있다. |

# 墨悲絲染 詩讚羔羊

시 시

시詩는 말씀 언言 변에 절 사寺를 더한 문자로, 귀글言志, 풍류 가락樂章, 받들다承, 가지다持, 시전詩傳 = 經書名 등의 뜻이 있으며, 사寺는 헤아릴 촌寸 위에 흙 토土를 더한 문자이다.

칭찬할 찬

찬讚은 말씀 언言 변에 도울 찬贊을 더한 문자로, 돕다佐, 밝히다明, 칭찬하다稱美 등의 뜻이 있으며, 찬贊은 조개 패貝 위에 나아갈 신兟을 더한 문자이고, 신兟은 어진 사람 궤儿 부수에 먼저 선先을 더한 문자로, 선先도 역시 어진 사람 궤儿 부수에 있다.

새끼 양 고

고羔는 양 양羊 아래에 불 화灬를 더한 문자로, 양 새끼羊子, 염소 등의 뜻이 있다.

양 양

양羊은 하나의 부수部首로, 양, 노닐다 등의 뜻이 있다.

묵자墨子는 물이 드는 실을 보고 슬퍼하였으며, 시경詩經도 좋은 옷을 칭찬하였다. 이는 실에 검은 물이 들면 다시 희지 못하듯이 사람도 나쁜 물에 한 번 빠져들면 다시는 좋아질 수가 없으니 매우 슬픈 일이다. 그러므로 매사를 조심하여야 한다. 시경詩經에서도 염소羔羊 가죽으로 만든 좋은 옷을 입고 자랑스럽게 생각을 하였다고 하는 말로, 이는 시경에서 남국南國의 충직한 대부大夫를 좋은 옷에 견주어 칭찬하는 말이었으므로 우리도 좋은 옷처럼 칭찬받는 이가 되자고 하는 말이다.

경치, 밝을 **경**

경景은 날 일日 아래에 서울王居 경京을 더한 문자로, 경景으로 발음을 할 때는 빛光, 경치景致, 밝다明, 크다大, 사모하다慕 등의 뜻이 있으며, 영景으로 발음을 할 때는 형상하다象, 그림자影, 옷衣 등의 뜻이 있고, 경京은 뜻 없는 토 두亠 아래에 실마리緖 구口와 작을 소小를 더한 문자이다.

다닐 **행**, 항렬 **항**

행行은 하나의 부수部首로, 행行으로 발음을 할 때는 다니다步行, 가다往, 길道路, 오행五行＝運, 쓰다用, 행서行書＝書體, 노래歌, 행실行實＝所行, 순행하다巡行 등의 뜻이 있으며, 항行으로 발음을 할 때는 항렬等輩, 굳세다剛强, 항오하다列, 시장市長 등의 뜻이 있다.

벼리 **유**

유維는 실 사糸 변에 새 추隹를 더한 문자로, 벼리綱, 발어사發語辭, 잇다係, 오직獨, 모퉁이方隅, 연하여 매다連結, 이此, 개혁改革＝維新, 끌어가다持 등의 뜻이 있다.

賢

어질 **현**

현賢은 조개 패貝 위에 신하臣下 신臣과 또 우又를 더한 문자로, 어질다有德行, 좋다善, 낫다勝, 구멍大穿孔 등의 뜻이 있다. 이는 임금을 섬기는 신하나 재화가 있는 자는 현명하다는 의미라고 하겠다. 아니 사람이 어질어야 임금을 섬기게 되고, 부자도 될 수 있다고 하면 기억이 쉽겠다.

# 景行維賢 克念作聖

| | |
|---|---|
| 克<br>이길　극 | 극克은 어진 사람 궤儿 위에 옛昔 고古를 더한 문자로, 능하다, 잘하다, 이기다, 이겨내다 등의 뜻이 있으며, 고古는 입 구口 위에 열 십十을 더한 문자이다. |
| 念<br>생각　념 | 념念은 마음 심心 위에 이제對古之稱, 곧卽, 말머리에 쓰이는 말發言 등의 뜻이 있는 금今을 더한 문자로, 생각하다常思, 외다誦, 스물二十日念, 눈 깜짝할 동안刹那 등의 뜻이 있다. 금今은 사람 인人 부수에 있다. 따라서 념念은 사람은 늘 생각한다는 의미이다. |
| 作<br>지을　작 | 작作은 사람 인亻 변에 잠깐暫, 얼핏猝, 처음初, 별안간忽, 겨우甫 등의 뜻이 있는 사乍를 더한 문자로, 작作으로 발음을 할 때는 짓다造, 이루다成 등의 뜻이 있으며, 자作로 발음을 할 때는 하다爲 등의 뜻이 있고, 주作로 발음을 할 때는 만들다造 등의 뜻이 있다. 그러므로 작作은 잠깐暫, 얼핏猝, 별안간忽 등의 영감靈感에서 짓는다造는 의미에서의 상형이라고 하겠다. |
| 聖<br>성인　성 | 성聖은 귀主聽 이耳 부수部首에 입 구口, 북방北方, 크다大, 간사하다 뜻이 있는 임壬을 더한 문자로, 성인智德過人, 人格最高者, 착하다, 통하다通, 지극하다至極, 거룩하다至聖, 임금天子尊稱, 잘하다 등의 뜻이 있으며, 임壬은 선비 사士 위에 삐친左引之 별丿을 더한 문자이다. 이처럼 성인을 나타내는 성聖은 클 임壬 위에 귀 이耳와 입 구口를 더하였는데, 들을 청聽의 고자古字는 귀 이耳 변에 클 임壬을 더하였다. 그러므로 성聖의 상형은 '성인聖人의 시작口＝發端은 많이 크게壬 들어라聽'고 이르는 문자라 하겠다. |

　행실行實이 훌륭하고 당당하면 어진 사람이 되고, 생각을 지극히 해서 처신處身(언행)하면 성인으로 다듬어진다.

# 悳

**덕    덕**

덕悳은 마음 심心 위에 곧을 직直을 더한 문자로, 큰行道有得, 은혜惠, 품행品行, 왕기四時旺氣, 별 이름星名, 木星, 낳다生 등의 뜻이 있으므로 덕德과 의미가 같으며, 직直은 눈 목目의 부수에 있다.

# 建

**세울    건**

건建은 길게 걷다長行, 당기다引 등의 뜻이 있는 인廴 부수에 지을聿 율聿을 더한 문자로, 서다효, 두다置, 세우다樹, 칼집韜, 성명星名 등의 뜻이 있으며, 율聿은 하나의 부수이다.

# 名

**이름    명**

명名은 입 구口 위에 저녁最之對 석夕을 더한 문자로, 이름聲稱號, 이름을 짓다命名, 글文字, 명령하다命令, 공功 등의 뜻이 있으며, 명名과 상형이 닮은 각各은 입 구口 위에 뒤에 올 치夂를 더한 문자로, 각각異辭, 제각기 등의 뜻이 있다.

# 立

**설    립**

립立은 하나의 부수로, 서다住, 세우다建, 이루다成, 굳다堅, 정하다設定, 밝히다明, 속하다速意 등의 뜻이 있다.

---

# 悳建名立 形端表直

| | |
|---|---|
| <br>**모양 형** | 형形은 터럭 삼彡 부수로, 형상形狀 = 體, 형상하다象, 꼴象, 나타나다現, 형세形勢, 땅 모양地勢 등의 뜻이 있다. |
| <br>**바를 단** | 단端은 설 립立 변에 단耑으로 발음을 할 때는 끝端緒, 物首, 단장하다正 등의 뜻이 있으며, 전耑으로 발음을 할 때는 구멍端古字, 穴, 오로지專 등의 뜻이 있는 단耑을 더한 문자로, 끝物首, 단장하다正, 싹萌, 비로소始, 오로지專, 실마리緖 등의 뜻이 있으며, 단耑은 말 이를 이而 위에 뫼 산山을 더한 문자이며, 산山은 하나의 부수이다. |
| <br>**겉 표** | 표表는 옷 의衣 부수로, 겉外, 바깥外, 상의上衣, 밝다明, 표지識, 글箋, 뛰어나다衆出 등의 뜻이 있다. |
| 直<br>**곧을, 바를 직** | 직直은 눈 목目 부수로, 직直으로 발음을 할 때는 곧다不曲, 바르다正, 펴다伸, 다만但 번들다侍, 바로則 등의 뜻이 있으며, 치直로 발음을 할 때는 값物價의 뜻이 있다. |

늘 덕德을 앞세워 세상일을 행하면 자연 이름이 서고, 모양이 단정端正하면 바른 것이 표정表情(얼굴)에도 나타난다. 이름은 평판評判을 가리키며, 모양은 됨됨이, 표정表情은 외모로 드러난 마음속의 감정이나 정서를 가리킨다.

| | |
|---|---|
| 空<br><br>빌 공 | 　공空은 굴窟, 구멍窟, 움土屋, 틈孔隙, 광중壙 등의 뜻이 있는 혈穴 아래에 장인 공工을 더한 문자로, 비다虛, 하늘天, 구멍穴, 크다大, 궁하다窮, 이지러지다缺, 없다缺乏, 벼슬 이름官名, 司空 등의 뜻이 있으며, 공工은 하나의 부수이다. |
| 谷<br><br>골 곡 | 　곡谷은 하나의 부수로, 골山間水道谿, 궁하다窮, 기르다養 등의 뜻이 있다. |
| 傳<br><br>전할 전 | 　전傳은 사람 인亻 변에 전일하다壹, 誠, 오로지 하다獨, 임의로 하다擅 등의 뜻이 있는 전專을 더한 문자로, 전하다轉, 주다授, 펴다伸, 옮기다移, 잇다續, 주막旅舍, 어진 사람의 글賢人之書, 우체郵遞 = 驛遞 등의 뜻이 있으며, 전專은 헤아릴 촌寸 부수에 있다. 전傳과 닮은 부傅는 사람 인亻 변에 펼布 부尃를 더한 문자이며, 부尃는 헤아릴 촌寸 위에 사나이의 아름다운 칭호男子美稱, 크다大, 무리衆, 나我, 또且, 처음始, 비로소始 등의 뜻이 있는 보甫를 더한 문자이다. 보甫는 쓰다可施行, 부리다便, 利用, 써以, 재물貨, 그릇器, 도구器, 맡기다任, 통하다通 등의 뜻이 있는 용用 부수에 있다. |
| 韻<br><br>울림, 운치 운 | 　운韻은 소리聲 음音 변에 관원官數, 더하다益, 울다鳴 등의 뜻이 있는 원員을 더한 문자로, 화하다和, 운치風度風致, 운음韻, 울림聲相應 등의 뜻이 있으며, 원員은 입 구口 부수에 조개 패貝를 더한 문자이다. |

## 空谷傳韻 虛堂習聽

허虛는 범 호虎 부수로, 비다空, 헛되다空, 다하다, 버금 자리次, 하늘天空, 터故城, 거짓말虛言, 약하다虛弱, 별 이름星名 등의 뜻이 있다.

빌 허

당堂은 흙 토土 부수로, 집正寢, 마루正寢, 당당하다堂堂, 전각殿, 직무하는 곳政事, 가까운 친척堂内, 堂弟, 堂叔 등의 뜻이 있다.

집 당

습習은 깃 우羽의 아래에 흰 백白을 더한 문자로 익히다學習, 風習, 익숙해지다慣, 화하다和舒, 거듭重, 가까이 하다狎 등의 뜻이 있으며, 백白은 하나의 부수이다.

익힐 습

청聽은 귀 이耳 변에 클 임壬과 큰 덕悳을 더한 문자로, 듣다聆, 받다受, 쫓다從, 결단하다斷, 기다리다待, 꾀하다謀, 수소문하다偵察, 맡기다任 등의 뜻이 있다. 본래 청聽의 고자古字는 귀 이耳 변에 클 임壬을 더한 문자로, 큰 덕悳은 없었다. 그러므로 청聽은 '크게壬 듣는다耳', '크게壬 들어야 한다耳' 라는 뜻만 있었다고 하겠다. 그러나 뒷날 듣는다는 것을 더욱 강조하고, 나아가 덕德스럽게 들어야 한다는 의미에서 큰 덕悳이 덧붙여진 것으로 보인다.

들을 청

빈 골짜기에서는 작은 소리도 잘 울리고, 빈집에서는 작은 소리도 잘 들린다. 공곡空谷은 인기척이 없는 쓸쓸한 골짜기를 가리키며, 허당虛堂은 빈집을 가리킨다. 이처럼 아무도 없는 빈 골짜기나 빈집에서 나는 소리가 더욱 잘 들리듯이, 아무도 모르게 몰래 숨어서 하는 악한 일이나 착한 일은 누구나 다 알게 된다고 이르는 말이다.

재앙　　화

화禍는 바칠롯 시示 변에 입이 비뚤어질口庆不正 괘咼를 더한 문자로, 재화災, 재앙殃, 해롭다害 등의 뜻이 있으며, 괘咼는 입 구口 부수에 있다.

말미암을　유

유由는 밭 전田 부수로, 말미암다從, 행하다行, 쓰다用, 마음이 든든하다自得貌, 지나다經, 까닭理由, 인하다因 등의 뜻이 있다.

악할 악, 미워할 오

악惡은 마음 심心 위에 버금次, 다음次, 둘째次, 이어서, 동서同婿, 갈라지다歧, 칠하여 장식하다堊, 누르다壓 등의 뜻이 있는 아亞를 더한 문자로, 악惡으로 발음을 할 때는 악하다不善, 모질다不善, 나쁘다不良, 못생기다醜陋 등의 뜻이 있으며, 오惡로 발음을 할 때는 미워하다憎, 부끄럽다恥, 어찌何, 허欺辭 등의 뜻이 있다.

쌓을　　적

적積은 벼 화禾 변에 책責으로 발음을 할 때는 꾸짖다誚, 조르다求, 맡다任, 나무라다誅, 재촉하다迫取, 제 탓하다自訟 등의 뜻이 있고, 채責로 발음을 할 때는 빚負債 등의 뜻이 있는 책責을 더한 문자로, 쌓다堆疊, 모이다聚, 넓이面積, 저축하다 등의 뜻이 있으며, 책責은 조개 패貝 부수에 있다.

# 禍由惡積 福緣善慶

복福은 바칠 시示 변에 밭田과 입口을 일一로 덮은 문자로, 복祜, 德, 아름답다休, 상서祥瑞 = 吿祥, 착하다善, 음복飮福 등의 뜻이 있다. 이처럼 밭田 위에 입口이 있고 다시 한 일一로 덮은 것은 뚜껑이 덮인 복福이 담긴 항아리의 모습이라고 한다. 복福이 바칠 시示 변에 있는 것은 매사每事를 신神에게 감사해야 함을 강조한 문자라고 하겠다.

복　복

연緣은 실 사糸 변에 저녁 석夕, 그 아래에 돼지豚, 돌豚 등의 뜻이 있는 시豕를 더한 문자로, 인하다因, 循, 인연連絡衾緣, 옷 선두르다衣純緣飾, 황후의 옷后服 등의 뜻이 있다.

인연　연

선善은 입 구口 부수로, 착하다良, 길하다吿, 다하다多, 좋다好, 좋아하다好, 높다, 많다, 옳게 여기다善之 등의 뜻이 있다.

착할　선

경慶은 마음 심心 부수부首로, 경慶으로 발음을 할 때는 경사福, 즐겁다喜, 하례賀, 착하다善, 발어사發語辭 등의 뜻이 있으며, 강慶으로 발음을 할 때는 복福, 이에乃 등의 뜻이 있다.

경사　경

화禍는 악惡한 짓이 쌓여서 생기고, 복福은 착한 짓에서 오는 경사慶事이다. 화禍는 재앙災殃으로 천변지이千變地異로 말미암은 불행한 사고를 가리키며, 악惡은 성질이 흉악하다, 독하고 모질다, 양심을 어기고 도덕률에 벗어남을 가리키며, 복福은 아주 좋은 운수, 복조福祚를 가리키며, 선善은 착한 짓으로 마음이 곱고 어진 행동을 가리킨다. 그러므로 이는 재앙을 받는 이는 악한 짓이 쌓였기 때문이요, 경사가 있는 집은 평소에 착한 일을 행했음이라고 하는 말이다.

| | |
|---|---|
| 尺<br><br>자 척 | 척尺은 주장하다主, 헛 벼슬廢, 주검人死未葬, 베풀다陳, 시동神像尸童(옛날에 제사지낼 때 임시로 신을 대신하던 아이) 등을 뜻하는 시尸 부수에 파임右引之 불乀을 더한 문자로, 자度名十寸, 가깝다近距 등의 뜻이 있다. |
| 璧<br><br>구슬 벽 | 벽璧은 구슬 옥玉 위에 임금君, 죽은 남편妻祭夫稱, 법法, 물리치다除, 屏, 간사하다邪, 편향되다偏, 부르다徵, 형벌刑, 놀라 물러가다驚退, 밝다明, 땅 갈다開墾, 열리다開, 피하다避 등의 뜻이 있는 벽辟을 더한 문자로, 둥근 옥瑞玉圜器의 뜻이 있다. 벽辟은 맵다, 고생辛苦, 혹독하다苛酷 등의 뜻이 있는 신辛 부수에 있다. |
| 非<br><br>아닐 비 | 비非는 하나의 부수로, 아니다不是, 나무라다詈, 그르다不正, 어기다違, 없다無, 몹쓸惡 등의 뜻이 있다. |
| 寶<br><br>보배 보 | 보寶는 움집穴居 면宀 아래에 왕부패王缶貝를 더한 문자로, 서옥瑞, 보배珍, 어보符璽, 옥새玉璽, 귀하다貴, 돈(錢幣 : 常平通寶) 등의 뜻이 있다. 왕玉은 임금이오, 부缶는 장군(동이盆)이오, 패貝는 조개란 뜻이며, 부缶와 닮은 악岳은 뫼 산山 위에 높을高 구丘를 더한 문자이며, 악嶽의 고자古字이다. |

# 尺璧非寶 寸陰是競

**마디 촌**

촌寸은 하나의 부수部首로, 치十分, 마디節, 헤아리다忖, 조금少 등의 뜻이 있다. 즉 자度名十寸 척尺을 열十로 나눈 길이가 일촌一寸이므로 십촌十寸이면 일척一尺이 된다. 본래 '마디'를 가리켜서 촌寸으로 정하게 된 것은 곧게 나가는 한 일一에 갈고리ㅣ를 하고, 다시 표、를 했다는 의미가 있다. 또 하나의 '마디'만으로도 이미 온전完全＝十해서 표、를 하였다는 의미도 있다고 하겠다.

**그늘 음**

음陰은 언덕 부阝변에 이제 금今, 그 아래에 이른다曰, 움직이다運, 이러저러하다는 뜻이 있는 운云을 더한 문자로, 음지陰地, 陽之對, 응달陽之對, 그림자影, 흐리다曇, 세월歲月＝光陰, 북쪽山北, 비등어리背面碑陰, 몰래秘密, 가만하다默, 가리다蔭 등의 뜻이 있으며, 운云은 두 이二 부수에 나 사厶를 더한 문자이다. 음陰의 대對는 양陽이다. 촌음寸陰이란 한 자尺의 세월歲月＝光陰에 십 분의 일에 해당하는 아주 짧은 시간을 가리키는 말이다.

**옳을, 이 시**

시是는 날 일日 아래에 바르다正 등의 뜻이 있는 아疋를 더한 문자로, 이此, 옳다非之對, 바르다正, 곧다直 등의 뜻이 있다.

**다툴 경**

경競은 설 립立 부수로, 다툰다爭, 굳세다强, 성하다盛, 높다高, 쫓다逐, 문득遽 등의 뜻이 있다. 그러나 경競은 설 립立 아래에 맏 형兄을 더한 문자를 거듭한 문자이므로, 서로 형兄을 하겠다고 마주 서 있는 글자만 같다. 그래서 굳세다, 다툰다는 의미도 있어 보인다. 형兄은 어진 사람 궤儿 위에 입 구口를 더한 문자이다. 경競과 닮은 경은 경竟을 두 개 겹쳐 놓은 문자로, 소설 립立 부수이며, 의미도 경競과 같다. 경竟은 설 립立 아래에 가로 왈曰, 그 아래에 어진 사람 궤儿를 더한 문자로, 마치다終, 궁구하다窮, 지경際, 필경畢竟 등의 뜻이 있다.

한 자 되는 구슬이 보배가 아니고, 공부(일)할 수 있는 짧은 시간이 보배이다.

資는 조개 패貝 위에 버금亞 차次를 더한 문자로, 재물貨物, 자뢰賴, 憑, 밑천資本, 취하다取, 쓰다用, 바탕資質, 돕다助, 품하다稟 등의 뜻이 있으며, 차次는 하품할 흠欠 변에 얼음 빙仌 을 더한 문자이다.

**資** 자료, 밑천　자

父는 하나의 부수部首로, 부父로 발음을 할 때는 아비生己者, 아버지生 己者, 늙으신네老叟之稱, 할아범老叟之稱 등의 뜻이 있으며, 보父로 발음을 할 때는 남자의 미칭美稱男子을 가리킨다.

**父** 아비　부

事는 갈구리 궐亅 부수로, 일動作云爲, 섬기다奉仕, 벼슬職 등의 뜻이 있다.

**事** 일, 섬길　사

君은 입 구口에 믿을信 윤尹을 더한 문자로, 임금至尊, 괘호卦號, 그대 彼此通稱, 남편夫, 귀신의 존칭湘君 등의 뜻이 있다. 윤尹은 주장할 시尸 부수에 있다.

**君** 임금　군

# 資父事君 曰嚴與敬

| | |
|---|---|
| <br>가로　왈 | 왈曰은 하나의 부수로, 말하다語, 가로되語, 이르다謂, 말 내다發語辭, 일컫다稱, 에於, 의之 등의 뜻이 있다. |
| <br>엄할　엄 | 엄嚴은 입 구口 부수로, 두 개의 입口 아래에 굴 바위山之厓嚴人居, 언덕厓, 기슭厓 등의 뜻이 있는 엄厂, 구태여進取忍爲, 용감하다勇敢, 과단성 있다果敢, 범하다犯, 감히冒昧辭 등의 뜻이 있는 감敢을 더한 문자로, 엄하다毅, 굳세다毅, 높이다尊, 공경하다敬, 씩씩하다莊, 계엄하다設備戒嚴, 혹독하다寒氣凜冽, 무섭다甚恐 등의 뜻이 있으며, 감敢은 칠 복攵 부수에 있다. |
| <br>더불, 같을　여 | 여與는 절 구臼 등의 뜻이 있는 구臼 부수部首로, 더불어以也共爲, 미치다及, 같다如, 좋아하다善, 주다施, 화하다和, 참여하다參與, 干, 무리衆, 기다리다待, 셈하다數, 너울너울하다, 어조사語助辭 등의 뜻이 있다. |
| 敬<br>공경할　경 | 경敬은 칠 복攵 부수에 진실로誠, 구차하다草率苟且, 다만旦, 겨우纔, 풀草, 만약若 등의 뜻이 있는 구苟를 더한 문자로, 공경하다恭, 엄숙하다肅, 삼가다勤愼 등의 뜻이 있으며, 구苟는 풀 초艹 아래에 귀句로 발음을 할 때는 구절章句文詞止處의 뜻이 있고, 구句로 발음을 할 때는 맡아보다, 활을 잡아당기다弓引 등의 뜻이 있는 구句를 더한 문자로, 구句는 입 구口에 쌀 포勹를 더한 문자이다. |

아비를 모시듯 임금을 섬겨야 한다. 왈曰 엄격함과 공경함이 같다. 엄격嚴格함이란 언행言行이 엄숙하고 딱딱하다는 말이며, 공경恭敬함이란 공손하고 겸손함을 가리킨다.

孝

孝는 아들 자子 위에 늙다年高, 어른老父, 老長, 어르신네尊稱, 익숙하다老鍊, 쭈그러지다疲, 衰 등의 뜻이 있는 로老 부수인 로老를 더한 문자로, 효도하다善事父母, 상복 입다喪服 등의 뜻이 있다. 즉 효孝는 자식子이 늙은 부모耂를 업은 모습이라고 하겠다.

효도 효

當

당當은 밭 전田 부수로, 마땅하다適, 당하다値, 곧卽, 대적하다敵, 적합하다順應, 방비하다防, 닥치다抵, 법斷罪, 주당하다主, 잇다承, 전당하다典當, 出物質, 뽑히다選, 밑底 등의 뜻이 있다.

마땅할 당

竭

갈竭은 정할設定 립호 변에 어찌何, 어찌 아니하리오盍, 그치다止, 벌레 이름虫名등의 뜻이 있는 갈曷을 더한 문자로, 다하다盡, 고갈하다涸 등의 뜻이 있으며, 갈曷은 가로 왈曰 아래에 청구하다請求, 주다與 등의 뜻이 있는 개匃를 더한 문자로, 개匃는 쌀 포勹 부수에 있다.

다할 갈

力

력力은 하나의 부수로, 힘筋力, 힘쓰다務, 일하다勞動, 심하다甚, 부지런하다勤, 종 부리다僕役, 위엄權威, 작용作用하다 등의 뜻이 있다.

힘 력

孝當竭力 忠則盡命

| | |
|---|---|
| **忠**<br>충성 충 | 충忠은 마음 심心 위에 가운데四方之央, 안쪽內, 마음心, 맞이하다至的, 바르다正德 등의 뜻이 있는 중中을 더한 문자로, 충성忠誠 = 盡心竭力, 정성껏 하다竭誠, 공변되다無私, 곧다直 등의 뜻이 있으며, 중中은 셈 대 세우다, 위아래로 통하다上下相通, 물러서다退 등의 뜻이 있는 곤ㅣ으로 입 구口를 꿴 문자이다. 이처럼 충忠을 상형象形한 까닭은 나라에 대한 충성忠誠은 목숨을 다하도록 하여야 하므로 충성스러운 마음은 늘 마음의 중심에서 나와야 함을 강조한 문자라고 하겠다. |
| **則**<br>곧 즉, 법 칙 | 즉則은 칼 도ㅣ 변에 조개 패貝를 더한 문자로, 즉則으로 발음을 할 때는 곧助辭, 어조사語助辭 등의 뜻이 있으며, 칙則으로 발음을 할 때는 법칙常法, 본받다法可當效, 때時, 법天理 등의 뜻이 있다. 그러므로 칙則은 부정한 재화貝를 칼ㅣ로 내려쳐야 함을 상형한 문자라고 하겠다. 바로 이것이 법칙法則이 되고, 본받을 만한 일이 되며, 천리天理가 된다는 문자라고 하겠다. |
| <br>다할 진 | 진盡은 그릇 명皿 위에 불 화灬와 오직惟 율聿을 더한 문자로, 다皆, 다하다竭, 悉, 비록縱令, 극진하다極, 마치다終, 자세하다詳, 다하게 하다盡之 등의 뜻이 있다. 즉 진盡은 율聿을 불灬을 피운 그릇皿에 올려서 모두 태워 없애 버린 모습을 상형한 문자라고 하겠다. |
| <br>목숨 명 | 명命은 입 구口 변에 하여금使 령令을 더한 문자로, 목숨天地所賦人所稟受, 시키다使, 명령하다教令, 이름名, 도道, 운수運 등의 뜻이 있다. 그러나 명命은 파자破字가 구령口令이므로 입이 시키는 대로 따라야 한다는 뜻이 아니라, 천지소부天地所賦 인소품수人所稟受라고 하였으니, 천지天地는 주고 사람은 받은 것이므로 사람이 먹는 것도 바로 천지의 명령을 따르는 것일 뿐이라는 의미에서 상형된 문자라고 하겠다. 그러나 이 말에는 사람은 먹어야 산다, 만약 먹지 않으면 죽는다는 의미도 담겨 있다고 하겠다. 령令은 사람 인人 부수에 있다. |

효도孝道는 온 힘을 다해야 하고, 충성忠誠은 목숨을 다해야 한다. 효孝는 효도孝道로 효행孝行의 도道를 가리키며, 충忠은 충성忠誠으로 국가에 대하여 진정으로 우러나는 정성을 가리킨다.

림臨은 신하 신臣 변으로, 임하다笠, 보다監, 크다大, 괘 이름卦名, 군림하다君臨, 여럿이 울다衆哭, 왕림하다枉臨, 잠시暫 등의 뜻이 있다.

심深은 물 수氵 변으로, 깊다淺之對, 감추다藏, 멀다遠, 천심 재어보다度淺深 등의 뜻이 있다.

리履는 주장할 시尸 아래에 돌아올 복復을 더한 문자로, 신足所依, 녹祿, 밟다踐, 신다以履加足, 괘명卦名 등의 뜻이 있으며, 복復은 자축거릴 척彳 부수에 있다.

薄

박薄은 풀 초艹 아래에 크다大, 넓다廣, 두루徧 등의 뜻이 있는 부溥를 더한 문자로, 얇다不厚, 적다少, 가볍다輕, 힘입다聊, 애 오라지聊, 모다集, 입히다被, 풀 떨기草叢, 발簾, 빨리 달리다疾驅, 핍박하다迫, 다닥치다迫, 땅거미薄暮, 혐의하다嫌, 넓다博 등의 뜻이 있다. 부溥는 물 수氵 변에 펼布 부尃를 더한 문자이며, 부尃는 헤아릴 촌寸 위에 클 보甫를 더한 문자로, 보甫는 쓸 용用 부수에 있다.

얇을  박

臨深履薄 夙興溫凊

**일찍 숙**

숙夙은 저녁最之對 석夕 위에 한 일—을 얹고, 안석 궤几로 둘러싼 문자로, 이르다夙, 이미既, 일찍 일어나다夙起, 아침 일찍夙朝, 빠르다速, 공경敬 등의 뜻이 있다.

**흥할 흥**

흥興은 절구 구臼 안에 한가지 동同, 그 아래에 한 일—과 여덟 팔八을 더한 문자로, 일起, 일어나다起, 일으키다擧, 성하다盛, 기쁘다悅, 감동하다感物而發, 시귀구조법詩句構造法, 흥치, 짓다作, 형상하다象 등의 뜻이 있으며, 동同은 입 구口 부수에 겹쳐 덮을重覆 모冂를 더한 문자이며, '모'는 멀 경 안에 한 일—을 더한 문자이다.

**따뜻할 온**

온溫은 물 수氵 변에 온화하다仁, 어질다仁 등의 뜻이 있는 온昷을 더한 문자로, 따듯하다暖, 데우다燀, 익히다習, 화하다和厚柔善, 샘 이름泉名 등의 뜻이 있으며, 온昷은 그릇 명皿 위에 가두다拘繫獄囚, 묶이다束縛, 갇힌 사람罪人, 사로잡힌 사람俘虜 등의 뜻이 있는 수囚를 더한 문자로, 수囚는 나라 국囗 안에 사람 인人을 더한 문자이다.

**서늘할 청**

청凊은 얼음 빙氵 변에 푸르다東方木色, 대껍질竹皮, 젊다青年, 무성하다茂 등의 뜻이 있는 청青을 더한 문자로, 서늘하다薄寒의 뜻이 있으며, 청青은 하나의 부수이다. 청凊과 닮은 청清은 물 수氵 변에 푸를 청青을 한 문자로, 맑다去濁遠穢澄, 고요하다靜, 정결하다潔, 청렴하다廉直 등의 뜻이 있다.

어버이를 모시는 일은 깊은 물가에 임한 듯이, 엷은 얼음을 밟은 듯이 조심해야 한다. 늘 일찍 일어나서 방이 따뜻한지 서늘한지도 살펴야 한다.

# 似

**같을 사**

사似는 사람 인亻변에 ~로써(~을, ~으로), 그 보다(범위, 방향 등의 기점) 등의 뜻이 있는 이以를 더한 문자로, 같다肖, 본 따다模倣, 잇다嗣, 드리다捧, 받들다奉, 비슷하다, 그럴 듯하다似而非, 類似, 恰似, 흉내 내다似摹 등의 뜻이 있으며, 이以는 사람 인人 부수에 있다.

# 蘭

**난초 란**

란蘭은 풀 초艹 아래에 문지방門遮, 늦다晩, 드물다稀, 다하다盡, 난간闌干, 어슷비슷하다縱橫闌干 등의 뜻이 있는 란闌을 더한 문자로, 난초蘭草, 목란꽃木蘭 등의 뜻이 있으며, 란闌은 문 문門 부수에 분별하다分別, 가리다擇, 편지札 등의 뜻이 있는 간柬을 더한 문자로, 간柬은 나무 목木 부수에 있다.

# 斯

**이 사**

사斯는 날 근斤 변에 어조사語助辭, 그, 또, 그것指物辭 등의 뜻이 있는 기其를 더한 문자로, 이此, 짜개다析, 곧卽, 천하다賤, 말 그치다語已辭 등의 뜻이 있으며, 기其는 여덟 팔八 위에 달 감甘, 그 아래에 한 일一을 더한 문자이다.

# 馨

**향기 형**

형馨은 향내氣芬芳, 향기氣芬芳, 약명藥名 등의 뜻이 있는 향香 위에 소리 성殸을 더한 문자로, 향내 멀리 날리다香遠聞, 어조사語助辭 등의 뜻이 있다. 성殸은 성聲의 고자古字로, 칠 수殳 변에 소리 성声을 더한 문자이며, 성声은 성聲의 속자俗字로, 선비 사士 아래에 주검 시尸와 비슷한 문자를 더한 문자이다. 이처럼 형馨은 향기 향香 부수이며, 성聲은 귀 이耳 부수이므로 두 글자가 근본적으로 다름에도 형馨을 향기 향香 위에 소리 성殸으로 상형象形한 까닭은 소리를 듣지 않으려 해도 들리듯이 향내도 맡지 않으려 해도 난다는 의미가 있다고 하겠다.

## 似蘭斯馨 如松之盛

**같을　여**

여如는 여자 녀女 변에 입 구口를 더한 문자로, 같다若, 가다往, 이르다 至, 그러하다然, 무리等, 첩如夫, 어조사語助辭 등의 뜻이 있다. 즉 모든 여 자女의 입口은 같다如는 의미의 상형이라고 하겠다.

**소나무　송**

송松은 나무 목木 변에 마을官所, 벼슬官 등의 뜻이 있는 공公을 더한 문 자로, 솔百木之長, 향풀番草甘松, 강 이름江名, 땅 이름地名 등의 뜻이 있으 며, 공公은 여덟 팔八 아래에 나 사厶를 더한 문자이다. 이처럼 송松의 파 자는 목공木公이니, 소나무는 이미 점잖은 벼슬아치라고 하겠다.

**갈　지**

지之는 삐칠 별ノ 부수로, 가다往, 이르다至, 이此, 이에於 어조사語助辭, ~의(소재, 소유 등을 나타내는 접속사) 등의 뜻이 있다.

**성할　성**

성盛은 그릇 명皿 위에 이룰 성成을 더한 문자로, 성하다繁昌, 무성하다 茂, 많다多, 크다大, 장성하다長, 담다容受, 제향곡식祭享穀食, 이루다成, 정제하다整 등의 뜻이 있으며, 성成은 창 과戈 부수部首에 삐치고ノ 장정 정丁을 더한 문자이다.

군자의 절개節槪는 난초처럼 향기가 나고, 소나무처럼 싱싱해야 한다.

천川은 하나의 부수로, 내通流水, 굴坑 등의 뜻이 있다.

내 천

류流는 물 수氵 변으로, 흐르다水行, 귀양 보내다流配, 근거 없다不確實流言, 은혜恩譯, 펴다布, 내치다放, 구하다求, 등급等級上流下流, 내리다下, 갈래派, 돌림移行 등의 뜻이 있다.

흐를 류

불不은 한 일一 부수로, 부不로 발음을 할 때는 뜻이 정하여지지 않다未定辭란 뜻이 있으며, 불不로 발음을 할 때는 아니다未, 非, 않다未 등의 뜻이 있다.

아니 불

식息은 마음 심心 위에 스스로躬親 자自를 더한 문자로, 쉬다休, 그치다止 등의 뜻이 있으며, 자自는 하나의 부수이다.

쉴 식

# 川流不息 淵澄取暎

못 연

연淵은 물 수氵 변으로, 못池, 깊다深, 북 소리 둥둥하다鼓聲, 모래톱江中 沙地 등의 뜻이 있다. 연淵 자의 상형象形은 조각 편爿과 조각 널 장爿을 마주 놓아 못을 만들고, 물 수水로 물을 대어 한 척의 조각배一를 띄운 모 습이라고 하겠다.

맑을 징

징澄은 물 수氵 변에 오르다升 등의 뜻이 있는 등登을 더한 문자로, 맑다 淸 등의 뜻이 있다.

취할 취

취取는 또亦, 용서하다宥, 다시復 등의 뜻이 있는 우又 부수에 귀 이耳를 더한 문자로, 거두다收, 받다受, 찾다索, 뺏다奪, 장가들다娶, 들다擧 등의 뜻이 있다.

暎

비칠 영

영暎은 날 일日 변에 꽃부리華 영英을 더한 문자로, 비친다相照, 빛나다 照 등의 뜻이 있으며, 영映과 의미가 같다. 영英은 풀 초艹 아래에 가운데 中 앙央을 더한 문자이다.

흐르는 내는 쉼이 없고, 맑은 못은 그림자를 비춘다. 즉 군자도 쉼이 없이 수양에 힘써 마음을 맑게 하여야 한다는 말이다. 불不 자는 보통 '불不'로 발음을 해야 하나 불不 다음에 'ㄷ'이나 'ㅈ'이 올 때 는 '부'로 읽어야 한다. 즉 부당不當, 부덕不德, 부지불식간不知不識間, 부정不正, 不淨, 不定, 不貞 등이 다.

| | |
|---|---|
| 容<br><br>얼굴　용 | 　용容은 움집 면宀 아래에 골 곡谷을 더한 문자로, 형용貌, 얼굴貌, 편안하다安, 용납하다受, 날리다飛揚, 놓다置, 쓰다用 등의 뜻이 있으며, 곡谷은 하나의 부수이다. |
| 止<br><br>그칠　지 | 　지止는 하나의 부수로, 그치다停, 말다已, 고요하다靜, 쉬다息, 살다居, 마음 편하다心之所安, 머물다留, 예절禮節, 거동行儀, 이르다至, 어조사語助辭 등의 뜻이 있다. |
| 若<br><br>같을　약 | 　약若은 풀 초艹 아래에 오른쪽左之對 우右를 더한 문자로, 약若으로 발음을 할 때는 같다如, 너汝, 순하다順, 쫓다, 및豫及辭, 이에, 만약假設辭, 어리다, 젊다年少, 어조사 등의 뜻이 있으며, 야若로 발음을 할 때는 반야般若：梵語, 절僧居, 인끈 모양綬貌 등의 뜻이 있다. 우右는 입 구口 변에 왼 좌左의 본자本字를 더한 문자이다. |
| 思<br><br>생각　사 | 　사思는 마음 심心 위에 밭 전田을 더한 문자로, 생각하다念, 원하다願, 생각慮, 어조사語助辭, 의사意思 등의 뜻이 있다. 사람들은 책을 많이 읽고 사물의 이치를 궁구窮究해서 생각을 많이 해야 한다고 하는데, 생각이란 말은 순수한 우리말이므로 한자로는 직접 옮겨 적을 수가 없다. 만약 억지로 번역을 한다면 사색思索이라고 적어야 할 것이며, 그 의미는 심전心田을 일구는 것이라고 하겠다. |

# 容止若思 言辭裕靖

言言은 하나의 부수로, 말하다語, 어조사語助辭, 나我, 높고 큰 모양高大貌, 거대하다高大貌, 말씀辭章 등의 뜻이 있다.

말씀　언

辭辭는 매울 신辛 변으로, 말씀言, 글文章, 감사하다感謝, 물리치다別去, 거절하다不應, 사양하다却不受 등의 뜻이 있다.

말씀　사

裕裕는 옷 의衤 변에 골 곡谷을 더한 문자로, 너그럽다寬, 넉넉하다饒, 늘어지다緩 등의 뜻이 있다.

너그러울　유

靖靖은 푸를 청靑 변에 이룰成 립효을 더한 문자로, 편안하다安, 꾀하다謀, 생각하다思, 다스리다理, 화하다和 등의 뜻이 있다.

편안할　정

얼굴은 품은 생각을 그대로 나타내는 곳이니, 언사言辭는 늘 유정裕靖해야 한다. 언사言辭는 말을 가리키며, 유정裕靖은 너그럽고 편안함을 가리킨다. 이는 평소 헛된 생각이나 쓸데없는 말을 삼가고, 말을 함부로 하지 않아야 진정한 군자君子라고 하는 말이다.

| | |
|---|---|
| 篤<br><br>도타울　독 | 독篤은 대, 피리笛 등의 뜻이 있는 죽竹 아래에 말 마馬를 더한 문자로, 두텁다厚, 견고하다固, 굳다固, 순전하다純, 병 위독하다疾甚, 말 걸음 둔하다馬行頓遲 등의 뜻이 있다. |
| <br>처음　초 | 초初는 칼 도刀 부수部首에 옷 의衣 = 衤를 더한 문자로, 처음始, 비롯하다始, 옛始, 근본本, 이전以前 등의 뜻이 있다. 이처럼 처음을 뜻하는 초初자를 옷衣 곁에 두고 그 옆에 칼刀을 놓은 모양으로 상형을 한 것은 옷을 짓고자 한다면 먼저 칼로 옷감을 재단裁斷하는 것부터 시작한다는 의미가 있다고 하겠다. |
| <br>정성　성 | 성誠은 말씀 언言 변에 이룰 성成을 더한 문자로, 정성純一無偽, 믿다信, 공경하다敬, 살피다審, 진실하다眞實 등의 뜻이 있다. 곧 성誠은 말言부터 이루어져야成 한다는 의미가 있다. 곧 사람이 정성精誠스러워지려면 먼저 말言부터 정성스러워져야成 한다는 것을 강조한 문자라고 하겠다. 즉 성誠은 중용中庸의 궁극적窮極的인 목적으로 말을 신중하게 가다듬어 정성되게 하는 것이 바로 정성精誠이라는 문자이다. |
| 美<br><br>아름다울　미 | 미美는 양 양羊 아래에 큰 대大를 한 문자로, 아름답다嘉, 예쁘다好, 좋다好, 맛나다甘 등의 뜻이 있다. |

## 篤初誠美 愼終宜令

신愼은 마음 심忄 변에 참僞之反, 진실로實, 바르다正, 근본原質, 신령神, 하늘, 정밀精, 순박하다淳 등의 뜻이 있는 진眞을 더한 문자로, 삼가다謹, 정성스럽다誠, 삼가게 하다禁戒, 생각思, 고요하다靜 등의 뜻이 있다. 삼 간다는 말은 완전하게 금禁한다는 뜻이 아니고, 다만 도度에 지나치지 않 도록 조심한다, 경계한다는 의미만 있다. 또 신愼의 상형에는 삼가려면 마음도忄 참되어야眞 한다는 의미도 있다고 하겠다.

삼갈, 정성스러울 신

---

종終은 실 사糸 변에 겨울 동冬을 더한 문자로, 마침竟, 마침내竟, 마지 막窮極, 다하다窮極, 끝末, 죽다卒 등의 뜻이 있으며, 동冬은 얼음 빙冫 위 에 뒤에 올後至 치夊를 더한 문자이다. 마친다는 문자를 종終으로 상형한 까닭은 비단실糸(누에)을 구하는 일은 겨울冬에는 멈춰야 한다는 의미의 상형으로 짐작된다.

마지막 종

---

의宜는 움집 면宀 아래에 또 차且를 더한 문자로, 마땅하다適理當然, 옳 다適理當然, 편안하다安, 유순하다和順, 좋아하다好 등의 뜻이 있으며, 차 且는 한 일一 부수에 있다.

마땅 의

---

령令은 사람 인人 부수로, 하여금使, 시키다俾, 가령假令, 개 목소리犬聲, 착하다善, 어른長, 법률法, 벼슬 이름官名, 명령하다命, 고리 소리鈴聲, 성 姓 등의 뜻이 있다.

하여금 령

---

시작이 두텁고 아름답고 성실해야 끝맺음도 정성스럽고 마땅해진다. 즉 좋은 결과를 얻으려면 시작 과 끝이 모두 두텁고 아름다우며 성실하고 정성스러워야 마땅해진다고 이르는 말이다.

| | |
|---|---|
| 榮 영화 영 | 영榮은 나무木 위에 덮을 떡冖을 얹고, 두 개의 불 화火를 더한 문자로, 빛나다華, 명예名譽, 영화辱之反, 무성하다茂, 추녀屋翼, 오동나무桐木, 혈기血氣 등의 뜻이 있다. |
| 業 업 업 | 업業도 나무 목木 변으로, 일事, 일하다事之, 처음創, 위태하다危, 이미然己, 씩씩하다壯 등의 뜻이 있다. |
| 所 바 소 | 소所는 지게室口 호户 변에 날 근斤을 더한 문자로, 바語辭, 것語辭, 곳處, 쯤許, 연고所以, 가지다所有, 얼마幾何 등의 뜻이 있다. |
| 基 터 기 | 기基는 흙 토土 위에 그 기其를 더한 문자로, 터址, 근본本, 업業, 웅거하다據, 호미田器鎡基 등의 뜻이 있으며, 기其는 여덟 팔八 위에 달 감甘, 그 아래에 한 일一을 더한 문자이다. |

# 榮業所基 籍甚無竟

籍

호적 적

적籍은 대 죽竹 아래에 따비手耕曲木耒柜, 쟁기, 굽정이 등의 뜻이 있는 뢰耒 자와 옛苦, 밤夜, 옛적前代往昔, 오래다久, 변하다變, 바꾸다換, 형상하다象 등의 뜻이 있는 석昔을 더한 문자로, 문서簿書, 서적書籍, 호적戶口圖籍, 왁자하다狼籍, 말소리語聲, 압수하다籍沒 등의 뜻이 있다. 뢰耒는 하나의 부수이며, 석昔은 날 일日 부수에 있다.

甚

무엇, 심할 심

심甚은 달다五味之一, 즐기다嗜, 맛美味, 상쾌하다快意, 싫다厭 등의 뜻이 있는 감甘 부수로, 심하다劇, 더욱尤, 무엇何 등의 뜻이 있다.

無

없을, 아닐 무

무無는 불 화灬 부수部首로, 없다有之對, 아니다不, 말다勿, 비다空虛등의 뜻이 있다.

竟

미칠, 필경 경

경竟은 정할設定 립효 아래에 가로 왈曰, 그 밑에 어진 사람 궤几를 더한 문자로, 마치다終, 궁구하다窮, 지경際, 필경畢竟 등의 뜻이 있다.

업業은 영화榮華의 기초가 되니, 무엇이 호적을 없어지게 하겠는가? 영화榮華는 귀해져 몸이 세상에 드러나고 이름이 빛남을 가리키며, 업業은 생업生業이나 직업職業을 가리키고, 기초基礎는 사물의 밑바탕을 가리키며, 호적戶籍은 문서, 서류, 또는 관청의 호구, 지적 등을 적은 장부를 가리키므로 이는 일을 해서 가문이 번창해야 명예스러운 이름이 길이 전하여진다고 이르는 말이다.

| 學 | |
|---|---|
| 배울 | 학 |

학學은 아들 자子 위에 절구 구臼, 그 안에 본받을 효爻, 그 밑에 덮을 멱 冖을 더한 문자로, 배우다受教, 글방庠序總名, 서당庠序總名, 깨닫다覺悟, 본받다効 등의 뜻이 있다.

| 優 | |
|---|---|
| 넉넉할 | 우 |

우優는 사람 인亻 변에 근심愁思, 걱정愁思, 상제되다居喪, 병들다疾, 그윽하다幽, 욕되다辱 등의 뜻이 있는 우憂를 더한 문자로, 넉넉하다饒, 이기다勝, 놀다游, 아첨하다佞伊, 광대倡優, 결단성 없다無決心, 화하다和, 희롱하다戱 등의 뜻이 있으며, 우憂는 마음 심心 변에 있다.

| 登 | |
|---|---|
| 오를 | 등 |

등登은 걸을足漸行 발癶 아래에 제기 두豆를 더한 문자로, 오르다升, 나가다進, 이루다成, 높이다尊, 무리衆, 벼슬에 오르다登位, 익다熟, 타다乘, 서로 응하는 소리相應聲 등의 뜻이 있다.

| 仕 | |
|---|---|
| 벼슬 | 사 |

사仕는 사람 인亻 변에 선비 사士를 더한 문자로, 벼슬宦, 배우다學, 살피다察 등의 뜻이 있다.

# 學優登仕 攝職就政

| | |
|---|---|
| **攝**<br><br>잡을　섭 | 섭攝은 손 수扌 변에 소근거리다附耳私語, 끼다攝, 회칠, 성姓 등의 뜻이 있는 섭聶을 더한 문자로, 잡다總持, 겸하다兼, 단정히 하다整飾, 거두다收斂, 기록하다錄, 빌리다假借, 거북의 이름龜名, 대신하다代, 당겨 가지다引也持, 항복하다降服, 잇다結, 기르다養, 가지다持, 고요하다靜謐貌 등의 뜻이 있으며, 섭聶은 귀 이耳 아래에 편안할 접聑을 더한 문자로, 접聑은 귀 이耳 변에 귀 이耳를 더한 문자이다. |
| **職**<br><br>벼슬　직 | 직職은 귀 이耳 변으로, 주장하다主, 벼슬品秩, 맡다執掌, 직분分, 나누다分, 많다多, 공직하다貢, 떳떳하다常 등의 뜻이 있다. 벼슬을 직職으로 상형象形한 까닭은 귀 이耳 변에 창 과戈를 더한 문자가 직職의 속자俗字로써 직職과 의미가 같고, 귀 이耳 변에 소리 음音을 더하면 '소리 듣고 감히 말 못할 이'란 문자가 되는 까닭으로 보인다. 즉 직업職業을 갖게 되면 말을 삼가야 함을 이르는 뜻이 담겨 있다고 하겠다. |
| **就**<br><br>나갈　취 | 취就는 더욱甚, 원망하다怨, 가장最 등의 뜻이 있는 우尤 변에 서울 경京을 더한 문자로, 나간다進, 이룬다成 등의 뜻이 있으며, 우尤는 절름발이 足跛曲, 곱사僂儩 등의 뜻이 있는 왕尢 우측에 표할 주丶를 더한 문자로, 경京은 뜻 없는 토 두亠 아래에 실마리緖 구口와 작을 소小를 더한 문자이다. |
| **政**<br><br>정사　정 | 정政은 칠 복攵 변에 바르다方直不曲, 평하다平, 어른長, 마땅하다當, 떳떳하다常, 분별하다分辨, 질정하다平質, 미리 작정하다豫期, 벼슬位階從之對, 장관長官, 곧다直 등의 뜻이 있는 정正을 더한 문자로, 정사政事, 정치政治, 바르게 하다正, 바르다正, 조세租稅 등의 뜻이 있으며, 정正은 그칠 지止 위에 한 일一을 더한 문자이다. |

배운 것이 넉넉하면 벼슬에 오를 수도 있고, 벼슬을 잡아 정사에 나아갈 수도 있다. 벼슬은 관청에 나가 나랏일을 맡아 다스리는 일을 가리키며, 정사政事는 정치상의 일, 또는 행정상의 사무를 가리킨다.

박달나무 　단

단檀은 나무 목木 변에 믿다信, 두텁다篤, 많다多, 크다大 등의 뜻이 있는 단亶을 더한 문자로, 향나무香木, 박달나무 등의 뜻이 있다. 단亶은 뜻 없는 토 두亠 아래에 돌아오다返, 돌이키다施, 굽다曲折, 둘레周圍, 도수度數, 간하다邪曲姦回, 구르다轉, 들지 못하다, 어기다違, 머뭇거리다, 돌다迂回, 굽다曲, 회피하다回避 등의 뜻이 있는 회回와 아침朝, 밝다明, 새벽曉, 일찍早, 밤에 우는 새, 간측懇側하다 등의 뜻이 있는 단旦을 더한 문자이며, 회回는 나라 국口 안에 입 구口를 더한 문자로, 단旦은 날 일日 아래에 더한 일一을 한 문자이다.

황제 　제

제帝는 수건 건巾 부수로, 황제王天下之號, 임금君, 하느님天 = 上帝 등의 뜻이 있다.

가르칠 　교

교教는 칠 복攵 변에 인도할導 교孝를 더한 문자로, 가르치다訓迪, 칙교王命, 종교宗教, 주다授, 법령法令, 알리다告, 학문學, 도덕道德, 본받다效, 훈계하다訓戒, 교훈訓戒 등의 뜻이 있으며, 교孝는 아들 자子 부수에 있다.

줄 　수

수授는 손 수扌 변에 얻을 수受를 더한 문자로, 주다矛, 붙이다付 등의 뜻이 있다. 수受는 또 우又 위에 멱冖으로 덮고, 손톱 발톱 조爪를 더한 문자이다.

# 檀帝教授 崩而獻祝

**산 무너질 붕**

　붕崩은 뫼 산山 아래에 벗友, 무리群＝朋黨, 다섯 자개五貝, 두 단지兩尊 등의 뜻이 있는 붕朋을 더한 문자로, 산 무너지다, 황제 사상 나다殂落, 부서지다破 등의 뜻이 있으며, 붕朋은 달 월月 변에 달 월月을 더한 문자이다.

**어조사 이**

　이而는 하나의 부수로, 말 잇다承上起下辭, ~에於, 너汝, 같다如, 이에乃, 어조사語助辭 등의 뜻이 있다. 이而는 팔을 늘어뜨리고 서 있는 사람의 모습을 상형한 문자이다.

**드릴 헌**

　헌(獻)은 개 견(犬) 변에 솥 권(鬳)을 한 문자로 드리다(進), 바치다(呈), 음식(羞), 개(羹獻), 어진 이(賢), 술 단지(酒樽) 등의 뜻이 있으며, 권(鬳)은 막을 격(鬲) 위에 호피 무늬 호(虍)를 한 문자이며,

**축원할 주, 빌 축**

　축祝은 바칠 시示 변에 형제胞兄弟, 맏형長兄 등의 뜻이 있는 형兄을 더한 문자로, 주祝로 발음을 할 때는 축원하다祭贊願 등의 뜻이 있고, 축祝으로 발음을 할 때는 빌다, 짜다織, 끊다斷, 비로소始 등의 뜻이 있다.

---

　조선의 단제檀帝께서는 삼신지교三神之敎로 가르침을 내리셨다. 그러므로 붕어崩御하신 뒤에는 온 나라의 백성들이 제사를 올려 축원하였다.

악樂은 나무 목木 부수에 작다小, 곡조 이름曲名六幺, 어리다幼 등의 뜻이 있는 요幺를 양 곁에 두고, 중심에 흰 백白을 더한 문자로, 악樂, 音樂으로 발음을 할 때는 풍류八音總名 등의 뜻이 있고, 락樂, 快樂으로 발음을 할 때는 즐기다喜 등의 뜻이 있으며, 요樂, 樂山樂水로 발음을 할 때는 좋아하다好, 하고자 하다欲 등의 뜻이 있다.

풍류 악, 즐길 락, 좋아할 요

수殊는 살 바른 뼈 알歹 변에 붉을赤, 南方 주朱를 더한 문자로, 다르다異, 끊어지다絶, 죽다死, 목 베이다誅, 상하다傷, 어조사語助辭 등의 뜻이 있으며, 주朱는 나무 목木 부수에 있다.

다를    수

귀貴는 조개財物 패貝 위에 같을 일一을 하고, 바를正德 중中을 더한 문자로, 높다位高尊也, 귀하다物不賤 등의 뜻이 있다. 중中은 셈 대 세울 곤丨 부수에 입 구口를 더한 문자이며, 귀貴는 물건은 천賤하지 않은 것이며, 사람은 벼슬이 높은 사람을 가리킨다.

귀할    귀

賤

천賤은 재물 패貝 변에 전戔으로 발음을 할 때는 쌓다委積, 도적賊 등의 뜻이 있고, 잔戔으로 발음을 할 때는 상하다傷 등의 뜻이 있는 전戔을 더한 문자로, 천하다卑下不貴, 흔하다價低, 첩賤率 등의 뜻이 있으며, 전戔은 창平頭戟, 전쟁戰爭 등의 뜻이 있는 과戈 위에 창 과戈를 더한 문자이다.

천할    천

# 樂殊貴賤 禮別尊卑

**禮**

예도　례

레禮는 공경할祇 시示 변에 예도 례豊를 더한 문자로, 예도節文仁義, 절敬禮 등의 뜻이 있으며, 례豊는 제기祭器, 예기禮器 등의 뜻이 있는 두코 위에 굽다不直屈曲, 곡절節目委曲, 곡조曲調, 가락曲調, 회포懷抱心曲, 향곡鄕里鄕曲 등의 뜻이 있는 곡曲을 더한 문자로, 례禮의 고자古字이다.

**別**

다를　별

별別은 칼 도刀 변에 나누다剮, 다르다別異 등의 뜻이 있는 령另을 더한 문자로, 다르다異, 분별하다辨, 이별離, 구별區別, 나누다分解, 문서書卷 등의 뜻이 있다. 령另은 입 구口 아래에 힘쓸 력力을 더한 문자이다.

**尊**

높을　존

존尊은 마디 촌寸 위에 괴수魁首 = 酋長, 두목頭目 = 酋長, 술 익다酒熟, 끝나다終, 마치다終 등의 뜻이 있는 추酋를 더한 문자로, 존尊으로 발음을 할 때는 높다貴, 高, 어른君父 稱, 공경하다敬 등의 뜻이 있고, 순尊으로 발음을 할 때는 술酒器 등의 뜻이 있으며, 추酋는 닭鷄, 서방西方辰, 별辰, 나가다就, 익다萬物成熟 등의 뜻이 있는 유酉 변에 여덟 팔八을 더한 문자이다.

**卑**

낮을　비

비卑는 열 십十 변으로, 낮다下, 천하다賤, 지명地名, 鮮卑, 하여금使, 작다小, 산명山名 등의 뜻이 있다.

예악禮樂은 귀천貴賤에 따라 다르고, 예의禮義는 존비尊卑에 따라 구별된다. 귀천貴賤은 부귀와 빈천, 또는 귀한 사람과 천한 사람을 가리키며, 존비尊卑는 지위, 신분 등의 높음과 낮음을 가리킨다.

| | |
|---|---|
| <br>위 **상** | 　상上은 한 일一 부수部首에 점問龜, 주다賜與 등의 뜻이 있는 복卜을 더한 문자로, 위下之對, 높다下之對, 바깥外, 임금君, 윗사람首長, 오르다昇, 뛰어나다優 등의 뜻이 있다. |
| <br>화할 **화** | 　화和는 입 구口 변에 벼 화禾를 더한 문자로, 순하다順, 화하다諧, 알맞다過不及, 사이좋다睦, 더하다加, 곡조調 등의 뜻이 있다. |
| 下<br>아래 **하** | 　하下는 한 일一 아래에 복卜을 더한 문자로, 아래上之對, 밑上之對, 낮다賤, 떨어지다落 등의 뜻이 있다. 그러므로 상하上下는 위와 아래, 높고 낮음, 귀함과 천함, 윗사람과 아랫사람, 좋고 나쁨, 오르고 내림 등의 뜻이 있다고 하겠다. |
| 睦<br>화목할 **목** | 　목睦은 눈 목目 변에 언덕高堁 륙坴을 더한 문자로, 친목하다親, 화목하다和, 눈매가 곱다目順, 믿다信, 공경하다敬, 성姓 등의 뜻이 있으며, 륙坴은 흙 토土 부수로, 화목和睦에는 뜻이 맞고 정답다는 뜻이 있다. |

# 上和下睦 夫唱婦隨

夫夫는 큰 대大 부수에 한 일一을 더한 문자로, 지아비男子通稱, 배필男女配匹, 선생先生夫子, 계집 벼슬 이름女職夫人, 어조사語助辭, 저其, 벼슬官名大夫 등의 뜻이 있다.

지아비    부

창唱은 입 구口 변에 성하다盛, 나타나다顯, 아름다운 말美言, 善, 햇빛日光, 물건物 등의 뜻이 있는 창昌를 더한 문자로, 노래하다發歌, 인도하다導 등의 뜻이 있으며, 창昌은 날 일日 변에 말할 왈曰을 더한 문자이다.

부를    창

부婦는 여자 녀女 변에 비, 털다掃 등의 뜻이 있는 추帚를 더한 문자로, 며느리子之妻, 지어미妻, 아내妻, 여자女子 등의 뜻이 있으며, 추帚는 수건 건巾 부수에 있다. 그러므로 부부夫婦는 남편과 아내, 즉 내외內外를 뜻한다.

며느리    부

수隨는 언덕 부阝 변에 따를 수遀를 더한 문자로 따르다順, 맡기다任, 쫓다從, 괘명卦名 등의 뜻이 있다. 수遀는 뛸 착辶 변에 왼 좌左, 그 아래에 달 월月을 더한 문자로, 수隨와 훈訓과 음音이 같으며, 좌左는 장인 공工 부수로, 왼편右之對 등의 뜻이 있다.

따를    수

위에서는 아래를 사랑하고, 아래에서는 위를 공경함으로써 화목이 이루어지고, 지아비가 부르면 지어미가 따르니 화목한(원만한) 가정이 된다. 즉 사회가 화목하려면 위에서는 아래를 사랑하고 아래에서는 위를 공경해야 하며, 가정이 화목하려면 지어미는 지아비의 뜻을 따라야 한다는 말이다.

**밖 외**

외外는 저녁 석夕 변에 가릴遯 복卜을 더한 문자로, 바깥内之對, 바깥表, 멀리하다疎斥遠之, 다르다他, 제하다除, 다른 나라外, 잃다忘, 버리다棄, 아버지父 등의 뜻이 있으며, 복卜은 하나의 부수이다.

**받을 수**

수受는 또亦, 용서하다宥, 다시復 등의 뜻이 있는 우又 위에 덮을 멱冖과 손톱 발톱 조爪를 더한 문자로, 잇다繼承, 얻다得, 담다盛, 용납하다容物, 받다相付, 입다被 등의 뜻이 있다.

**스승 부**

부傅는 사람 인亻 변에 펼布 부尃를 더한 문자로, 스승師, 輔佐, 이르다至, 붙다麗著, 가깝다近 등의 뜻이 있으며, 부尃는 클 대大와 클 보甫 아래에 헤아릴 촌寸을 더한 문자이므로 크게 헤아린다는 뜻이 있다. 그러므로 부傅는 사람을 크게甫 만드는寸 분亻 이라는 뜻이 있다고 하겠다.

**가르칠 훈**

훈訓은 말씀 언言 변에 내通流水 천川을 더한 문자로, 훈계하다誨, 가르치다誨, 뜻을 일러주다說, 인도하다導, 경계하다誡, 신칙하다誡, 주내다註解 등의 뜻이 있다. 즉 사람을 가르치는誨 일은 냇물川이 흐르듯이 줄기차게 말로言 타일러야 함을 상형한 문자라고 하겠다. 또 물이 일정한 내川를 통해서만 흐르듯이 언행言行에도 일정한 규범規範이 있어야 함을 일러주는 문자라고 하겠다.

# 外受傅訓 入奉母儀

들 입

입入은 하나의 부수로, 들다出之對, 넣다入之, 드리다納, 빠지다沒, 받다受, 들다聽, 뺏다取, 해치다侵害 등의 뜻이 있다.

받들 봉

봉奉은 클 대大 부수로, 받들다承, 드리다獻, 높이다尊, 봉양하다養 등의 뜻이 있다.

어미 모

모母는 말다禁止勿爲辭, 없다莫, 지명地名 등의 뜻이 있는 무毋 부수로, 어미父之配, 장모妻母, 聘母, 암컷 등의 뜻이 있다. 흔히들 모母는 여자를 뜻하는 녀女자에 두 개의 유방乳房을 상형象形한 문자라고 한다. 그러나 어미란 말은 아버지의 배필配匹로 나를 낳아 주신 분이니, 천지天地 만물 가운데 유일한 분이시다.

법도 의, 거동 의

의儀는 사람 인亻 변에 옳을由仁得宜 의義를 더한 문자로, 꼴形, 모양容, 짝匹, 쪽兩天地, 법도法 등의 뜻이 있으며, 의義는 양 양羊 변에 나自謂己身 아我를 더한 문자이다. 아我는 창 과戈 부수에 있다.

밖에서는學校 스승으로부터 가르침을 받고, 돌아와서는家庭 어미에게 법도法度를 배워야 한다. 가르침이란 지식, 기능 따위를 가지도록 알아듣게 설명하여 인도하다, 상대방이 모르는 것을 일러주다, 타일러 경계함을 가리키며, 법도法度는 법률과 제도, 또는 생활상의 예법과 제도를 가리킨다.

| | |
|---|---|
| **諸**<br>모두　제 | 　제諸는 말씀 언言 변에 어조사語助辭 자者를 더한 문자로, 모두衆, 말 잘하다, 어조사語助辭 등의 뜻이 있으며, 자者는 늙을 로耂 아래에 날 일日을 더한 문자이다. |
| **姑**<br>시어미　고 | 　고姑는 여자 녀女 변에 옛昔, 비롯하다始, 하늘天, 옛일古事, 선조先祖 등의 뜻이 있는 고古를 더한 문자로, 시어머니夫之母, 고모父之姉妹, 시누이夫之女弟, 아직且, 성명星名, 시명矢名, 화명花名 등의 뜻이 있으며, 고古는 입 구口 위에 열 십十을 더한 문자이다. |
| **伯**<br>맏　백 | 　백伯은 사람 인亻 변에 흰 백白을 더한 문자로, 맏長, 형兄, 벼슬 이름爵名 등의 뜻이 있다. |
| **叔**<br>아재비　숙 | 　숙叔은 또 우又 변에 윗 상上, 그 아래에 작다微, 狹隘, 천하다賤, 좁다狹隘, 가볍게 여기다輕, 첩小室 등의 뜻이 있는 소小를 더한 문자로, 아재비伯父, 季父, 삼촌伯父, 季父, 줍다收拾, 어리다幼稱, 끝末, 콩尗, 성姓 등의 뜻이 있다. |

# 諸姑伯叔 猶子比兒

**같을 유**

유猶는 개 견犭 변에 두목 추酋를 더한 문자로, 어미 원숭이獶屬, 같다似, 오히려尙, 한가지同一, 느릿느릿하다舒遲, 가히可, 머뭇거리다未決猶豫 등의 뜻이 있다. 추酋는 닭이 유酉 위에 여덟 팔八을 더한 문자이며, 유猶와 닮은 유猷는 큰 개 견犬 변에 두목 추酋를 더한 문자로, 꾀謀, 그리다圖, 길道, 옳다可, 같다若, 탄식하다歎辭 등의 뜻이 있으며, 유猶에서 '오히려'란 생각한 것에 비해 차라리(反對로) 다른 것이 낫다라는 의미가 있다.

**아들 자**

자子는 하나의 부수部首로, 아들嗣, 자식息, 사나이男稱, 임자夫婦互稱, 어르신네子孫稱其先人, 씨種 등의 뜻이 있다.

**견줄 비**

비比는 하나의 부수로, 비교하다校, 같다類, 견주다方, 比例, 화하다和, 아우르다竝, 차례次, 혁대 갈구리胡革帶鉤, 호피虎皮, 지명地名, 빽빽하다密, 미치다及, 쫓다從, 기다리다待, 자주頻, 참빗, 치우치다偏, 차례次, 괘명卦名 등의 뜻이 있다.

**아이 아**

아兒는 어진 사람 궤几 위에 절구 구臼를 더한 문자로, 아이孩子, 어리다幼弱, 성姓 등의 뜻이 있다.

고모와 백부, 숙부, 모두는 아이들을 자기 자식과 같이 대해야 한다.

**구멍 공**

공孔은 아들 자子 변에 새鳥, 굽히다屈, 생선 창자魚腸 등의 뜻이 있는 을乙을 더한 문자로, 구멍穴, 空, 심하다甚, 성姓 등의 뜻이 있다.

**품을 회**

회懷는 마음 심心 변에 회懷의 고자古字인 회裏를 더한 문자로, 생각하다 念思, 생각을 품다藏, 돌아가다歸, 편안하다安, 상하다傷, 싸다抱, 사사私, 위로하다慰, 애를 배다懷妊, 懷子, 懷孕 등의 뜻이 있다.

**맏 형**

형兄은 사람 인儿, 혹은 어진 사람 궤几 위에 실마리緖 즉 발단發端이 되는 구口를 더한 문자로, 형兄으로 발음을 할 때는 형제胞兄弟, 맏형長兄 등의 뜻이 있으며, 황兄으로 발음을 할 때는 크다大, 하물며況 등의 뜻이 있다. 그러므로 형兄에는 어짐儿의 시작口이라는 뜻이 있다.

**아우 제**

제弟는 활 궁弓 부수로, 아우男子後生, 동생同生 = 男子後生, 공손하다善事兄, 순하다順 등의 뜻이 있다. 그러므로 형제兄弟란 말은 형兄은 제弟에게 궤几 = 仁하고, 제弟는 형兄에게 제悌해야 한다는 뜻이다. 이는 형은 아우에게 어질어야 하며, 아우는 형에게 공손해야 한다는 말이다. 여기서 어질다는 말은 사랑한다는 말이다.

# 孔懷兄弟 同氣連枝

| | |
|---|---|
| <br>**한가지  동** | 동同은 입 구口 부수에 겹쳐 덮다重覆 등의 뜻이 있는 모冂를 한 문자로, 한가지共, 같다共, 무리輩, 모이다會, 화하다和同, 가지런하다齊 등의 뜻이 있다. 모冂는 멀다遠界, 들野外, 비다空 등의 뜻이 있는 경  안에 한 일一을 더한 문자이다. 그러므로 동同은 입口이 겹친 글자이니 똑같은 뜻이 있다고 하겠다. |
| <br>**기운  기** | 기氣는 구름 기운雲氣, 구걸하다求乞 등의 뜻이 있는 기气 부수에 쌀 미米를 더한 문자로, 기운候, 숨息, 정기精氣, 생기生氣, 六氣=陰陽風雨晦明, 공기空氣, 힘動力 등의 뜻이 있다. 그러므로 동기同氣란 형제·자매兄弟姉妹를 가리키는 말이다. |
| <br>**이어질  연** | 연連은 뛸 착辶 변에 수레輅 거車를 더한 문자로, 연하다接, 聯, 잇다續, 끌리다牽, 어렵다難, 連蹇, 더디다遲久 등의 뜻이 있다. |
| **가지  지** | 지枝는 나무 목木 변에 지탱하다扶, 헤아리다度, 나누다分, 사지身體四肢, 지지地支 등의 뜻이 있는 지支를 더한 문자로, 가지木枝柯, 흩어지다散, 손마디手節, 가지다持 등의 뜻이 있다. 그러므로 연지連枝도 형제·자매兄弟姉妹를 가리키는 말이다. |

형제는 같은 어머니로부터 태어났으므로 동기同氣가 되며 연지連枝가 된다. 그러므로 형은 아우를 사랑하고, 아우는 형에게 공손해서 서로 의좋게 지내야 한다는 말이다.

| | |
|---|---|
| 交<br><br>사귈　교 | 교交는 뜻 없는 토 두ㅗ 부수로, 사귀다相合, 벗하다俱, 풀풀 날다飛貌, 서로互, 바꾸다易, 만나다會合 등의 뜻이 있다. |
| 友<br><br>벗　우 | 우友는 또, 다시, 용서하다 등의 뜻이 있는 우又 부수에 삐침 별ノ과 한 일一을 더한 문자로, 벗同志相交, 친구同志相交, 우애善於兄弟, 합하다善於 兄弟 등의 뜻이 있다. 삐침 별ノ에 한 일一을 더한 문자는 좌ナ의 본자本字 로, 그르다反, 어긋나다反, 왼쪽ナ行 등의 뜻으로 좌ナ와 같다. 이는 벗友 의 그릇ナ됨을 또又 용서한다는 의미가 있으므로, 교우交友란 벗의 잘못 을 또 용서하고 충고해서 고쳐준다는 의미가 있다고 하겠다. |
| <br><br>던질　투 | 투投는 손, 잡다執, 치다擊 등의 뜻이 있는 손 수扌 변에 칠擊 수殳를 더 한 문자로, 던지다擿, 버리다棄, 나가다進, 주다贈, 맡기다託 등의 뜻이 있 다. |
| <br><br>나눌　분 | 분分은 칼 도刀 부수에 들 입入을 더한 문자로, 분分으로 발음을 할 때는 나누다割, 쪼개다, 분별하다辨別 등의 뜻이 있으며, 푼分으로 발음을 할 때는 푼分의 뜻이 있다. 결국 분分은 입入의 의미意味인 들어오는 것, 넣 어야 할 것, 드려야 할 것, 받을 것, 뺏어야 할 모든 것들을 칼刀로 나눈다 는 의미가 있다고 하겠다. 그러므로 투분投分이란 의기투합意氣投合해서 정리情理를 나눈다는 의미가 있다. |

# 交友投分 切磨箴規

| | |
|---|---|
| 切<br><br>끊을 절, 모두 체 | 절切은 칼 도刀 부수에 일곱 칠七을 더한 문자로, 절切로 발음을 할 때는 끊다割, 새기다刻, 간절하다懇切, 문지방門限, 간절하다要 등의 뜻이 있으며, 체切로 발음을 할 때는 온통大凡, 급하다急 등의 뜻이 있다. |
| 磨<br><br>갈 마 | 마磨는 돌山骨土精氣核 석石 부수에 삼枲麻, 조정윤음朝廷綸命, 白麻黃麻, 깨胡麻 등의 뜻이 있는 마麻를 더한 문자로, 갈다治石琢磨, 맷돌, 만지다 등의 뜻이 있다. 그러므로 절마切磨란 절차탁마切磋琢磨의 준말로, 옥이나 돌을 갈고 깎듯이 학문과 덕행도 갈고 닦아야 한다는 말이다. |
| 箴<br><br>경계 잠 | 잠箴은 대 죽竹 아래에 다悉, 같다同, 골고루偏, 괘명卦名 등의 뜻이 있는 함咸을 더한 문자로, 바늘綴衣, 경계하다規戒, 돌침石刺病 등의 뜻이 있다. |
| 規<br><br>법 규 | 규規는 견見으로 읽을 때는 보다視, 만나 보다會見, 당하다當, 식견識見 등의 뜻이 있다. 현見으로 읽을 때는 드러나다露, 나타나다顯, 보이다朝見 등의 뜻이 있는 견見 부수에 지아비 부夫를 더한 문자로, 그림 쇠, 법法, 발리다, 간하다諫, 구하다計, 規求, 꾀謀, 법을 어기다違法, 두견새子規 등의 뜻이 있다. 그러므로 잠규箴規란 남을 훈계訓戒하여 바로 잡는다는 말이다. |

벗을 사귀는 것은 의기투합意氣投合해서 정리情理를 나누되, 서로 훈계訓戒하여 학문과 덕행을 갈고 닦아야 한다. 절마切磨는 절차탁마切磋琢磨의 준말로, 옥이나 돌을 갈고 깎듯이 학문과 덕행도 갈고 닦아야 한다는 말이며, 잠규箴規는 남을 훈계하여 바로 잡는다는 말이다.

**어질 인**

인仁은 사람 인亻 변에 두 이二를 더한 문자로, 인자하다慈, 어질다慈, 열매씨果核中實 등의 뜻이 있다.

**사랑할 자**

자慈는 마음 심心 위에 이此 자玆를 더한 문자로, 사랑愛, 인자하다仁, 어머니慈, 착하다善, 부드럽다柔, 불쌍하다憐, 은혜를 입다憐 등의 뜻이 있으며, 자玆는 풀 초艹 아래에 작을微 유絲를 더한 문자이며, 유絲는 작을小 요么를 거듭 더한 문자이다. 인자仁慈란 인후仁厚하고, 자애慈愛롭다는 뜻이다.

**숨을 은**

은隱은 언덕 부阝 변으로, 손톱 발톱 조爪 아래에 빠르다疾, 급하다迫, 군색하다窘, 좁다褊 등의 뜻이 있는 급急을 더한 문자로 숨다藏, 숨기다蔽匿, 몰래陰事, 수수께끼謎, 隱語, 얕은 담短墻, 은미하다微, 사사私, 속 걱정하다痛, 隱憂, 불쌍히 여기다仁心惻隱, 점치다占, 隱度 등의 뜻이 있으며, 급急은 마음 심心 부수에 있다. 숨는다는 뜻이 있는 은隱을 이처럼 상형한 까닭은 언덕阝 위 하늘에 손톱과 발톱爪을 세운 새가 날므로 서둘러急 숨어야 한다는 의미가 있다.

**슬플 측**

측惻은 마음 심忄 변에 본받을 칙則을 더한 문자로, 아프다痛, 불쌍히 여기다愴, 불쌍하다惻隱 등의 뜻이 있다. 이는 이웃을 불쌍하게 여기는 마음은 본받아야 한다는 의미에서의 상형이다. 측은惻隱이란 딱하고 가엾음, 불쌍하다는 의미가 있다.

# 仁慈隱惻 造次弗離

**지을 조**

조造는 뛸 착辶 변에 알리다報, 여쭈다啓, 칙지勅旨, 授官, 쉬다寧休暇, 묻다問, 청하다請, 보이다示 등의 뜻이 있는 고告를 더한 문자로, 짓다作, 만들다作, 이르다至, 처음始, 오다來, 나가다就, 잠깐急遽造次, 급거하다急遽, 때時代 등의 뜻이 있으며, 고告는 입 구口 부수에 있다.

**버금 차**

차次는 하품張口解悟 흠欠 부수에 얼음 빙冫 을 더한 문자로, 버금亞, 차례第, 군사 머무르다師止, 집舍, 이르다至, 장막幄, 가슴中, 속中, 곳所, 자리位置, 행차行 등의 뜻이 있다. 조차造次란 조차간造次間의 준말로, 얼마 아닌 짧은 시간, 아주 급한 때란 의미가 있다.

**아닐 불**

불弗은 활 궁弓 변으로, 말다不, 아니다不, 버리다去, 어그러지다違, 딸라貨幣 등의 뜻이 있다.

**떠날 리**

리離는 새 추隹 변에 밝다明, 곱다麗, 헤어지다散, 괘명卦名, 짐승 이름獸名 등의 뜻이 있는 리离를 더한 문자로, 이별하다別, 떠나다別, 베풀다陳, 거르다麗, 지나다歷, 떠돌아다니다散, 流離, 둘兩, 만나다遭遇, 이삭 늘어지다, 아름다운 모양美貌, 陸離, 귀신 이름神名, 누이의 손자姉妹之孫, 離孫, 괘명卦名, 자리를 뜨다去, 옮기다去 등의 뜻이 있다. 리离는 짐승의 발자국 유内 부수部首에 있다.

---

이웃에게 인자仁慈하고 측은惻隱하게 여기는 마음이 잠시도 떠나지 말아야 한다. 즉 남을 동정하는 마음을 늘 가지고 있어야 한다는 말이다.

節은 대 죽竹 아래에 곧今 즉卽을 더한 문자로 대 마디竹節, 절개操, 절제하다檢制, 인示信符節, 때時侯, 풍류 가락樂節, 아끼다節約 등의 뜻이 있다. 즉卽은 몸기符卩示信 절卩 변에 향내 날香 흡皀을 한 문자이며, 흡皀은 흰 백白 아래에 숟가락匙 비匕를 더한 문자이다.

**마디　절**

概는 나무 목木 변에 이미己, 다하다盡, 작게 먹다小食 등의 뜻이 있는 기旣를 더한 문자로, 말을 깎다平斗斛, 절개意氣節槪, 대강, 거리끼다, 칠한 술통漆樽 등의 뜻이 있으며, 기旣는 숨 막힐氣塞 기旡 변에 향내 날 흡皀을 더한 문자로, 기旣의 속자俗字이다. 의미도 기旣와 동일同一하며, 기旡는 없을無 무无 변에 표할 주丶를 한 문자이고, 흡皀은 흰 백白 아래에 비수 비匕를 더한 문자이다.

**절개　개**

廉은 바위 집巖屋 엄广 부수에 겸하다幷, 아우르다幷, 모다總, 벼 두뭇禾二秉 등의 뜻이 있는 겸兼을 더한 문자로, 청렴하다不貧, 싸다安價, 헐하다安價, 맑다淸, 조촐하다潔, 검소하다儉, 모지다隅, 살피다察, 서슬嚴利, 점검하다檢 등의 뜻이 있으며, 겸兼은 여덟 팔八 부수에 있다.

**청렴　렴**

退는 뛸 착辶 변에 그칠止 간艮을 더한 문자로, 물러가다去, 물리치다却, 겸양하다遜讓謙退 등의 뜻이 있다.

**물러갈　퇴**

# 節槪廉退 顚沛匪虧

**엎드러질 전**

전顚은 머리頭, 마리頭, 페이지書冊片面 등의 뜻이 있는 혈頁 변에 참 진眞을 더한 문자로, 이마頂, 엎어지다倒, 한갓지다, 기울어지다傾斜, 거꾸로 서다顚倒 등의 뜻이 있으며, 진眞은 눈 목目 부수에 있다.

**자빠질 패**

패沛는 물 수氵 변에 앞치마膝布, 사람 이름人名 등의 뜻이 있는 불市을 더한 문자로, 배 가는 모양舟行貌, 비 쏟아지다沛然雨盛貌, 넉넉하다有餘貌, 자빠지다, 점잖다容俊偉貌 등의 뜻이 있다. 불市은 수건 건巾 부수에 한 일一을 더한 문자이고, 불市과 닮은 시市는 수건 건巾 위에 뜻 없는 토두亠를 더한 문자로, 저자賣買之所, 사다買, 흥정하다賣買 등의 뜻이 있다. 그러므로 전패顚沛란 엎드려지고 자빠진다는 뜻이다.

**아닐 비**

비匪는 상자器之方者, 모진 그릇器之方者 등의 뜻이 있는 방匚 안에 아닐 비非를 더한 문자로, 악하다惡, 아니다非, 대상자竹器方, 문채나다采貌, 나누다分 등의 뜻이 있다.

**이지러질 휴**

휴(虧)는 범 호(虍) 부수로 이지러지다(缺), 적다(小), 기운 덜리다(氣損) 등의 뜻이 있다. 휴(虧)는 범 호(虍) 아래 새 추(隹)를 하고 변으로 있는 문자는 어조사 우(亏)와 닮았으나, 우(亏)는 아니다. 우(亏)는 두 이(二) 부수에 있다. 비휴(匪虧)란 이지러지지 않는다고 하는 말이다.

---

청렴淸廉과 절개節槪, 의리義理, 사양辭讓함, 물러감을 지키면 엎어지거나 자빠져도 이지러지지 않는다. 즉 청렴과 지조와 의리와 겸손함을 지키고 살면 어떤 절망 속에서도 다시 일어설 수 있다고 하는 말이다. 이는 어떤 경우에도 절망하지 말고 용기도 잃어서는 안 된다고 하는 말이다.

性

성품　성

靜

고요할　정

情

뜻　정

逸

편안할　일

성性은 마음 심忄 변에 날 생生을 더한 문자로, 성품天理賦命, 마음心情, 바탕質, 색욕性慾 등의 뜻이 있다. 즉 성性이란 '태어날 때 절로生 = 天然 갖게 된 마음心' 이라는 의미가 있다.

정靜은 푸를 청靑 변에 다투다競, 다스리다理, 싸우다戰, 분별하다辨, 옳다 그르다 하다辨難, 是非 등의 뜻이 있는 쟁爭을 더한 문자로, 고요하다動 之對, 조용하다動之對, 꾀하다謀, 편안하다安, 쉬다息, 고요하다寂 등의 뜻 이 있으며, 쟁爭은 손톱 조爫 부수에 있다.

정情은 마음 심忄 변에 푸를 청靑을 더한 문자로, 뜻性之動意, 실정實, 마 음 속心中 등의 뜻이 있다. 이처럼 때때로 변하는 성품이나 심중心中을 정 情으로 상형한 까닭은 '마음忄은 늘 푸르다靑' 혹은 '마음忄은 늘 젊다靑 年' 라는 의미가 있다고 하겠다. 그래서 사람들은 몸은 늙었어도 항상 마 음만은 젊다고 착각 속에 산다고 하겠다.

일逸은 뛸 착辶 부수로, 놓이다縱, 도망하다遁, 숨다隱, 잃다失, 허물過 失, 놓다放, 달아나다奔逸, 뛰어나다優, 편안하다樂 등의 뜻이 있다.

性靜情逸　心動精疲

| | |
|---|---|
|  마음 심 | 심心은 하나의 부수로, 마음形之君明主, 염통火藏, 가운데中, 가슴胸, 근본根本, 가지 끝木尖刺, 별 이름宿名 등의 뜻이 있다. 즉 마음이란 불을 감춘 곳으로, 사람의 가슴속, 아니 사람의 중심에 있다고 하겠다. 그러므로 사람은 저만 한 성질性質 할 수가 있는 것이 아니라, 사람이라면 누구나 한 성질 할 수가 있다고 하겠다. 바로 이것이 좋은 의미에서는 정열情熱이며, 나쁜 의미에서는 만용蠻勇이라고 하겠다. |
|  움직일 동 | 동動은 힘 력力 변에 무거울 중重을 더한 문자로, 움직이다靜之對, 짓다作, 나오다出, 동물動物 등의 뜻이 있으며, 중重은 마을村里 리里 부수部首에 있다. |
|  정신 정 | 정精은 쌀 미米 변에 푸를 청靑을 더한 문자로, 정령靈, 가리다擇, 정하다專一, 정기眞氣, 정신眞氣, 세밀하다細, 깨끗하다潔, 밝다明, 익숙하다熟, 정충精蟲 등의 뜻이 있다. |
| 疲 피곤할 피 | 피疲는 병疾 녁疒 부수部首에 가죽剝獸取革, 껍질體表, 거죽體表, 성姓 등의 뜻이 있는 피皮를 더한 문자로, 나른하다勞, 다하다乏, 게으르다倦 등의 뜻이 있다. 이처럼 피疲를 상형한 까닭은 누구나 피곤하면 제일 먼저 피부皮에 피로한 기색이 나타나는 까닭이라고 하겠다. |

성품이 고요하면 뜻(속에 품은 마음)도 편안하나 마음이 움직이면 신기神氣도 피곤하다. 고요함은 천성天性이요 동작함은 인정人情이다. 마음이 불안하면 신기神氣가 불편하다. 신기神氣는 정신精神과 기운(만물이 나고 자라는 힘의 근원)이며, 정신精神은 마음 혹은 생각을 가리킨다.

**지킬 수 守**

수守는 움집 면宀 부수에 헤아릴 촌寸을 더한 문자로, 지키다護, 보살피다主管其事, 기다리다待, 원수太守, 서리官之署理 등의 뜻이 있다. 즉 수守는 집안宀을 보살피는寸 모습의 상형이니, 지킨다고 하겠다.

**참 진 眞**

진眞은 눈 목目 부수部首로, 직直으로 발음을 할 때는 곧다不曲, 準當, 바르다正, 펴다伸, 다만但, 번들다侍, 바로則 등의 뜻이 있고, 치直로 발음을 할 때는 값值, 物價 등의 뜻이 있는 직直 아래에 여덟 팔八을 더한 문자로, 참僞之反, 진실로實, 바르다正, 錬形畵像, 근본原質, 신령神, 하늘, 정하다精, 순박하다淳, 진서楷書, 眞書, 書體之一 등의 뜻이 있으며, 직直도 눈 목目 부수에 있다.

**뜻 지 志**

지志는 마음 심心 위에 살필察 사士를 더한 문자로, 뜻, 뜻하다意向, 맞추다中, 기록하다記, 살촉箭鏃, 희망하다希望, 원하다希望, 기억하다記憶 등의 뜻이 있다. 그러므로 지志는 마음心을 살핀士 마음의 결과라고 하겠다.

**가득할 일 溢**

일溢은 물 수氵 변氵에 더하다增, 加, 나아가다進, 많다多, 넉넉하다饒, 넘치다盈溢 등의 뜻이 있는 익益을 더한 문자로, 가득하다器滿, 넘치다洋溢 등의 뜻이 있으며, 익益은 그릇 명皿 위에 팔일팔八一八을 더한 문자이다.

## 守眞志溢 逐物意移

**쫓을 축**

축逐은 뛸 착辶 변에 돼지 시豕를 더한 문자로, 축逐으로 발음을 할 때는 쫓다追, 물리치다斥 등의 뜻이 있고, 적逐으로 발음을 할 때는 말 달린다 馳貌 등의 뜻이 있으며, 시豕는 하나의 부수이다.

**만물 물**

물物은 소耕畜大牲 우牛 변에 없을毋 물勿을 더한 문자로, 물건有形萬物, 만물有形萬物, 일事, 재물財, 무리類, 헤아리다相度, 만나다相 등의 뜻이 있다. 물勿은 쌀裹 포勹 부수에 있다.

**뜻 의**

의意는 마음 심心 위에 정할設定 립효과 날 일日을 더한 문자로, 뜻志之發 心所嚮, 생각思, 의리義理, 형세形勢 등의 뜻이 있다.

**옮길 이, 변할 이**

이移는 벼 화禾 변에 많을 다多를 더한 문자로, 옮기다遷, 변하다變, 모 내다禾相倚遷 등의 뜻이 있다. 다多는 저녁 석夕 아래에 저녁 석夕을 더한 문자이다.

---

사람이 참된 도리를 지키면 뜻이 가득해지고, 물품을 탐내어 쫓으면 마음이 불안해진다. 이는 군자 가 도를 지키면 마음이 편안해지지만, 욕심을 내서 물욕物慾을 쫓으면 마음이 불안해진다는 말이다.

**굳을 견**

견堅은 흙 토土 위에 굳을 견臤을 더한 문자로, 군다固, 군세다勁, 剛, 강하다勁, 剛, 반드시必 등의 뜻이 있으며, 견臤은 신하 신臣 변에 또 우又를 더한 문자이다.

**가질 지**

지持는 손 수扌 변에 절 사寺를 더한 문자로, 가지다執, 지키다守, 오래 참다耐久, 물지게 등의 뜻이 있다. 사寺는 헤아릴 촌寸 위에 흙 토土를 더한 문자이다.

**선비 유**

유儒는 사람 인亻 변에 비 우雨, 그 아래에 말 이를 이而를 더한 문자로, 선비學者, 난쟁이短人, 유도儒道 등의 뜻이 있다. 본래 유儒는 선비의 모습을 상형한 것이라고 한다. 즉 말 이를 이而는 사람의 모습을 상형한 것이므로, 유儒는 사람이 비雨를 맞고 서 있는 모습을 상형한 것이라고 하겠다. 아니 선비의 차림새가 항상 비를 맞은 것처럼 추레하였으므로 이렇게 상형이 되었다고도 한다.

**잡을 조**

조操는 손 수扌 변에 품수官給品格, 벼슬 차례官給品格, 등급等級, 무리類, 성품性質, 가지物件, 법식, 평판하다批評 등의 뜻이 있는 품品, 그 아래에 나무 목木을 더한 문자로, 잡다把持, 움켜쥐다握, 지조志操, 조종하다操從, 풍치風調, 거문고 곡조琴曲 등의 뜻이 있다. 품品은 입 구口 부수에 있다.

# 堅持儒操 好爵自縻

**좋을　호**

호好는 여자 녀女 변에 아들 자子를 더한 문자로, 좋다美, 서로 좋아하다相善, 사랑하다愛, 구슬 구멍璧孔, 사귀다親善, 심하다甚 등의 뜻이 있다.

**벼슬　작**

작爵은 손톱 조爫 부수로, 작위位, 벼슬位, 벼슬 주다授位階, 봉하다封, 술잔飮器一升, 참새雀 등의 뜻이 있다.

**스스로　자**

자自는 하나의 부수로, 몸소己, 스스로躬親, 부터由, 쫓다縱, 저절로自然 등의 뜻이 있다.

**얽을 미, 맬 미**

미縻는 실 사糸 위에 삼 마麻를 더한 문자로, 매다繫, 얽다繫, 쇠고삐 등의 뜻이 있다.

선비가 절조(節操 = 節槪와 志操)를 굳게 지키면 절로 벼슬을 얻게 된다. 여기서 절조節操는 천작天爵을 가리키는 말이며, 호작好爵은 인작人爵을 가리키는 말로써, 천작天爵을 극진히 하면 인작人爵은 절로 이르게 된다고 하는 말이다. 즉 천작天爵이란 하늘로부터 받는 벼슬이란 뜻이므로, 자식 된 도리 등 선천적으로 반드시 행해야 할 덕행을 가리키는 말이며, 인작人爵이란 사람이 제정하여 사람으로부터 받은 벼슬이란 뜻이므로 공경대부 등의 지위를 가리키는 말이다.

都

도읍  도

　도都는 고을 읍阝 변에 어조사語助辭 자者를 더한 문자로, 도읍天子居所, 도시都市, 도무지總, 거하다居, 성하다盛, 아아歎美辭 등의 뜻이 있다. 그러나 도都의 파자는 읍자邑者이므로, '고을이다' 라는 말이라고 하겠다. 이처럼 읍邑이 부수인 읍阝으로 사용될 때는 문자의 우측에 붙는다.

邑

고을  읍

　읍邑은 하나의 부수로, 고을, 흑흑邑邑 느끼다, 답답하다憂鬱, 우울하다憂鬱 등의 뜻이 있다.

隣

이웃  린

　린隣은 린鄰의 속자俗字로, 같은 문자이다. 린隣은 언덕 부阝 변이고, 린鄰은 고을 읍阝 변에 어기어지다相背, 어수선하다乖違錯亂 등의 뜻이 있는 천舛, 그 위에 쌀 미米를 더한 문자로, 이웃近, 이웃하다親, 比, 연접하다相連接, 돕다輔弼臣隣, 수레 구르는 소리車聲 등의 뜻이 있다.

邦

나라  방

　방邦은 고을 읍阝 변으로, 나라國名, 봉하다封 등의 뜻이 있다.

都邑隣邦　東北二京

동녘     동

동東은 해日가 아침에 뜰 때 나무 사이로 보이는 모습을 상형象形한 것이다. 그러므로 동東은 나무 목木 변에 날 일日을 더한 문자로, 봄春, 동녘日出方, 오른쪽日出方 등의 뜻이 있으며, 예로부터 일출어동日出於東 월출어서月出於西라고 하였다.

北

북녘     북

북北은 비수匕首 비匕 변으로, 북北으로 발음을 할 때는 뒤朔方, 북녘朔方, 북쪽으로 가다北行 등의 뜻이 있고, 배北로 발음을 할 때는 패하여 달아나다敗走 등의 뜻이 있다.

二

두     이

이二는 하나의 부수로, 두一之加一, 둘, 같다同, 두 마음異心, 의심하다疑, 나누다分 등의 뜻이 있다.

京

서울     경

경京은 뜻 없는 토 두亠 아래에 실마리緖 구口, 그 아래에 작다微, 狹隘, 천하다賤, 좁다狹隘, 가볍게 여기다輕, 첩小室 등의 뜻이 있는 소小를 더한 문자로, 서울王居, 높은 언덕高丘, 크다大, 십조十兆, 근심하다憂 등의 뜻이 있다. 다음에 경京을 토 두亠 아래 날 일日과 작을 소小를 더한 문자로, 쓰기도 하였으나 널리 통용通用되지 못한 것은 경京보다 의미가 부족한 탓에 있었다고 하겠다. 즉 경京이란 문자에는 서울도 처음에는 아주 작은 곳에부터 시작된다든가, 숫자의 경京도 하나에서부터 세어야 한다는 의미가 있다고 하겠다.

이웃 나라의 도읍은 동경東京과 북경北京으로 두 개가 있다. 이는 우리나라 서울을 중심으로 북쪽에 있는 것은 북경北京이고, 동쪽에 있는 것은 동경東京이다. 즉 지나支那의 도읍지는 북경이고, 왜倭의 도읍지는 동경東京이다. 이처럼 지나支那와 왜倭는 우리의 이웃 나라이다.

| | |
|---|---|
| 背 <br> 등 배 | 배背는 고기 육月 위에 패배敗北할 배北를 더한 문자로, 등脊, 지다負, 집 북편當北, 버리다棄, 배반하다違, 얼굴을 돌이키다反面 등의 뜻이 있으며, 배北는 비수匕首 비匕 부수에 있다. |
| 岳 <br> 큰산 악 | 악岳은 뫼 산山 위에 모이다聚, 언덕阜, 크다大, 높다高 등의 뜻이 있는 구丘 를 더한 문자로, 큰 산山宗, 엄하고 위엄있는 모양嚴威貌 등의 뜻으로, 악嶽의 고자古字이다. 악嶽은 뫼 산山 아래에 옥所以繫囚宰, 우리所以繫囚宰, 송사訟事 등의 뜻이 있는 옥獄을 더한 문자이며, 옥獄은 개 견犬 변에 뭇개 짓는 소리 은㹞을 더한 문자이고, 은㹞은 개 견犭 변에 말씀 언言을 더한 문자이며, 구丘 는 한 일一 위에 근 근斤을 더한 문자이다. 이처럼 옥獄은 말言의 양 곁에 두 마리의 개가 바싹 달라붙어 있는 모습을 상형한 문자로, 신체身體 = 言行의 자 유自由를 제한하여 형벌刑罰을 가하는 장소를 나타낸 문자라고 하겠다. |
| 面 <br> 낯 면 | 면面은 하나의 부수로, 낯顏, 얼굴顏, 향하다向, 겉外, 대하다對, 앞前, 보이다見, 방위四方之一方, 면行政區域 등의 뜻이 있다. |
| 漢 <br> 물 이름 한, 놈 한 | 한漢은 물 수氵 변으로, 은하수河雲漢, 놈丈夫賤稱, 한수水名, 나라 이름 國名 등의 뜻이 있다. 한漢과 음음이 같은 한韓은 화할 위韋 변에 열 십十 그 아래에 이를 조루를 더한 문자로, 한나라國名, 韓萬所對, 삼한朝鮮國名 三韓, 한국韓國, 우물담井垣 등의 뜻이 있으며, 조루는 날 일日 아래에 열 십十을 더한 문자이다. |

背岳面漢 浮據兩塘

뜰 부

부浮는 물 수氵 변에 믿다信, 옥의 문채玉釆, 알卵, 괘명卦名, 씨種子, 알 까다孵化 등의 뜻이 있는 부孚를 더한 문자로, 뜨다汎, 넘치다溢, 떠내려 가다順流, 성한 모양盛貌, 정定치 못하다 등의 뜻이 있다. 부孚는 아들 자 子 변에 손톱 조爪를 더한 문자이다.

의거할 거

거據는 손 수扌 변에 원숭이 거豦를 더한 문자로, 웅거하다拒守, 의지하 다依, 기대다依, 짚다杖, 누르다按, 의탁하다依托 등의 뜻이 있다. 거豦는 돼지 시豕 위에 범 호虍를 더한 문자이다.

둘 양, 쌍 양

량兩은 들 입入 부수로, 둘再, 쌍雙, 끝四, 양錢數百分, 짝耦, 수레車數 등 의 뜻이 있다.

못 당, 방축 당

당塘은 흙 토土 변에 제방塘 당唐을 더한 문자로, 못鑿地注水, 방축陂, 堤 岸 등의 뜻이 있으며, 당唐은 입 구口 부수에 있다.

서울은 배후背後에 북악北岳 = 北漢山이 있고, 앞에는 한강漢江에 접하여 양당兩塘에 웅거하였으니 마 치 한강에 떠있는 것 같다. 양당兩塘이란 양수리兩水里 못을 가리키는 말이며, 팔당八塘이란 댐의 생긴 모습대로 상형象形한 이름이다. 팔八자의 한 가닥은 북한강을 가리키고, 다른 한 가닥은 남한강을 가 리킨다고 하겠다.

| | |
|---|---|
| 宮<br><br>집 궁 | 궁宮은 움집 면宀 부수에 풍류陰律 려呂를 더한 문자로, 궁궐至尊所居, 담垣, 울垣 등의 뜻이 있으며, 려呂는 입 구口 위에 입 구口를 더하고, 사이를 삐쳐서丿 서로 이어준 문자이다. |
| 殿<br><br>큰집 전 | 전殿은 칠擊 수殳 변에 주검人死未葬 시尸 그 아래에 한가지同 공共을 더한 문자로, 대궐宸居宮殿, 전각宸居宮殿, 후군軍後, 적은 공下功, 上功曰最下功曰殿, 신음하다呻, 진압하다鎭 등의 뜻이 있다. 궁전宮殿은 대궐을 가리킨다. |
| 盤<br><br>서릴 반 | 반盤은 그릇 명皿 위에 되돌아오다還, 反, 펴다布, 많다多, 모두全般, 즐기다樂, 옮기다移 등의 뜻이 있는 반般을 더한 문자로, 소반承槃盛物器, 더럽承槃盛物器, 즐겁다樂, 반환하다不進盤桓, 목욕통浴器, 편안하다安, 서리다曲, 盤屈 등의 뜻이 있으며, 반般은 배船, 잔대尊下帶, 띠帶 등의 뜻이 있는 주舟 변에 칠 수殳를 더한 문자이다. |
| <br><br>답답 울 | 울鬱은 울창술鬱鬯酒, 활집 등의 뜻이 있는 창鬯 부수에 터럭 삼彡을 더하고, 그 위에 덮을 멱冖으로 덮은 다음 두 개의 나무林 사이에 장군(동이缶), 질 장구鼓以節歌 등의 뜻이 있는 부缶를 내려놓은 모습을 상형한 문자로 답답하다氣蒸鬱鬱, 나무 더부룩하다, 막히다, 마음에 맺히다, 아가위, 멀리 생각하다悠思 등의 뜻이 있다. |

宮殿盤鬱 樓觀飛驚

| | |
|---|---|
| **樓**<br>다락 루 | 루樓는 나무 목木 변에 끌다牽, 어리석다愚, 고달프다, 빈空, 별 이름 등의 뜻이 있는 루婁를 더한 문자로, 다락重屋, 뾰족한 고개銳嶺, 두 어깨兩肩, 문城樓, 모이다聚 등의 뜻이 있다. 루婁는 여자 녀女 부수에 있다. |
| **觀**<br>볼 관 | 관觀은 볼 견見 변에 부르짖을까 현吅과 품은 환雚을 더한 문자로, 보다視, 보이다示, 대궐闕, 모양, 집, 구경壯觀, 놀다遊 등의 뜻이 있다. 현吅은 입 구口 변에 입 구口를 더한 문자이고, 환雚은 풀 초艹 아래에 새 추隹를 더한 문자로, 환雚으로 발음을 할 때는 달다는 뜻이 있고, 추隹로 발음을 할 때는 익모초益母草, 풀 우거지다草多貌 등의 뜻이 있다. |
| <br>날 비 | 비飛는 하나의 부수로, 날다鳥, 여섯 말六馬, 빠르다疾, 흩어지다散 등의 뜻이 있다. 즉 비飛는 오른다는 승升 자와 두 개의 날개를 상형한 문자라고 하겠다. 승升은 열 십十 부수로, 되十合, 오르다登, 이루다成, 승새(피륙을 짜는 날을 세는 단위), 괘 이름卦 등의 뜻이 있다. |
| <br>놀랄 경 | 경驚은 말 마馬 위에 공경할 경敬을 더한 문자로, 말 놀라다馬駭, 놀라다駭, 두렵다懼 등의 뜻이 있다. 경敬은 둥글 월 문攵 부수에 진실로誠 구苟를 더한 문자이고, 구苟는 초 두草 아래에 구절章句文詞止處 구句를 더한 문자이며, 구句는 입 구口 부수에 쌀 포勹를 더한 문자이다. |

궁전宮殿이 울창한 숲 속에 서린 듯이 자리 잡아 누각樓閣에 올라보니 날 듯이 놀랍구나!

회繪는 실 사糸 변에 회會로 발음을 할 때는 모두다僉, 모다聚, 맞추다適, 회계하다計, 조회하다朝覲, 맹서하다盟, 고깔 꾸미다弁中繼 등의 뜻이 있으며, 피會로 발음을 할 때는 그림畵의 뜻이 있는 회會를 더한 문자로, 그리다畵, 수놓다繡 등의 뜻이 있으며, 회會는 가로 왈曰 부수에 있다. 회會와 닮은 증曾도 가로 왈曰 부수로, 서로 닮았으나, 회會는 팔일왈八一曰이요, 증曾은 팔왈八曰로, 한 일一의 유무에 차이가 있을 뿐이다. 증曾은 일찍嘗, 이에乃, 곧則, 거듭重, 지나다經, 성姓 등의 뜻이 있다.

그릴 회

사寫는 움집 면宀 아래에 신履, 아람 차다舃, 빛나다光 등의 뜻이 있는 석舃을 더한 문자로, 수운하다輸, 제하다除, 베끼다謄抄, 모뜨다摹畵, 그리다摹畵, 부어만들다鑄型 등의 뜻이 있다. 석舃은 절구 구臼 부수에 있다.

베낄 사

금禽은 짐승 발자국 유内 부수에 들 입入, 그 아래에 글월 문文을 입 벌릴 감凵으로 둘러싼 문자로, 새鳥, 飛禽, 사로잡다戰勝執獲 등의 뜻이 있으며, 금禽과 닮은 리离는 발자국 유内 부수에 들 입入을 빼낸 문자로, 밝다明, 곱다麗, 헤치다散, 괘 이름卦名, 짐승 이름獸名 등의 뜻이 있다. 즉 리离는 금禽에서 들 입入을 빼낸 문자이다.

날짐승 금

수獸는 개 견犬 부수에 기를 축畜의 고자古字인 산짐승山獸 축嘼을 더한 문자로, 짐승四足而毛이란 뜻이 있다. 축嘼은 머무르다佳, 그치다止, 오래다久, 더디다遲, 횡사하다費留凶命, 막히다滯, 꼬꼬리黃鳥, 기다리다待 등의 뜻이 있는 류留의 고자古字인 류畱아래에 맛있다味, 뜻意向, 뜻하다意向, 아름답다美, 칙서王言詔旨 등의 뜻이 있는 지旨의 고자古字인 지旨를 더한 문자이며, 류畱는 밭 전田 위에 부르짖을 현吅을 한 문자이며, 현吅은 입 구口 변에 입 구口를 더한 문자이며, 지旨는 입 구口위에 한 일一을 더한 문자이다. 그러므로 수獸는 산야山野에서 부르짖으며 뛰어다니며 노는 동물動物을 보고 상형象形한 문자라고 하겠다.

짐승 수

## 繪寫禽獸 畵彩仙靈

그림     화

화畫는 사냥할獵 전田 아래에 입 벌린 감凵과, 한 일一, 그 위로 지을 율聿를 더한 문자로, 화畫로 발음을 할 때는 그림繪 등의 뜻이 있고, 획畫으로 발음을 할 때는 긋다分畫, 나누다分畫, 한정界限, 꾀하다計策, 글씨書, 지휘하다規畫 등의 뜻이 있다. 그러나 흔히 그림을 나타낼 때는 화畫나 화畫로 많이 쓰지만, 문자의 획수를 뜻할 때는 획畫 보다는 획劃을 많이 쓴다.

채색     채

채采는 짐승의 발톱獸指爪 변采 부수에 있다.

신선     선

선仙은 사람 인亻 변에 뫼 산山을 더한 문자로, 가볍게 날다輕擧貌, 신선老不死神仙 등의 뜻이 있다. 그러므로 신선神仙이란 늙어도 죽지 않는 신神과 같은 존재로 가볍게 나는 사람이라는 뜻도 있지만, 현실적으로는 산山에서 사는 사람이란 의미가 있다고 하겠다.

靈

신령     령

령靈은 비 우雨 아래에 입 구口 세 개를 가로 벌려놓은 령吅은 많은 소리衆聲, 시끄러운喧 등의 뜻에 무당事無形以舞降神者 등의 뜻이 있는 무巫를 더한 문자로, 신령神, 혼백魂魄, 신통하다神之精明, 신령스러운神之精明, 고이다寵, 착하다善 등의 뜻이 있다. '령'은 입 구口 변이며, 무巫는 장인工匠 공工 변에 사람 인人 두 개를 더한 문자이다. 또 비 우雨 아래에 입 구口 세 개를 가로 벌려놓아 많은 소리衆聲 '령'을 한 문자는 비 오다降雨, 떨어지다墮, 착하다善 등의 뜻이 있는 령霝 자이다. 이로써 령靈은 무형無形으로 볼 수 없으므로 무당이 비가 내리는 날 시끄럽게 해서 내리는 신神의 모습을 상형象形한 것으로 보인다.

온갖 새와 짐승의 그림에 채색된 선녀와 신령들의 모습도 아름답다.

| | |
|---|---|
|  丙<br>**남녘 병, 밝을 병** | 병丙은 한 일一 아래에 안 내內를 더한 문자로, 남쪽南方, 밝다明 등의 뜻이 있으며, 내內는 들 입入 부수에 멀 경 을 더한 문자이다. |
| 舍<br>**집 사** | 사舍는 혀在口所以言語辨味 설舌 부수에 들 입入을 더한 문자로, 놓다釋, 집屋, 쉬다正息, 베풀다施, 두다置, 폐하다廢, 용서하다赦 등의 뜻이 있다. |
| 傍<br>**곁 방** | 방傍은 사람 인亻 변에 방旁으로 발음을 할 때는 사귀다交橫旁午, 크다大, 넓다廣, 두 갈래 길岐路, 섞이다混同 등의 뜻이 있고, 팽旁으로 발음을 할 때는 달리다驅馳 등의 뜻이 있는 방旁을 더한 문자이다. 방傍으로 발음을 할 때는 의지하다倚, 가깝다近, 곁側 등의 뜻이 있고, 팽傍으로 발음을 할 때는 마지못하다不得已 등의 뜻이 있다. 방旁은 모날 방方 부수에 있다. |
| 啓<br>**열 계** | 계啓는 입 구口 위에 열다開發, 가르치다開發, 열어보다開, 인도하다導, 떠나다發足 등의 뜻이 있는 계啟를 더한 문자로, 열다開發, 가르치다開發, 인도하다導, 여쭈다奏, 떠나다發足, 끓다跪등의 뜻이 있다. 계啟는 지게室口 호戶 변에 칠 복攵을 더한 문자이다. |

# 丙舍傍啓 甲帳對楹

**갑옷 갑, 가장 빼어날 갑**

갑甲은 밭 전田 부수로, 갑옷介胄, 비롯하다始, 법령法令, 과거科弟, 첫째 第一, 으뜸第一, 떡잎 날 갑草木初生甲坼, 벌레 껍질魚蟲殼介, 대궐甲帳, 殿, 아무某 등의 뜻이 있다.

**휘장 장**

장帳은 수건 건巾 변에 긴 장長을 더한 문자로, 휘장帷, 장막帷, 홋 휘장 幬, 치부책計簿 등의 뜻이 있다.

**대답할 대, 마주볼 대**

대對는 헤아릴 촌寸 부수로, 대답하다答, 마주 서다物幷峙, 당하다當, 짝 配 등의 뜻이 있으며, 마디 촌寸 변에 글월 문文을 더한 문자는 대對의 약 자略字이고, 마디 촌寸 변에 또 우又를 더한 문자는 대對의 속자俗字이다.

**기둥 영**

영楹은 나무 목木 변에 찰 영盈을 더한 문자로, 기둥柱이란 뜻이 있으며, 영盈은 그릇 명皿 부수部首에 있다.

병사丙舍 곁은 열려 있고, 서로 마주 보는 기둥에는 갑장甲帳이 쳐 있다. 병사丙舍는 무덤의 남쪽 가 까이에 임시로 지은 작은 묘막墓幕을 가리키며, 병사丙舍 곁이 열려 있다고 하는 말은 궁전 내부로 출 입하는 사람들의 편의를 도모하여 마련한 통로를 가리키는 말로, 갑장甲帳이란 호화로운 휘장을 가리 키는 말이다.

# 肆

**베풀 사**

사肆는 지을 율聿 변에 긴 장튽을 더한 문자로, 방자하다放恣, 베풀다陳, 저자店, 市肆, 더디다緩, 길다長, 송구하다究 등의 뜻이 있으며, 장튽은 장 長의 부수이다.

# 筵

**자리 연**

연筵은 대 죽竹 아래에 미치다及, 맞다迎 등의 뜻이 있는 연延을 더한 문 자로, 대자리竹席, 왕이 강하는 자리王者講席經筵 등의 뜻이 있다. 연延은 길게 걷다長行, 당기다引 등의 뜻이 있는 인廴의 부수에 있으며, 연延과 닮 은 정廷은 당길 인廴 부수에 클 임壬을 더한 문자로, 간다往는 뜻이 있으 며, 정庭은 바위 집 엄广 부수에 갈 정廷을 더한 문자로, 뜰門屛内, 곧다直, 막히고 멀다隔遠逕庭 등의 뜻이 있다. 가정家庭과 법정法庭 = 法廷 등의 단 어로 활용되고 있다.

**베풀 설**

설設은 말씀 언言 변에 칠 수殳를 더한 문자로, 베풀다陳, 짓다作, 가령假 借辭, 두다置, 갖추다備 등의 뜻이 있다.

**자리 석**

석席은 수건 건巾 부수로, 바위 집 엄广 아래에 스물 입廿을 더한 문자 로, 돗簞, 자리簟, 걷다卷, 깔다藉, 베풀다陳, 자뢰하다資賴, 憑藉, 인하다因 등의 뜻이 있다.

# 肆筵設席 鼓瑟吹笙

북고, 칠고

고鼓는 하나의 부수로, 북樂器革音, 휘量器, 별 이름, 치다 등의 뜻이 있다.

비파　슬

슬瑟은 임금 왕王 변에 임금 왕王과, 반듯 필必을 더한 문자로, 실 풍류絃樂二十五絃, 비파絃樂二十五絃, 거문고, 바람 소리風聲, 깨끗한 체 하다潔鮮 등의 뜻이 있으며, 슬瑟에서 반듯 필必 대신 이제 금今을 더하면 칠현七絃의 악기樂器인 거문고를 뜻하는 금琴 자가 된다. 금슬琴瑟이란 거문고와 비파보다는 부부 사이를 가리키는 말이며, 금슬지락琴瑟之樂이란 즐겁고 화목한 부부夫婦 사이를 가리키는 말이다.

불　취

취吹는 입 구口 변에 하품할 흠欠을 더한 문자로, 불다出氣噓, 악기 불다奏, 부름鼓吹, 바람風, 충동하다衝, 부추기다衝 등의 뜻이 있다.

생황　생

생笙은 대 죽竹 아래에 날 생生을 더한 문자로, 저女媧樂器, 簧匏音, 생황女媧樂器, 簧匏音 등의 뜻이 있으며, 생황笙簧이란 열일곱 개의 가는 대를 바가지로 만든 바탕에 묶어 세웠으며 주전자 귀와 비슷한 부리로 부는 관악기를 가리키는 말이다. 이는 아악雅樂에 쓰인다.

돗자리를 펼쳐 자리를 만들고, 비파를 치고 생황을 분다.

陞

오를  승

승陞은 언덕 부阝변에 되 승升, 그 아래 흙 토土를 더한 문자로, 오르다登, 躋, 나아가다進, 올리다進, 升同 등의 뜻이 있다.

階

섬돌  계

계階는 언덕 부阝변에 다俱辭 개皆를 더한 문자로, 섬돌陛, 층계, 벼슬차례, 층뜰登堂道, 삼태성三台星 등의 뜻이 있다. 개皆는 흰 백白 위에 견줄 비比를 더한 문자이며, 비比는 하나의 부수이다. 승계陞階 = 昇階란 품계品階가 오른다는 말이다.

納

바칠  납

납納은 실 사糸변에 안 내內를 더한 문자로, 들이다, 너그럽다包容, 용납하다包容, 받다受, 바치다獻 등의 뜻이 있으며, 내內는 들 입入 부수에 멀 경 을 더한 문자이다.

陛

섬돌  폐

폐陛는 언덕 부阝변에 잇달다土地相接, 견주다比肩, 배합하다配合 등의 뜻이 있는 비坒를 더한 문자로, 천자의 섬돌天子階殿陛, 천자天子奉稱陛下 등의 뜻이 있고, 비坒는 흙 토土 위에 견줄 비比를 더한 문자이며, 비比는 하나의 부수이다.

陞階納陛 弁轉疑星

고깔 변

변弁은 손 맞잡을 공廾 위에 사사自營 사厶를 더한 문자로, 변弁으로 발음을 할 때는 주나라 관周冠, 손바닥 치다拍手 등의 뜻이 있고, 반弁으로 발음을 할 때는 즐겁다樂는 뜻이 있다.

구를 전

전轉은 수레 거車 변에 오로지 할 전專을 더한 문자로, 움직이다動, 넘어지다倒, 돌다施, 돌아눕다輾轉, 변하다變遷, 옮기다遷, 굴리다運 등의 뜻이 있으며, 전轉은 헤아릴 촌寸 부수에 있다.

의심할 의

의疑는 소疋로 발음을 할 때는 발足 등의 뜻이 있고, 필疋로 발음을 할 때는 짝偶, 끝布, 필布 등의 뜻이 있는 필疋 부수로, 억疑이나 을疑로 발음을 할 때는 바로 서다正, 의同 등의 뜻이 있으며, 응疑으로 발음을 할 때는 정하다定 등의 뜻이 있으며, 의疑로 발음을 할 때는 의심하다惑, 그럴듯하다似, 두렵다恐, 혐의하다嫌 등의 뜻이 있다. 이처럼 의疑에 비수比와 화살矢이 상형象形된 것은, 마치 불신不信이 지나치게 되면 칼匕이나 화살矢도 사용하게 되는 불란不亂도 일어날 수 있음을 경고한 문자라고 하겠다. 물론 여기서 의疑는 상거래 가운데 믿음을 억지로 강요하는 것이 아니라 의처증疑妻症이나 의부증疑夫症의 위험을 알리는 문자라고 하겠다.

별 성

성星은 날 일日 아래에 날 생生을 더한 문자로, 별列宿總名, 희뜩희뜩하다, 세월歲月, 중요한 사람樞要人物, 천문天文 등의 뜻이 있다. 이처럼 성星을 날 일日 아래에 날 생生으로 상형한 까닭은 고인古人들이 밤하늘에 뜨는 별은 해가 진 뒤에나 비로소 하늘에 나타나는 태양太陽의 정령精靈으로 짐작한 까닭이라고 하겠다. 즉 별이란 태양이 낳은 존재로 생각한 까닭이라고 하겠다.

섬돌에 오른 백관들이 임금에게 예禮를 올리니, 고깔모자에 달린 구슬이 굴러 별인가 의심스럽다. 폐陛는 폐하陛下로 임금을 가리킨다.

**왼 좌**

좌左는 장인 공工 부수로, 왼편右之對, 그르다反, 어긋나다反, 왼쪽左行, 증거하다證, 내리다黜, 돕다佐 등의 뜻이 있으며, 속음俗音으로는 '자'로도 발음이 된다.

**통할 통**

통通은 뛸 착辶 부수에 물 솟다湧, 골목길巷道, 휘斛, 量名, 초록빛 날草木華貌, 쇠북꼭지鍾鼻, 물 이름水名 등의 뜻이 있는 용甬을 한 문자로 통하다達, 뚫리다達, 사무치다達, 형통하다亨, 통창하다暢, 사귀다交好, 지나다通過, 모두總, 다니다往來, 간음하다通姦, 벌文書數詞一通 등의 뜻이 있으며, 용甬은 쓸 용用 부수에 있다.

**높을 종, 마루 종**

종宗은 움집 면宀 안에 바칠 시示를 더한 문자로, 높다尊, 근본本, 마루本, 종묘宗廟, 주장하다主, 조회朝見朝宗, 일가同姓, 교파敎派, 벼슬 이름官名秩宗 등의 뜻이 있다.

**사당 묘**

묘廟는 바위 집 엄广 부수에 아침 조朝를 더한 문자로, 모양貌, 종묘宗廟, 사당祠堂, 앞 전각前殿廊廟, 대청廳事 등의 뜻이 있고, 조朝는 달 월月 부수로 열 십十 아래에 이를晨 조무를 더한 문자이며, 조무는 날 일日 아래에 열 십十을 더한 문자이다. 종묘宗廟란 역대 제왕의 위패를 모시는 제왕가의 사당을 가리킨다.

# 左通宗廟 右達社稷

우右는 입 구口 변에 왼 좌左의 본자本字를 더한 문자로, 오른쪽左之對, 높이다尊, 돕다助, 위上, 곁側, 강하다强 등의 뜻이 있으며, 왼 좌左의 본 자本字는 삐침 별丿에 한 일一을 더한 문자이다. 즉 바른 우右를 왼 좌左의 본자本字 아래에 입 구口로 상형을 한 까닭은 입口의 그릇左됨을 아니 어 긋남左을 바로 잡아야 바르다右는 의미라고 하겠다.

오를 우

달達은 뛸 착辶 부수에 어린 양小羊, 양 새끼小羊, 아름답다美, 낳다生 등 의 뜻이 있는 달( =달)을 더한 문자로, 통달하다通, 이르다到, 보내다配 送, 이루다成就, 나타나다顯, 결단하다決, 낳다生, 천거하다薦, 방자하다放 恣挑達 등의 뜻이 있으며, 달( =달)은 양 양羊 위에 흙 토土를 더한 문자이 며, 달( = '달')과 닮은 행幸은 방패 간干 부수에 있다.

통달할 달

사社는 바칠 시示 변에 흙 토土를 더한 문자로, 땅 귀신主土神社稷, 사직 主土神社稷, 단체社團, 會社, 세상社說, 사일社日, 둘레團合, 結社, 모이다團 合, 結社 등의 뜻이 있다.

사직 社, 단체 사

직稷은 벼 화禾 변으로, 피黍屬五穀之長, 농관農官后稷, 흙 귀신土神, 사 직社稷 등의 뜻이 있다. 그러므로 사직社稷이란 태사太社와 태직太稷을 가 리키며, 사직단社稷壇이란 임금이 백성을 위해 토신土神인 후토后土와 곡 신穀神인 후직后稷에게 제사를 지내는 제단祭壇을 가리킨다.

피 직, 흙 귀신 직

왼편은 종묘宗廟로 통하고, 오른편은 사직단社稷壇에 이른다고 하였으므로 경복궁景福宮을 가리키는 말이다.

## 旣

다할 기, 이미 기

기旣는 숨 막힐 氣塞 기旡 변에 향내 나다香, 낟알一粒 등의 뜻이 있는 흡 皀을 더한 문자로, 이미己, 다하다盡, 작게 먹다小食 등의 뜻이 있으며, 기 旡는 없을無 무无 변에 표할 주·를 더한 문자이며, 흡皀은 흰 백白 아래에 비수 비匕를 더한 문자이다.

## 集

모을　집

집集은 새 추隹 아래에 나무 목木을 더한 문자로, 모다聚, 會, 나가다就, 편안하다安, 이루다成, 가지런하다齊, 문집文集 등의 뜻이 있다. 즉 집集은 나무木에 앉은 꼬리가 짧은 새隹를 상형한 문자라고 하겠다.

## 桓

굳셀 환, 하느님 한

환桓은 나무 목木 변에 선亘으로 발음을 할 때는 베풀다揚, 구하다求, 펴 다布 등의 뜻이 있고, 환亘으로 발음을 할 때는 굳세다勇 등의 뜻이 있으 며, 긍亘으로 발음을 할 때는 걸치다, 극하다, 더할 수 없는 경도에 이르 다, 펴다, 널리 이르다 등의 뜻이 있는 환亘을 더한 문자로, 환桓으로 발음 을 할 때는 굳세다武貌, 모감주나무, 표목郵停桓表, 머뭇거리다難進盤桓, 하관 틀下官木, 홀 이름公圭, 어여머리髻 등의 뜻이 있으며, 한桓으로 발음 을 할 때는 하느님桓因, 天主, 玉皇上帝, 한울님桓雄, 책 이름冊名, 桓典 = 桓 檀古記, 크다大, 으뜸上 등의 뜻이 있다.

## 典

법 전, 본보기 전

전典은 여덟 팔八 부수로, 법法, 떳떳하다常, 전당 잡히다質貸, 본보기模 範, 주장主, 책書 등의 뜻이 있다. 그러므로 한전桓典이란 하느님桓因과 한 울님桓雄, 단군檀君의 이야기를 모아 놓은 모든 책을 가리키는 말이다.

## 旣集桓典 亦聚群英

| | |
|---|---|
| 亦<br><br>또 역 | 역亦은 뜻 없는 토 두 亠 부수로, 또又, 다總, 어조사語助辭 등의 뜻이 있다. |
| 聚<br><br>모을 취 | 취聚는 귀 이耳 부수에 또 우又, 아래에 돼지 시豕를 더한 문자로, 모이다集, 몬다集, 걷다斂, 많다衆, 쌓다積聚 등의 뜻이 있다. 또 취聚와 음音, 훈訓이 비슷한 문자는 취取와 취娶가 있는데, 취取는 용서할 우又에 귀 이耳를 더한 문자로, 걷다收, 받다受, 찾다索, 뺏다奪, 장가 들다娶, 들다擧 등의 뜻이 있으며, 취娶는 여자 녀女 위에 걷을 취取를 더한 문자로, 장가 들다取妻, 중개인商娶 등의 뜻이 있다. |
| 群<br><br>무리 군 | 군群은 양 양羊 변에 임금至尊 군君을 더한 문자로, 무리輩, 많다衆, 떼隊, 벗朋, 짐승 세 마리獸三爲群, 모이다聚 등의 뜻이 있으며, 군君은 입 구口 위에 믿을信 윤尹을 더한 문자로, 윤尹은 주장할 시尸 부수에 있다. |
| 英<br><br>꽃부리 영 | 영英은 초 두艸 아래에 가운데中, 반半, 다하다盡, 넓다廣, 선명하다鮮明 등의 뜻이 있는 앙央을 더한 문자로, 꽃부리華, 영웅智出萬人, 구름 모양雲貌, 아름답다美 등의 뜻이 있다. 앙央은 큰 대大 부수部首에 있다. |

하느님桓因과 한울님桓雄, 단군님檀君의 치적治積을 모두 모아 놓았으니 한단고기桓檀古記이며, 또 여러 영웅을 모아 치국治國의 도道를 밝혔으니 삼신지교三神之敎이다.

**편안할 안**

안安은 움집 면宀 아래에 여자 녀女를 더한 문자로, 편안하다危之對, 안정하다靜, 徐, 무엇何, 어느何, 즐겁다佚樂, 정하다定 등의 뜻이 있다. 이처럼 편안한 모습을 안安으로 상형象形한 까닭은 집안에 여인女人이 있을 때가 가장 편안하다는 의미로 보인다. 물론 집안에 있는 여인은 한 집안의 아내이며, 어머니이며, 며느리인 주부主婦라고 하겠다.

**늙은이 옹**

옹翁은 깃 우羽 위에 마을官所, 벼슬官 등의 뜻이 있는 공公을 더한 문자로, 아비父, 늙은이老稱, 새 목 아래 털鳥頭下毛, 나는 모양飛貌 등의 뜻이 있다. 공公은 여덟 팔八 부수에 나我 사厶를 더한 문자이다. 여기서 안옹安翁은 안함로安舍老를 이르는 말이다.

**바를 동**

동董은 풀 초艸 아래에 무거울 중重을 더한 문자로, 감독하다督, 바르다正, 굳다固, 연뿌리蓮根, 비빔밥, 고물古物骨董 등의 뜻이 있다.

**버금 중**

중仲은 사람 인亻 변에 가운데 중中을 더한 문자로, 버금次, 가운데中, 중개하다仲介 등의 뜻이 있다. 여기서 동중董仲은 원동중元董仲을 이르는 말이다.

# 安翁董仲 杏村范樟

은행  행

행杏은 나무 목木 아래에 입 구口를 더한 문자로, 살구果名似梅而, 은행銀杏 등의 뜻이 있으며, 행杏과 닮은 문자로는 묘杳와 향香이 있다. 묘杳는 나무 목木 아래에 날 일日을 더한 문자로, 아득하다冥는 뜻이 있으며, 향香은 하나의 부수로 향내 등의 뜻이 있다.

마을  촌

촌村은 나무 목木 변에 헤아릴 촌寸을 더한 문자로, 마을聚落, 시골村村 등의 뜻이 있다. 여기서 행촌杏村은 문정공文貞公을 이르는 말이다.

벌  범

범范은 풀 초艸 아래에 물 넘치다氾濫, 들뜨다未定之辭, 넓다汎, 물 이름水名, 성姓 등의 뜻이 있는 범氾을 더한 문자로, 벌蜂, 벌풀草名, 성姓, 주형鑄型, 법範 등의 뜻이 있다.

노 나무  장

장樟은 나무 목木 변에 문채采 장章을 더한 문자로, 노나무 등의 뜻이 있다. 장章은 밝힐明 립立 아래에 일찍 조早를 더한 문자이다. 여기서 범장范樟은 휴애거사休崖居士를 이르는 말이다.

안함로安含老와 원동중元董仲이 찬撰한 것은 「삼성기三聖紀」 상하권으로 전권全卷이며, 행촌杏村 문정공文貞公이 전한 책은 「단군세기檀君世紀」이다. 또 휴애거사休崖居士 범장范樟이 찬撰한 것은 「북부여기北夫餘紀」 상하권上下卷이며, 본래 「단군세기檀君世紀 합편合編」이란 이름으로 전해지는 책은 삭주朔州의 이동梨洞 이형식李亨拭 진사進士의 집에서 나온 것이다.

| | |
|---|---|
| 府<br><br>마을 부 | 부府는 바위 집 엄广 안에 주다與, 부치다俯, 부탁託, 부마付魔 등의 뜻이 있는 부付를 더한 문자로, 마을百官所居, 감추다藏, 곳집藏文書財幣所, 큰 골大州, 서울都府, 죽은 조상府君 등의 뜻이 있으며, 부付는 사람 인亻 변에 헤아릴 촌寸을 더한 문자이다. |
| 布<br><br>펼 포, 넓게 깔 포 | 포布는 수건 건巾 부수로, 베麻枲葛織, 베풀다施, 피륙織物總稱布木, 펴다陳, 돈錢, 벌리다陳 등의 뜻이 있다. |
| 將<br><br>장수 장 | 장將은 헤아릴 촌寸 부수로, 장수將帥, 대장大將, 장차漸, 문득抑然辭, 보내다送, 곧卽, 거느리다領, 받들다奉, 청하다請, 가지다技, 또且, 소리聲, 봉양하다養, 가지다扶持, 엄정한 모양嚴正貌, 행하다行, 돕다助, 크다大 등의 뜻이 있다. |
| 相<br><br>서로 상 | 상相은 눈 목目 변에 나무 목木을 더한 문자로, 서로(共 = 함께), 바質, 보다視, 돕다助, 儐, 인도하다導, 붙들다扶, 상보다相術, 벼슬 이름官名, 가리다選擇, 벼슬官名 등의 뜻이 있으며, 장상將相이란 장수將帥와 재상宰相을 함께 가리키는 말이다. |

# 府布將相 路夾槐卿

길 로

로路는 발 족足 변에 각각異辭, 제각기異辭 등의 뜻이 있는 각各을 더한 문자로, 길通, 크다大, 수레車, 중요하다樞要, 고달프다勞, 북 이름鼓名, 성姓등의 뜻이 있으며, 각各은 입 구口 위에 뒤에 올後至 치夂를 더한 문자이다.

낄 협

협夾은 큰 대大 부수에 두 개의 사람 인人을 더한 문자로, 가지다持, 겸하다兼, 잡되다雜, 곁에서 부축하다左右持, 가깝다近, 성姓, 칼 이름劍名, 곁傍, 끼다 등의 뜻이 있다.

홰나무 괴

괴槐는 나무 목木 변에 귀신精魂所歸, 도깨비精魂所歸 등의 뜻이 있는 귀鬼를 더한 문자로, 느티나무, 홰나무 등의 뜻이 있으며, 귀鬼는 하나의 부수이다.

卿

벼슬 경

경卿은 몸기符卩示信 절卩 변으로, 밝히다章, 행하다嚮, 벼슬爵, 귀공貴公 등의 뜻이 있다.

장수와 정승들이 마을에 널리 퍼지니, 고위 고관들로 길이 비좁다. 장상將相은 장수와 재상을 가리키며, 괴경槐卿은 삼공三公과 고위 벼슬아치들을 가리킨다.

무궁화 근

근(槿)은 나무 목(木) 변에 노란 진흙黃黏土, 때時, 조금僅, 진흙, 제비꽃, 흙 바르다塗 등의 뜻이 있는 菫을 한 문자로 무궁화(蕣, 木槿), 무궁화 나무 등의 뜻이 있으며, 菫은 흙 토(土) 부수에 있다

나라 역, 지경 역

역域은 흙 토土 변에 혹未定辭 혹或을 더한 문자로, 지경界局, 나라邦域, 묘계墓限兆域, 범위範圍 등의 뜻이 있으며, 혹或은 전쟁 과戈 부수에 있다. 근역槿域이란 무궁화 나무가 많은 땅, 즉 우리나라를 가리켜서 이르는 말이다.

지경 강

강疆은 밭 전田 부수로, 지경境界, 변방邊方, 한 끝限, 굳세다堅 등의 뜻이 있다. 강畺은 강疆의 속자俗字로, 의미가 같으며, 강疆과 닮은 강彊은 활 궁弓 변에 지경 강畺을 더한 문자로 강하다健, 꿋꿋하다壯盛, 활강하다弓有力, 이기다勝, 사납다暴, 힘쓰다勉, 억제하다抑之, 시체 굳다屍硬 등의 뜻이 있다.

土

흙 토

토土는 하나의 부수로, 토土로 발음을 할 때는 흙地, 땅, 뭍陸, 나라邦, 곳場所, 뿌리根, 고향故鄕 등의 뜻이 있으며, 두土로 발음을 할 때는 뽕 뿌리根, 桑土란 뜻이 있다. 강토疆土란 경토境土를 가리키는 말로, 국경 안에 있는 모든 땅을 가리킨다.

# 槿域疆土 戶封八監

지게 　호

호戶는 하나의 부수로, 지게室口, 백성의 집編戶民居, 집의 출입구出入口, 머물다留 등의 뜻이 있다. 호戶의 파자破字는 삐침 별丿 아래에 베풀陳 시尸를 더한 문자이다.

봉할 　봉

봉封은 헤아릴 촌寸 변에 서옥瑞玉, 일영표측日影土圭, 달다圭刀製藥, 저울눈 이름量名 등의 뜻이 있는 규圭를 더한 문자로, 흙 모다取土, 지경 봉하다封疆, 제사 이름祭名, 크다大, 培, 봉하다緘, 벼슬 봉하다爵 등의 뜻이 있으며, 규圭는 흙 토土 위에 흙 토土를 더한 문자이다.

여덟 　팔

팔八은 하나의 부수로, 여덟數名이란 뜻이 있다. 팔八의 파자는 삐침左引之 별丿에 파임右引之 불乀을 더한 문자이다.

볼 　감

감監은 그릇 명皿 부수로, 보다視, 거울鑑, 감옥獄, 벼슬官, 성姓, 감독하다督, 임하다臨, 별 이름東方星名, 거느리다領, 살피다察, 강림하다臨下 등의 뜻이 있다. 팔감八監이란 옛날 우리나라의 팔도감사八道監司를 가리키는 말이다. 이처럼 감사監司 또는 관찰사觀察使란 관명官名에는 '백성을 살피는 자리' 즉 '백성을 보살펴 주는 자리'란 의미가 있다.

우리나라는 강토疆土를 팔도八道로 나누고 감찰사監察使를 봉하였다. 근역槿域은 무궁화無窮花가 많은 땅, 즉 우리나라를 가리키는 말이다. 조선朝鮮은 중앙집권과 국방을 강화하기 위해 국토를 자연환경과 인문지리에 의해 행정구역을 팔도로 나눴다. 이에 따라 조선은 태종대왕太宗大王 때부터 세계지도인 '혼일강리도混一疆理圖'와 전국지도인 '팔도지도八道地圖' 등 각종 지도地圖 및 지리서地理書를 제작·편찬하였다. 특히 '혼일강리도混一疆理圖'는 현재 동東아시아에서 가장 오래된 세계지도로 알려지고 있다.

| | |
|---|---|
| 侯<br>영주 후 | 侯侯는 사람 인亻 변으로, 벼슬 이름, 과녁射布, 임금君, 영주領主 등의 뜻이 있으며, 후侯와 닮은 문자로는 후候, 사俟, 후後가 있다. 후候는 사람 인亻 변으로, 묻다問, 살피다偵察, 생각하다思, 기다리다待, 점치다占, 바라다望, 모시다侍, 망군斥候, 철節候 등의 뜻이 있고, 사俟는 사람 인亻 변에 어조사語助辭, 말 그치다語已辭, 決辭 등의 뜻이 있는 의矣를 더한 문자로, 사俟로 발음을 할 때는 기다리다待의 뜻이 있으며, 기俟로 발음을 할 때는 성姓이란 뜻이 있고, 의矣는 화살 시矢 위에 나 사厶를 더한 문자이다. 후後는 자축 거닐 척彳 변에 작을 요幺, 그 아래에 뒤에 올 치夂를 더한 문자로, 뒤前之對, 늦다遲, 아들嗣, 뒤지다後之 등의 뜻이 있는 것이 서로 다르다. |
| 冠<br>갓 관 | 관冠은 덮을 멱冖 아래에 깎다刿, 모 없애다削廉, 해지다弊 등의 뜻이 있는 완㝵을 더한 문자로, 관㝵弁總名, 갓㝵弁總名, 어른 되다成人, 관례加禮, 우두머리爲衆之首 등의 뜻이 있으며, 완㝵은 헤아릴 촌寸 변에 으뜸始, 首, 두목頭首, 임금君, 元首, 하늘天, 길다長, 착한이善人, 백성民, 크다大, 기운氣 등의 뜻이 있는 원元을 더한 문자이로, 원元은 어진 사람 궤几위에 두 이二를 더한 문자이다. |
| 陪<br>모실 배 | 배陪는 언덕 부阝 변에 설 립立, 그 아래 입 구口를 더한 문자로, 버금貳, 따르다隨, 짝하다伴, 모시다陪從, 돕다助, 배신陪臣, 거듭重, 차다滿, 더하다盛 등의 뜻이 있다. |
| 輦<br>손수레 련 | 련輦은 수레 거車 위에 나란히 가다竝行, 따라 가다侶 등의 뜻이 있는 반㚘을 더한 문자로, 연가人以行王, 당겨 운전하다輓運, 궁중의 길宮道 등의 뜻이 있다. 반㚘은 큰 대大 변으로, 지아비 부夫 변에 지아비 부夫를 더한 문자이다. |

# 侯冠陪輦 驅轂振纓

| | |
|---|---|
| 驅<br>몰　구 | 구驅는 말 마馬 변에 구區로 발음을 할 때는 감추다藏, 작은 방小室, 조그마하다小貌 등의 뜻이 있으며, 우區로 발음을 할 때는 갈피域, 지경域, 숨기다匿 등의 뜻이 있는 구區를 더한 문자로, 몰다驟, 달리다奔馳, 군사 앞 진軍前鋒先驅, 쫓아 보내다逐遣 등의 뜻이 있으며, 구區는 감추다藏, 덮다覆 등의 뜻이 있는 혜匚 변에 품수官給品格, 벼슬 차례官給品格, 등급等級, 무리類, 성품性質, 가지物件, 법式, 평판하다批評 등의 뜻이 있는 품品을 더한 문자로, 품品은 입 구口 부수에 있다. |
| 轂<br>바퀴　곡 | 곡轂은 수레 거車 변으로, 속 바퀴車輻所湊, 바퀴 통車輻所湊, 사람 천거하다薦人推轂 등의 뜻이 있다. |
| <br>떨친　진 | 진振은 손 수扌 변에 별日月合宿謂之辰, 때時, 북두성天樞北辰 등의 뜻이 있는 진辰을 더한 문자로, 떨치다奮, 거두다收, 무던하다仁厚, 건지다拯, 정돈하다整, 피다發, 움직이다動, 구원하다救, 진동하다震, 그치다止, 떼지어 날다群飛貌, 성하다盛貌 등의 뜻이 있고, 진辰은 하나의 부수이다. |
| <br>끈　영 | 영纓은 실 사糸 변에 어리다孩, 얽히다縈, 絆, 더하다加, 부딪히다觸, 찌르다觸, 둘리다繞 등의 뜻이 있는 영嬰을 더한 문자로, 갓끈冠糸, 말고삐, 노索, 얽히다 등의 뜻이 있고, 영嬰은 여자 녀女 변에 자개들이 꿴 목치 장連貝頸飾의 뜻이 있는 영賏을 더한 문자로, 영賏은 조개 패貝 변에 조개 패貝를 더한 문자이다. |

관冠을 쓴 제후諸侯를 연輦으로 모시니, 달리는 수레에서 흔들리는 갓끈은 위엄이 있다.

| | |
|---|---|
|  세상 세 | 세世는 한 일一 변으로, 인간世界, 일평생生涯, 역대代代 등의 뜻이 있다. |
|  녹 록 | 록祿은 바랄 시示 변에 나무를 깎다木削, 근본根本등의 뜻이 있는 록彔을 더한 문자로, 복록福, 녹봉俸給, 요俸給, 착하다善, 곡식穀, 불귀신火神回祿 등의 뜻이 있으며 록彔은 고슴도치 머리, 돼지 머리 등의 뜻이 있는 계彑 아래에 물 수水를 더한 문자이다. 세록世祿이란 대대로 받는 녹을 가리킨다. |
|  사치할 치 | 치侈는 사람 인亻 변에 과할過 다多를 더한 문자로, 사치하다奢侈, 驕, 풍부하다奢侈, 驕, 넓다廣, 많다多 등의 뜻이 있으며, 다多는 저녁 석夕 아래에 저녁 석夕을 더한 문자이다. |
| 富 부자 부 | 부富는 움집 면宀 아래에 차다滿, 너비幅 등의 뜻이 있는 복畐을 더한 문자로, 부자豊財, 많다豊, 넉넉하다裕, 어리다幼, 두텁다厚 등의 뜻이 있으며, 복畐은 밭 전田 위에 뜻 지닙의 고자古字인 입 구口, 그 위에 한 일一을 더한 문자로, 곧 항아리田의 주둥이口를 꼭 봉한一 모습을 상형한 문자이다. 그러므로 부富는 집宀 안에 복 항아리가 있는 모습이다. |

# 世祿侈富 車駕肥輕

**수레 거**

거車는 하나의 부수로, 거車로 발음을 할 때는 수레輅, 바퀴輿輪, 그물網名, 잇몸齒根 등의 뜻이 있으며, 차車로 발음을 할 때는 자동차自動車, 잇몸齒根, 성姓 등의 뜻이 있다.

**멍에 가**

가駕는 말 마馬 위에 더하다增, 붙이다著, 더욱益, 갓법算, 업신여기다凌, 합하다슴, 미치다及, 침노하다侵 등의 뜻이 있는 가加를 더한 문자로, 멍에馬在軶中, 임금이 탄 수레車駕, 벼슬 이름別駕 등의 뜻이 있으며, 가加는 힘 력力 변에 입 구口를 더한 문자이다. 거가車駕란 임금의 수레, 왕가王駕로 임금의 행차를 가리킨다.

**살찔 비**

비肥는 살肌, 고기肌, 몸肉身, 肉感, 살찌다肥, 차다滿, 옥둘레璧邊 저울추 등의 뜻이 있는 육月 = 肉 변에 뱀蛇, 꼬리尾 등의 뜻이 있는 파巴를 더한 문자로, 살찌다多肉, 거름肥料 등의 뜻이 있으며, 파巴는 몸 기己 부수에 있다.

**가벼울 경**

경輕은 수레 거車 변에 물줄기水脈 등의 뜻이 있는 경巠을 더한 문자로, 천하다不重賤, 업신여기다悔, 빠르다疾, 가볍다, 무게가 적다, 신분이 낮다, 손쉽다, 재빠르다 등의 뜻이 있으며, 경巠은 내 천巛 부수에 있다.

대로 이어받는 녹祿 = 諸侯은 부자로 사치하고, 수레를 끄는 말은 살찌고 사람의 옷은 가볍고 화사하다.

| | |
|---|---|
| 策<br>꾀 책 | 책策은 대 죽竹 아래에 까끄라기芒, 초목에 나있는 가시 등의 뜻이 있는 자束를 더한 문자로, 꾀謀, 채찍馬箠, 책簡冊, 잎사귀 소리葉聲, 시초蓍, 쇠지팡이鐵杖, 별 이름星名 등의 뜻이 있으며, 자束는 나무 목木 부수에 있다. |
| 功<br>공 공 | 공功은 힘 력力 변에 장인 공工을 더한 문자로, 공勞之積, 복 입다喪服, 일하다事 등의 뜻이 있다. |
| 經<br>경영할 경 | 경經은 실 사糸 변에 물줄기 경巠을 더한 문자로, 경서書, 지나다過, 떳떳하다常, 날橫曰緯, 경영하다營, 법法, 다스리다治, 지나다界, 곧다直, 목매다縊, 씨織綜絲 등의 뜻이 있으며, 경巠은 내 천巛 부수에 있다. |
| 實<br>열매 실, 성실할 실 | 실實은 움집 면宀 아래에 꿸穿, 달하다達, 마치다中, 관향本貫鄉籍, 돈꿰미緡錢, 견양주다規繩條貫 등의 뜻이 있는 관貫을 더한 문자로, 열매草木子, 성실하다誠, 넉넉하다富, 충실하다充, 사실事跡, 물건物品, 당하다當 등의 뜻이 있으며, 관貫은 조개 패貝 위에 없을 무毋를 더한 문자이다. |

# 策功經實 勒碑刻銘

| | |
|---|---|
| 굴레　륵 | 륵勒은 힘 력力 변에 생가죽 혁革을 더한 문자로, 굴레絡銜, 억지로 하다 抑, 새기다刻, 엄중하다嚴重 등의 뜻이 있다. |
| 비석　비 | 비碑는 돌 석石 변에 낮을下 비卑를 더한 문자로, 비석刻石紀功德 등의 뜻 이 있으며, 비卑는 열 십十 부수에 있다. |
| 새길　각 | 각刻은 칼 도刂 변에 돼지豚, 지지地支 등의 뜻이 있는 해亥를 더한 문자 로, 새기다鏤, 해하다害, 긁다割剔, 시각晷刻, 돼지 발자취豕跡, 아프다痛 등의 뜻이 있으며, 해亥는 뜻 없는 토 두亠 부수에 있다. |
| 새길　명 | 명銘은 쇠 금金 부수에 이름 명名을 더한 문자로, 새기다刻以識事, 기록 하다志, 記誦, 명심하다銘心 등의 뜻이 있다. 명名은 입 구口 변에 저녁 석 夕을 더한 문자이다. 각명刻銘이란 화살의 깃 사이에 활 임자의 이름을 새 기거나 쓰는 것 또는 쇠붙이나 돌 등에 글자나 그림을 새기거나 그리는 것이다. |

공을 세워 나라가 충실해지니, 공적을 비석에 새기는구나. 이처럼 공적을 비석에 새기는 것은 후세 에 귀감龜鑑이 되게 하려는 뜻이다.

이을 승, 정승 승

승丞은 한 일一 위에 잇다繼, 받다受, 받들다奉, 돕다佐, 차례順序 등의 뜻이 있는 승丞을 더한 문자로, 잇다繼, 돕다佐, 향상하다向上, 벼슬 이름 丞相 등의 뜻이 있다. 이처럼 승丞은 승承과 의미가 같다. 다만 승丞은 물 수水 변이나, 승承은 손 수手 변이란 것이 다르다.

기쁠 희

희喜는 입 구口 변으로, 기쁘다樂, 즐겁다樂, 좋아하다好 등의 뜻이 있다. 희喜는 입을 크게 벌려 마치 입이 두 개 달린 선비가 이를 드러내고 웃는 모습처럼 보인다. 사람이 얼마나 즐거우면 이렇게 웃을 수 있을까? 아니 즐겁게 웃는 모습을 이보다 더 잘 그릴 수 있을까?

옛 고, 비로소 고

고古는 입 구口 위에 열 십十을 더한 문자로, 옛昔, 비롯하다始, 하늘天, 옛일古事, 선조先祖 등의 뜻이 있다. 즉 구口에 현재의 단서端緒이자 동구 洞口라는 뜻이 있다면, 고古는 이에 열 배十倍란 의미에서의 상형이라고 하겠다.

佛

부처 불

불佛은 사람 인亻변에 말 불弗을 더한 문자로, 부처釋迦牟尼, 어그러지 다戾, 돕다輔, 깨닫다覺, 크다大, 흥하다興 등의 뜻이 있다. 불佛과 닮은 불弗은 활 궁弓 변으로, 말다不, 아니다不, 버리다去, 어그러지다違, 달러貨幣 등의 뜻이 있고, 불彿은 자축 거닐 척彳 변에 말 불弗을 더한 문자로, 서로 같다彷彿는 뜻이 있으며, 손 수扌변에 말 불弗을 더한 불拂은 떨치다拭, 씻어버리다拭除, 거스리다逆, 어기다違, 먼지 채塵具, 제하다除, 돕다輔 등의 뜻이 있다.

丞喜古佛 境郡六鎭

경境은 흙 토土 변에 마칠終 경竟을 더한 문자로, 지경界, 마침竟, 곳場所, 처지處 등의 뜻이 있으며, 경竟은 정할設定 립立 아래에 날 일日, 어진 사람 궤几를 더한 문자이다.

**지경 경**

군郡은 고을 읍阝 변에 임금 군君을 더한 문자로, 고을行政區域之一이란 뜻이 있으며, 군君은 입 구口 위에 믿을信 윤尹을 더한 문자로, 윤尹은 주장할 시尸 부수에 있다.

**고을 군**

육六은 여덟 팔八 위에 뜻 없는 토 두亠를 더한 문자로, 여섯數名이란 뜻이 있다.

**여섯 육**

鎭

진鎭은 쇠 금金 변에 참 진眞을 더한 문자로, 진정하다安, 수자리戍, 보배 그릇寶器玉鎭, 진압하다按, 鎭壓, 변방藩鎭, 진정시키다安之, 무겁다重 등의 뜻이 있으며, 진眞은 눈 목目 부수部首에 있다.

**변방 진**

위에서 승丞은 정승政丞을 가리키는 말이다. 희喜는 방촌坊村 황희黃喜를 가리키며, 고불古佛은 맹사성孟思誠의 호號이다. 두 분 모두 세종조世宗朝에 유명한 정승政丞들이시다. 최윤덕崔潤德과 이천 장군은 압록강 상류 강계부江界府에 4군四郡을 설치하였으며 김종서金宗瑞 장군은 토문강土門江 유역에 6진을 설치하였다. 이때부터 압록강과 토문강土門江을 경계로 하는 우리나라의 국경선이 확정되었다. 위의 모든 분은 태종太宗과 세종世宗 시대의 훌륭한 명신名臣들이시다.

**문득 엄**

엄奄은 큰 대大 부수로, 문득忽, 그치다止, 오래다久, 가리다覆 등의 뜻이 있다.

**집 댁, 집 택**

택宅은 움집 면宀 부수로, 집所托居處, 자리位置, 살다居, 정하다定, 구덩이墓穴, 처하다處 등의 뜻이 있다.

**옮길 천**

천遷은 뛸 착辶 변에 높은데 오를升高貌 선罨을 더한 문자로, 옮기다移, 從, 바뀌다變易, 귀양 보내다謫, 오르다去下之高, 벼슬 옮기다徙官 등의 뜻이 있으며, 선罨은 덮을 아襾 부수에 있다.

**부드러운 흙 양**

양壤은 흙 토土 변에 도울 양襄을 더한 문자로, 부드러운 흙柔土, 풍족하다富足, 기름진沃土, 분잡하다紛錯, 쓰레기 등의 뜻이 있으며, 양襄은 옷 의衣 부수에 있다.

# 奄宅遷壤 巨連孰營

| | |
|---|---|
| <br>클 **거** | 거巨는 장인 공工 부수로, 크다大, 억億, 數名, 萬萬, 많다多 등의 뜻이 있다. |
| <br>이를 **련** | 련連은 뛸 착辶 변에 수레 거車를 더한 문자로, 연하다接, 聯, 잇다續, 끌리다牽, 어렵다難, 連蹇, 더디다遲久 등의 뜻이 있다. |
| <br>누구 **숙** | 숙孰은 아들 자子 부수로, 누구誰, 어느何, 밥 익다食飪, 살피다審 등의 뜻이 있다. |
| 營<br>경영 **영** | 영營은 불 화火 부수로, 풍류 려呂 위에 덮을 멱冖, 그 위에 불火을 밝게 지핀 문자로, 짓다造, 헤아리다度, 경영하다經營, 다스리다治, 영문軍衛, 황송하다惶恐意屏營, 오락가락하다往來貌 등의 뜻이 있다. 영營과 닮은 문자로는 영화 영榮과 무덤 영塋, 옥 영瑩 등이 있다. |

문득 평양平壤에 궁전을 세우고 도읍을 옮겼으니, 장수왕長壽王이 아니면 어찌 큰 나라를 경영할 수 있었겠는가? 거련巨連 또는 연璉은 고구려 광개토태왕廣開土太王의 맏아들인 장수태왕長壽太王의 본명이시다. 그는 408년(광개토태왕 18)에 태자로 책봉되어 부왕의 뒤를 이어 왕위에 올랐다. 그는 고구려高句麗의 영토를 크게 넓히고 평양平壤에 궁전을 세웠으며 도읍지를 옮겼다.

| | |
|---|---|
| **巴**<br><br>땅 이름　파 | 파巴는 몸 기己 변으로, 뱀蛇, 꼬리尾 등의 뜻이 있다. |
| **素**<br><br>힐 소, 본디 소 | 소素는 실 사糸 변으로, 희다白, 본디本, 바탕本, 물건 질박하다物朴, 성심誠, 원래元來, 비다空, 순색無色 등의 뜻이 있다. |
| <br><br>기민 먹일　진 | 진賑은 조개 패貝 변에 별 진辰을 더한 문자로, 기민 먹이다救, 賑恤, 부자富, 풍부하다富, 넉넉하다贍給 등의 뜻이 있다. |
| <br><br>갚을　대 | 대貸는 조개 패貝 위에 대신代身, 代理, 갈아들이다更, 贊, 번갈다交贊, 댓수世 등의 뜻이 있는 대代를 더한 문자로, 빌리다借施, 꾸다借施, 갚다假, 빌다借 등의 뜻이 있으며, 대代는 사람 인亻 변에 있다. |

# 巴素賑貸 濟民理化

**건널　제**

제濟는 물 수氵 변에 제齊로 발음을 할 때는 가지런하다等, 정제하다整, 다스리다治, 빠르다疾速, 씩씩하다莊, 엄숙하다肅, 공손하다恭愨貌齊, 고르다和, 화하다和 등의 뜻이 있고, 재齊로 발음을 할 때는 정결하다潔 등의 뜻이 있는 제齊를 더한 문자로, 건너다渡, 구하다救, 일 이루다事遂, 정하다定, 그치다止, 많고 성한 모양威儀貌濟 등의 뜻이 있으며, 제齊는 하나의 부수이다.

**백성　민**

민民은 성씨姓, 각시婦人稱 등의 뜻이 있는 씨氏 부수로, 백성衆庶, 士農工商爲四等民 등의 뜻이 있다. 제민齊民이란 일반 백성을 뜻하며, 제민濟民은 도탄塗炭에 빠진 백성을 건져낸다는 의미가 있다.

**다스릴　리**

리理는 임금 왕玉 변에 마을 리里를 더한 문자로, 다스리다治, 도리道, 무늬 내다治玉, 文, 바르다正, 나뭇결木理, 성품性, 처치하다處置, 힘입다賴 등의 뜻이 있으며, 리里는 하나의 부수이다.

**될　화**

화化는 숟가락匙, 술匙, 비수匕首 = 劍名 등의 뜻이 있는 비匕 변에 사람 인亻을 더한 문자로, 되다造, 변하다變, 무역貿易 등의 뜻이 있다. 이는 사람人은 숟가락匕을 들어야 자라서 뜻을 이룰 수 있다는 의미의 상형이라고 하겠다.

을파소乙巴素는 진대법賑貸法을 실시하여 백성을 구제하고 교화하였다. 진대법賑貸法이란 고구려 고국천왕(179~197) 때 재상 을파소乙巴素의 건의에 의해 흉년이 들 때와 춘궁기인 봄(3~7월)에 농민들에게 곡식을 빌려주고 추수한 뒤에(10월) 갚게 하는 빈민 구제 제도이다. 훗날 이를 본받아 고려高麗와 조선朝鮮에서도 시행하였으며, 당唐나라에서도 시행하였다.

**더딜 서**

서徐는 자축거릴 척彳 변에 나我, 자신 등을 뜻하는 여余를 더한 문자로, 더디다遲緩, 천천히 하다緩, 찬찬하다威儀貌 등의 뜻이 있다. 여余는 사람 인人 변에 있으며, 여予와 뜻이 같다.

**빛날 희**

희熙는 불 화灬 위에 넓다廣, 길다長, 아름답다美, 즐겁다樂 등의 뜻이 있는 이㠯를 더한 문자로, 빛나다光, 화하다和, 넓다廣, 흥하다興 등의 뜻이 있다. 이㠯는 희熙로도 발음을 하며, 몸 기己 변에 턱頤 이臣를 더한 문자이다.

**말씀 설, 기뻐할 열, 달랠 세**

설說은 말씀 언言 변에 지름길蹊, 기껍다悅, 모이다聚, 통하다通, 바꾸다貤, 곧다直, 날카롭다銳 등의 뜻이 있는 태兌를 더한 문자로, 설說로 발음을 할 때는 말씀辭, 고하다告, 설명하다解, 序述 등의 뜻이 있으며, 열說로 발음을 할 때는 기껍다喜, 樂을 뜻으로, 열悅과 의미가 같다. 또한 세說로 발음을 할 때는 달래다誘, 쉬다舍 등의 뜻이 있으며, 태兌는 어진 사람 궤几 부수에 여덟 팔八과 입 구口를 더한 문자이므로, 팔八 밑에 형兄이니, 팔형八兄이 맞는다고 하겠다.

**고할 유**

유諭는 말씀 언言 변에 점점, 그러하다, 대답하다 등의 뜻이 있는 유兪를 더한 문자로, 고하다告, 호유하다曉, 비유하다譬 등의 뜻이 있으며, 유兪는 사람 인人 아래에 물론 틀린 말이지만 일월도一月刂를 더한 문자로 기억하면 한결 쉽다. 설유說諭는 '서류'로 읽으며, 말로 타이른다는 뜻이다.

# 徐熙說諭 邯贊龜州

**땅 이름 한, 이름 감**

감邯은 고을 읍阝 변에 달다五味之一, 즐기다嗜, 맛美味, 상쾌하다快意, 싫다厭 등의 뜻이 있는 감甘을 더한 문자이다. 한邯으로 발음을 할 때는 지명地名을 가리키며, 감邯으로 발음을 할 때는 사람의 이름을 뜻하는 문자이며, 감甘은 하나의 부수이다.

**도울 찬**

찬贊은 조개 패貝 위에 나아갈 신兟을 더한 문자로, 돕다佐, 밝다明, 찬송하다頌, 기리다頌, 나아가다進, 참례하다參 등의 뜻이 있으며, 신兟은 어진 사람 궤儿 부수에 먼저 선先을 더한 문자로, 선先도 역시 어진 사람 궤儿 부수에 있다.

**땅 이름 구, 거북 귀**

구龜는 하나의 부수部首로, 구龜로 발음을 할 때는 나라 이름, 땅 이름 등의 뜻이 있고, 귀龜로 발음을 할 때는 거북甲蟲之長, 별 이름星名天龜, 점치다星名天龜, 본뜨다龜鑑 등의 뜻이 있으며, 균龜으로 발음을 할 때는 손이 얼어 터지다, 갈라지다龜裂 등의 뜻이 있다.

**고을 주**

주州는 내 천川 부수로, 고을郡縣, 주行政區劃名, 섬水中可居 등의 뜻이 있다.

993년(성종 12) 고려의 외교가 서희徐熙 중군사는 세 치寸 혀로 강동육주江東六州를 회복하였으며, 이어 구주龜州에서 발발한 전쟁에서 강감찬姜邯贊 장군은 대승을 거두었으니 이가 바로 구주대첩龜州大捷이다. 설유說諭는 말로 타이른다고 하는 말이다.

| | |
|---|---|
| 俊<br>준걸 준 | 준俊은 사람 인亻 변에 믿다信, 진실로眞實, 허락하다諾, 允許, 마땅하다 當, 옳게 여기다肯 등의 뜻이 있는 윤允 아래에 뒤에 올 치夊를 더한 문자로, 크다大, 준걸傑秀 : 知過千人, 儁同 등의 뜻이 있으며, 윤允은 어진 사람 궤儿 부수에 있다. |
| 乂<br>어질 예 | 예乂는 삐침左引之 별丿 변에 파임右引之 불乀을 더한 문자로, 풀 베다艾 草, 정리하다整, 다스리다治, 어질다賢才之稱 등의 뜻이 있다. |
| 密<br>빽빽할 밀 | 밀密은 움집 면宀 안에 살필 필必, 그 아래에 뫼 산山을 더한 문자로, 빽 빽하다稠, 촘촘하다稠, 비밀하다秘, 고요하다靜, 잘다細, 차근차근하다緻 密, 매우 가깝다切近, 깊다深 등의 뜻이 있다. |
| 勿<br>말 물, 털 몰 | 물勿은 쌀 포勹 변으로, 물勿로 발음을 할 때는 없다毋, 말禁言, 급한 모 양急貌 등의 뜻이 있으며, 몰勿로 발음을 할 때는 먼지 털다掃塵 등의 뜻이 있다. |

俊乂密勿 多士寔寧

**많을 다**

다多는 저녁 석夕 아래에 저녁 석夕을 더한 문자로, 많다衆, 낫다勝, 稱美戰功, 과하다過, 더하다加, 마침適, 아름답다稱美 등의 뜻이 있다.

**선비 사**

사士는 하나의 부수로, 선비儒, 벼슬官之總名, 일事, 군사卒, 남자尊稱, 살피다察 등의 뜻이 있다.

**이 식, 참 식**

식寔은 움집 면宀 아래에 이 시是를 더한 문자로, 이是, 참實, 뿐止 등의 뜻이 있으며, 시是는 날 일日 아래에 바를 아疋를 더한 문자이다.

**편안 녕**

녕寧은 움집 면宀 아래에 마음 심心, 그릇 명皿, 장정 정丁을 더한 문자로, 편안하다安, 차라리願詞, 문안하다省視, 거상하다居喪予寧, 어찌一何, 어떠할如何 등의 뜻이 있다.

재주와 슬기가 뛰어난 사람들이 나라에 빽빽하고, 많은 인재가 착실着實하니 나라가 편안하다. 준예俊乂는 재주와 슬기가 뛰어난 사람을 가리키며, 다사多士는 많은 인재를 가리킨다.

| | |
|---|---|
| 高 <br> 높을 고 | 고高는 하나의 부수部首로, 높다崇, 위上, 고상하다高尚, 멀다遠, 비싸다 物價不廉, 높이低之對, 큰소리高歌高唱, 높이다敬 등의 뜻이 있다. |
| 麗 <br> 고울 려, 빛날 려 | 려麗는 사슴, 작은 수레小車, 술 그릇酒器, 칼 이름劍名, 獨鹿, 곡식 원만하게 쌓다積穀所圓 등의 뜻이 있는 록鹿 위에 려麗의 속자俗字인 려丽를 더한 문자로, 곱다美, 빛나다華, 짝 맞다偶數, 문루高樓麗譙, 베풀다施, 붙다附, 붙다附著, 나라 이름 등의 뜻이 있다. 고려高麗는 우리나라의 역대 歷代 왕조王朝 가운데 하나이다. |
| 更 <br> 다시 갱, 고칠 경 | 갱更은 가로 왈曰 부수로, 갱更으로 발음을 할 때는 다시再 등의 뜻이 있으며, 경更으로 발음할 때는 고치다改, 대신하다代, 지나다歷 등의 뜻이 있다. |
| 覇 <br> 으뜸 패 | 패覇는 덮을 아襾 아래에 생가죽 혁革과 달 월月을 더한 문자로, 패覇로 발음을 할 때는 제후가 권세를 잡다把持諸侯之權, 霸業, 두목霸業, 패왕霸王 등의 뜻이 있으며, 백覇으로 발음을 할 때는 초생달月始生 등의 뜻이 있다. 이처럼 패覇는 덮을 아襾 부수에 있으나, 비 우雨 부수에 있는 패霸와 동일同一한 문자이다. |

# 高麗更覇 契丹困復

**契**

나라 이름 글, 거

글契은 큰 대大 위에 예쁠容貌美好 봉丰과, 칼 도刀를 더한 문자로, 계契로 발음을 할 때는 언약하다約, 계약하다約, 문서券, 근심하고 괴로워하다憂苦 등의 뜻이 있고, 글契로 발음을 할 때는 나라 이름契丹 등의 뜻이 있으며, 결契로 발음을 할 때는 근고하다勤苦 등의 뜻이 있다.

**丹**

붉을 단, 란

단丹은 표할 주丶 부수로, 단丹으로 발음을 할 때는 붉다赤, 성실하다誠實 등의 뜻이 있고, 안丹, 혹은 란丹으로 발음을 할 때는 나라 이름契丹 등의 뜻이 있다. 그러므로 여기서는 거란契丹, 혹은 글안契丹이라고 읽어야 한다.

**困**

곤할  곤

곤困은 나라 국囗 안에 나무 목木을 더한 문자로, 곤하다窮苦, 노곤하다悴, 언짢다苦, 게으르다倦, 곤핍하다力之窮羸, 패卦名 등의 뜻이 있다. 즉 나무木가 상자囗 안에 갇혔으니 얼마나 곤하겠는가?

**復**

돌아올  복

복復은 자축거릴 척彳 부수로, 복復으로 발음을 할 때는 돌아오다反, 고하다白, 제하다除, 심부름 갔다 오다反命, 혼 부르다招魂, 갚다報, 거듭重, 괘명卦名, 대답하다答, 갔다 오다往來, 관명官名, 의명衣名, 회복하다興復 등의 뜻이 있으며, 부復로 발음을 할 때는 다시又, 또再 등의 뜻이 있다.

고려高麗가 다시 거란을 이기니, 거란契丹의 대륙大陸 회복回復은 꿈으로 돌아갔다. 거란족(요나라)이 지나支那 쪽으로 세력을 확장하고자 하나 저들의 배후에 고려가 있으므로 이를 불안하게 생각한 거란은 서기 993년, 1010년, 1018년 3차에 걸쳐 고려를 침범한다. 그러나 1차는 서희 장군에게, 2차는 양규 장군에게, 3차는 강감찬 장군에게 패하게 되므로 더는 지나支那 쪽으로 세력을 확장하지 못하게 되었다고 하겠다. 결국 지나支那의 송宋나라는 고려 덕분에 겨우 명맥을 유지하여 남송南宋이 되었다.

**보살 살**

살薩은 풀 초艹 아래에 언덕 부阝와 낳다生, 생산하다民業生産, 난 곳地産, 國産 등의 뜻이 있는 산産을 더한 문자로, 보살菩薩이란 뜻이 있으며, 산産은 날 생生 부수에 다스릴理, 法, 禮 문文 아래에 굴 바위 엄厂을 더한 문자이다. 이는 과거 인류의 생산出産이 굴厂 속에서 이루어진文 탓의 상형이라고 하겠다.

**물 수**

수水는 하나의 부수로, 물地之血氣五行之首位, 강河川, 강江, 홍수大水, 고르다横平準 등의 뜻이 있다.

**나라 이름 수**

수隋는 언덕 부阝 변에 왼편 좌左, 그 아래에 고기 육月을 더한 문자로, 타隋로 발음을 할 때는 떨어지다落, 고기 찢다肉裂 등의 뜻이 있으며, 수隋로 발음을 할 때는 나라 이름國號楊堅受封의 뜻이 있다.

**묻을 장**

장葬은 풀 초艹 아래에 죽다歾, 끊다絶, 마치다終, 다하다盡, 기운 흩어지다氣散, 위태하다危險 등의 뜻이 있는 사死와 손 맞잡을 공廾을 더한 문자로, 장사 지내다藏, 埋, 묻다藏, 埋, 영장藏, 埋 등의 뜻이 있다. 즉 장葬의 상형은 잔디艹 아래에 주검死을 묻고, 마치 두 손을 맞잡고廾 서 있는 모습만 같다. 사死는 살 바른 뼈 알歹 변에 숟가락 비匕를 더한 문자이다.

# 薩水隋葬 決戰唐破

**결단할 결, 틀 결**

결決 삼 수水 변에 결단할分決 쾌夬를 더한 문자로, 결단하다斷, 물꼬 터 놓다行流, 끊다絶, 이별하다別, 깨뜨리다破, 활깍지決拾射具 등의 뜻이 있으며, 쾌夬는 큰 대大 부수에 있다.

**싸움할 　전**

전戰은 전쟁 과戈 변에 홀로獨, 홑獨, 크다大, 되 임금廣大貌, 성姓, 다하다盡 등의 뜻이 있는 단單을 더한 문자로, 싸움하다鬪, 두려워하다懼, 경전 하다競 등의 뜻이 있고, 단單은 입 구口 변에 있다. 결전決戰이란 양편이 모두 결판決判 날 때까지 승부勝負를 가리는 싸움을 가리킨다.

**나라 이름 　당**

당唐은 입 구口 변으로, 당나라唐, 황당하다荒唐大言, 복도當途, 제방塘, 갑자기遽 등의 뜻이 있다.

**깨트릴 　파**

파破는 돌 석石 변에 가죽 피皮를 더한 문자로, 깨트리다裂, 劈, 깨지다物壞, 군사 패하다敗飾, 다하다盡, 讀破, 갈라지다割, 破竹之勢, 곡조 이름曲名 등의 뜻이 있다.

---

수나라 군사는 살수에 장사葬事 지냈으며, 당나라 군사는 안시성에서 격파擊破하였다. 즉 고구려의 을지문덕乙支文德 장군은 수隋나라 군사 113만 3,800명을 살수薩水에 장사시켜 수隋나라를 멸망滅亡하게 만들었으며, 양만춘楊(梁)萬春 장군은 안시성安市城에서 당唐나라 군사 17만 명을 격파擊破하였다. 이때 당태종唐太宗도 고구려 군사가 쏜 화살에 한쪽 눈을 맞아 애꾸눈으로 4년을 앓다가 죽었다.

윤尹은 주장할 시尸 부수로, 믿다信, 포脯, 다스리다治, 바르다正, 관명官名 등의 뜻이 있다.

다스릴　윤

관瓘은 임금 왕玉 변에 부르짖을때 현吅을 품은 달 환雚을 더한 문자로, 구슬玉, 홀珪, 사람의 이름人名 등의 뜻이 있다. 현吅은 입 구口 변에 입 구口를 더한 문자이고, 환雚은 풀 초艹 아래에 새 추隹를 더한 문자이다.

구슬　관

정定은 움집 면宀 아래에 바를正 아疋를 더한 문자로, 정하다決, 편안하다安, 그치다止, 고요하다靜, 익은 고기熟肉羹定, 이마額, 별 이름宿名 등의 뜻이 있으며, 아疋는 짝 필疋 부수에 있다.

정할　정

界

계界는 밭 전田 아래에 클 개介를 더한 문자로, 지경境, 갈피境, 한정하다限, 分量, 이간하다離間, 둘레範圍 등의 뜻이 있으며, 개介는 사람 인人 부수에 있다.

지경　계

尹瓘定界 鴨綠豆滿

| | |
|---|---|
| 집오리  압 | 압鴨은 새 조鳥 변에 갑옷 갑甲을 더한 문자로, 집오리란 뜻이 있다. |

초록빛  록

록綠은 실 사糸 변에 나무 깎을 록彔을 더한 문자로, 초록빛靑黃間色, 옥 이름玉名結 등의 뜻이 있으며, 록彔은 고슴도치 머리, 돼지 머리 등의 뜻이 있는 계彑 아래에 물 수氺를 더한 문자이다.

말 두, 콩 두

두豆는 하나의 부수로, 제기祭器, 콩, 말물名, 팥赤, 예기禮器 등의 뜻이 있다.

滿

가득할  만

만滿은 물 수氵 변에 풀 초艹, 그 아래에 둘 량兩을 더한 문자로, 차다充, 가득하다充, 넘치다盈溢 등의 뜻이 있다. 량兩은 들 입入 부수에 있다.

---

고려 예종 때 윤관尹瓘 장군은 압록강鴨綠江과 토문강土門江을 경계로 국경國境을 정하고 비碑를 세웠다. 즉 윤관 장군은 압록강鴨綠江과 토문강土門江에서 여진족을 물리치고 구성九城을 쌓았다. 물론 지금과 같이 압록강鴨綠江과 토문강土門江으로 우리나라의 국경을 이루게 된 것은 조선의 세종대왕 때이지만, 이는 고려 때도 북진정책을 포기하지 않고 한결같이 시행하였으므로 가능하였다고 하겠다.

| | |
|---|---|
| 從<br><br>쫓을 종 | 종從은 자축거릴 척彳 부수로, 쫓다隨, 따르다隨, 허락하다許, 부터自, 나가다就, 순하다順, 말을 듣다相聽, 종용하다舒緩從容, 친척同宗 등의 뜻이 있다. |
| 茂<br><br>무성할 무 | 무茂는 풀 초艹 아래에 천간天干, 물건 무성하다物茂盛 등의 뜻이 있는 무戊를 더한 문자로, 무성하다草盛, 아름답다美, 힘쓰다勉 등의 뜻이 있으며, 무戊는 창 과戈 변에 삐침 별丿을 더한 문자이다. |
| 征<br><br>칠 정 | 정征은 자축거릴 척彳 변에 바를 정正을 더한 문자로, 치다上伐下, 가다行, 세받다稅, 싸움하러 가다征代而行, 찾다索 등의 뜻이 있다. |
| 伐<br><br>칠 벌 | 벌伐은 사람 인亻 변에 창 과戈를 더한 문자로, 치다征, 자랑하다矜, 방패干 등의 뜻이 있다. 즉 벌伐은 사람亻이 창戈을 들고 서 있는 모습이라고 하겠다. 따라서 정벌征伐이란 위上가 죄가 있는 하찮은下 무리들을 군대로 치는 것을 이른다. |

# 從茂征伐 憂患根絶

| | |
|---|---|
| 憂<br>근심 우 | 우憂는 마음 심心 아래에 칠 복攵, 위로는 일백 백百 아래에 덮을 멱冖을 더한 문자로, 근심愁思, 걱정愁思, 상제되다居喪, 병들다疾, 그윽하다幽, 욕되다辱 등의 뜻이 있다. 이는 때때로隨時 불끈불끈攵 치솟는 백百가지의 근심心들을 덮어冖 떨쳐버린다는 의미에서 상형象形된 문자라고 하겠다. |
| 患<br>근심 환 | 환患은 마음 심心 위에 습관狃習, 익숙해지다狃習 등의 뜻이 있는 관串을 더한 문자로, 근심憂, 병들다疾病, 재화禍, 어렵다難 등의 뜻이 있다. 관串은 위아래로 통할上下相通 곤ㅣ 부수로, 입 구口를 아래위上下로 두 개를 놓은 다음 한 개의 곤ㅣ으로 꿴 문자라고 하겠다. 그러므로 환患의 상형은 사람에게 찾아오는 모든 화禍는 입口으로부터 오므로 입을 자물쇠로 채우듯이 꽉 닫으면串 어떤 근심이나 우환도 생길 수 없다는 의미라고 하겠다. 우환憂患이란 근심이나 걱정되는 일을 가리킨다. |
| 根<br>뿌리 근 | 근根은 나무 목木 변에 간방方位 간艮을 더한 문자로, 뿌리柢, 밑本, 그루木株, 별 이름星名, 天根, 시작하다始, 수레 이름車名, 金根 등의 뜻이 있으며, 간艮은 하나의 부수이다. 이처럼 근根이 나무나 식물의 근본根本인 뿌리를 가리키는 말이라면, 조祖는 바칠 시示 변에 또 차且를 더한 문자로, 할아비父之父, 비로소始, 근본本 등의 뜻이 있으니, 이는 사람의 뿌리를 가리키는 문자라고 하겠다. 물론 식물도 뿌리가 튼튼해야 잘 자라겠지만, 사람도 조상이 훌륭해야 후손이 잘된다고 하겠다. |
| 絶<br>끊을 절 | 절絶은 실 사糸 변에 빛 색色을 더한 문자로, 끊다斷, 으뜸冠, 뛰어나다超, 지나다過, 막다謝絶, 멸하다滅, 극진하다極, 폐하다廢, 絶食, 막히다隔, 자르다橫斷, 기이하다奇, 그치다止, 결단하다決, 끊어지다相距遼遠 등의 뜻이 있으며, 색色은 하나의 부수이다. 절絶은 한 번 물色이 든 실糸은 다시 물을 들일 수 없음을 상형한 문자라고 하겠다. 근절根絶이란 뿌리째 뽑아 없애 버린다는 의미가 있다. |

이종무 장군은 대마도를 정벌하여 나라의 우환을 뿌리째 뽑아 버렸다. 1419년(세종 1) 이종무李從茂 장군三軍都體察使은 전함 227척을 이끌고, 대마도對馬島를 정벌征伐하여 나라의 우환 덩어리를 근절根絶시켰다.

憑

의지할 빙

빙憑은 마음 심心 위에 풍馮으로 발음을 할 때는 성姓, 물귀신 이름水神名, 馮夷, 고을 이름郡名馮翊, 벼슬 이름官名馮相 등의 뜻이 있으며, 빙馮으로 발음을 할 때는 업신여기다凌, 타다乘, 의지하다依, 마주 보다相視, 걸어 건너다徒步 등의 뜻이 있는 풍馮을 더한 문자로, 빙자하다藉, 의지하다依, 기대다依, 성하다盛, 부탁하다託 등의 뜻이 있다. 풍馮은 말 마馬 변에 얼음 빙冫을 더한 문자이다. 빙자憑藉란 말막음으로 내세워 핑계댄다는 뜻이다.

途

길 도

도途는 뛸 착辶 부수에 나 여余를 더한 문자로, 길道, 路의 의미가 있다. 여余는 사람 인人 변에 있으며, 여予와 의미가 같다.

侵

침노할 침

침侵은 사람 인亻 변에 고슴도치 머리彑頭, 돼지 머리豕頭 등의 뜻이 있는 계彑, ヨ, 彑와 덮을 멱冖 밑에 또 우又를 더한 문자로, 범하다犯, 침범하다犯, 침략하다略, 침노하다漸進朘削, 적다短小, 습격하다襲, 흉년 들다凶歲 등의 뜻이 있다. 침侵이 들어가는 단어 가운데 침략侵掠이란 남의 나라를 침노侵據하여 약탈掠奪을 해 가는 것을 가리키며, 침략侵略이란 남의 나라를 침노侵據하여 땅을 빼앗아 가는 것을 가리킨다. 이외에도 침입侵入과 침범侵犯, 침탈侵奪 등이 있다.

倭

나라 이름 왜

왜倭는 사람 인亻 변에 맡길 위委를 더한 문자로, 순한 모양順貌, 뺑 돌리다回遠, 나라 이름國名日本 등의 뜻이 있다. 왜倭의 유감遺憾은 왜倭는 사람 인人 변으로, 맡겨도 좋을 사람이란 뜻도 있지만, 버려야 할 사람이라는 뜻이 있으며, 오히려 왜倭에는 버릴 사람, 버려야 할 사람, 상종 못할 사람이라는 의미가 더 강하게 담겨 있다고 하겠다.

# 憑途侵倭 鮮明聯盟

**밝을 선, 나라 이름 선**

선鮮은 물고기, 생선 등의 뜻이 있는 어魚 변에 양 양羊을 더한 문자로, 생선生魚, 새新, 밝다明, 좋다善, 조촐하다潔, 적다小, 나라 이름國名朝鮮 등의 뜻이 있다. 그러므로 물고기魚나 양羊은 살아 있는 것이 곱고 좋다는 의미에서 선鮮으로 상형象形을 하였다고 하겠다.

**밝을 명, 나라 이름 명**

명明은 날 일日 변에 달 월月을 더한 문자로, 밝다光, 照, 날래다夜明, 나타나다著, 밝히다顯, 희다白, 분별하다辨, 살피다察名, 총명하다聰, 확실하다確, 보다視, 낮晝, 깨닫다曉, 통하다通, 나라 이름國名 등의 뜻이 있다. 그러므로 세상에서 가장 밝은 것은 해日와 달月이란 의미에서 명明으로 상형을 하였다고 하겠다.

**연할　련**

련聯은 귀 이耳 변에 북에 실을 꿸 관絲을 더한 문자로, 연하다相繼不絕, 연잇다相繼不絕, 관계하다關聯 등의 뜻이 있으며, 관絲은 어릴 요幺 부수에 있다.

**맹세　맹**

맹盟은 그릇 명皿 위에 밝을 명明을 더한 문자로, 맹세하다約誓信, 歃牲, 믿다信 등의 뜻이 있다. 연맹聯盟이란 공동 목적을 가지고 다수多數인이 함께 행동할 것을 맹약盟約하는 일, 또는 그 조직체를 가리킨다.

왜倭가 가도정명假道征明, 즉 명明나라를 치는 길을 빌려줄 것을 빙자憑藉하여 조선을 침략하니, 조선朝鮮과 명明나라는 굳게 연맹聯盟하여 왜倭를 격퇴擊退하였다. 여기서 선鮮과 명明은 위의 새김 외에 나라 이름國名으로 풀이를 해야 한다.

**베풀     선**

선宣은 움집 면宀 안에 베풀 선亘을 더한 문자로, 베풀다布, 펴다弘, 흩어 지다弘, 뵙다示, 밝다明, 일찍 세다早白宣髮, 통하다通 등의 뜻이 있으며, 선亘은 두 이二 부수에 날 일日을 더한 문자이다.

**위엄     위**

위威는 여자 녀女 부수에 개犬, 지지地支, 때려 부수다破 등의 뜻이 있는 술戌을 더한 문자로, 위엄尊嚴, 거동儀 등의 뜻이 있다. 그러므로 위威는 여자女가 개戌를 데리고 있는 문자라고 하겠다. 술戌은 창 과戈 부수로, 천간 무戊 안에 한 일一을 더한 문자이고, 술戌과 닮은 수戍는 창 과戈 부수로, 천간 무戊 안에 표할 주丶를 더한 문자이며 수 자리守邊, 막다 등의 뜻이 있다.

**모래     사**

사沙는 물 수氵 변에 적을 소多少를 더한 문자로, 모래疏土水散石, 바닷 가海邊, 수 이름數名十鹿 등의 뜻이 있다. 이처럼 모래란 물이 빠진 흙이 없는 바닷가에 깔린 잔돌들을 의미하여 사沙로 상형을 하였으나, 그래도 설명이 미흡함으로 다시 '잔돌'이라는 의미에서 소석少石, 즉 사砂로 상형을 하였다고 하겠다. 사砂는 돌 석石 변에 적을 소少를 더한 문자로, 모래沙, 주사丹砂, 辰砂, 약 이름藥名, 縮砂, 硼砂 등의 뜻이 있다. 소少는 작을 소小 아래에 삐침 별丿을 더한 문자이다.

**아득할     막**

막漠은 물 수氵 변에 말 막莫을 더한 문자로, 아득하다廣大漠漠, 맑다淸, 사막磧鹵沙漠, 고요하다恬靜淡漠 등의 뜻이 있으며, 막莫은 풀 초艹 아래에 말할 왈日과 큰 대大를 더한 문자이다. 사막沙漠이란 까마득하고 크고 넓은 불모不毛의 모래벌판을 가리킨다.

# 宣威砂漠 馳譽麒麟

**달릴　치**

치馳는 말 마馬 변에 말 이을 야也를 더한 문자로, 달리다疾驅馳鶩, 거동하는 길御路馳道, 전하다傳達 등의 뜻이 있다. 즉 치馳는 마야馬也를 합쳐 놓은 문자이므로, '말이다' 라는 문자라고 하겠다. 그러므로 치馳는 '달리는 것은 바로 말이다' 라는 의미에서 상형象形한 문자라고 하겠다. 야也는 새 을乙 변으로, 앞의 말을 도와주는 말이다.

**칭찬할　예**

예譽는 말씀 언言 변에 더불어 여與를 더한 문자로, 기리다稱, 聲美, 칭찬하다聲美, 이름나다令聞, 즐겁다樂 등의 뜻이 있다. 예譽는 이웃을 말言로라도 기리고, 칭찬하고, 즐겁게 하고, 이름나게 해주는 방법이 곧 이웃과 더불어與 세상을 사는 지혜임을 가르쳐주는 문자라고 하겠다. 이는 앞에서도 한 차례 설명이 있었지만 여與에는 더불어以也共爲, 좋아하다善, 화하다和, 참여하다參與, 干 등의 뜻이 있는 까닭이다. 그러므로 예譽는 수단手段이며, 여與는 목적目的이라고 하겠다.

**기린　기**

기麒는 사슴 록鹿 변에 그 기其를 더한 문자로, 기린仁獸麒麟의 뜻이 있으며, 기其는 여덟 팔八 위에 달 감甘, 그 아래에 한 일一을 더한 문자이다.

**기린　린**

린麟은 사슴 록鹿 변에 어기어질 천舛, 그 위에에 쌀 미米를 더한 문자로, 기린仁獸毛蟲長의 뜻이 있다. 옛날 동양인東洋人들이 상상想像했던 기린麒麟과 비슷한 동물이 현재 아프리카 등지에서 살고 있다고 하여 기린麒麟이라는 이름을 붙여 부르고 있지만, 아주 엄격한 의미에서는 옛날 동양 사람들이 생각했던 기린과 현재 아프리카 등지에 사는 기린은 다른 동물이다. 즉 동양 사람들이 상상想像했던 기린은 생명이 있는 동물은 절대 먹지도 밟지도 않는 어진 동물로써 다만 성인聖人이 세상에 나올 전조前兆로만 나타나는 상서로운 동물이었던 까닭이다.

　위엄이 사막에까지 떨쳤으므로 이를 후세에 전하려고 초상을 기린각麒麟閣에 거니, 그 명예는 생전 뿐만 아니라 죽은 뒤에도 미친다고 하겠다.

| | |
|---|---|
| **吐**<br><br>펼 토 | 토吐는 입 구口 변에 흙 토土를 더한 문자로, 토하다口歐, 펴다出, 舒, 게우다吐出物, 나오다吐露 등의 뜻이 있다. 그러므로 토吐는 게울 때 땅에다 입을 댄다는 의미에서의 상형이다. 여기서 토吐는 토함산吐含山을 가리킨다. |
| **龍**<br><br>용 룡 | 룡龍은 하나의 부수로, 룡龍으로 발음을 할 때는 용神靈動物, 임금님龍顔, 龍袍, 별 이름星名, 말 이름 등의 뜻이 있으며, 롱龍으로 발음을 할 때는 둔덕田中高處이란 뜻이 있으며, 방龍으로 발음을 할 때는 잿빛黑白雜色이란 뜻이 있다. 만약 룡龍을 억지로 파자破字한다면, 입월복기삼효月卜己三을 더한 문자라고 하겠다. 그러나 여기서 룡龍은 계룡산鷄龍山을 가리키며, 계룡산은 두계신룡지산頭鷄身龍之山의 준말이다. 즉 고인古人들이 계룡산을 보기에 머리는 닭의 머리처럼 생겼고, 몸은 용의 몸뚱이처럼 생겼다고 하여 붙여진 이름이라고 하겠다. |
| **智**<br><br>지혜 지 | 지智는 날 일日 위에 깨달을覺 지知를 더한 문자로, 지혜心有所知知有所솜, 사리에 밝다聰名 등의 뜻이 있다. 지知는 일日하는 사람은 지혜智로운 사람이란 의미가 있다. 즉 일日에는 날日이나 낮晝이란 의미가 있으므로 지자智者는 날日日로 지知, 곧 지知를 더욱더 밝게日 하는 자라는 의미도 있으며, 지知는 살 시矢 변에 입 구口를 더한 문자이다. 여기서 지智는 지리산智異山을 가리킨다. |
| **太**<br><br>클 태 | 태太는 큰 대大에 표할 주、를 더한 문자로, 크다大, 심하다甚, 처음最初, 굵다細之對, 콩菽 등의 뜻이 있다. 이미 한 차례 언급하였듯이 대부분의 한자는 우리의 선조께서 제자制字하였으나, 다만 근거가 부족할 뿐이라고 하였다. 태太는 대大자의 의미가 몹시 크다는 의미로는 미흡하다고 생각했던 선조께서 제자制字한 문자라고 하겠다. 여기서 태太는 태백산太白山을 가리킨다. |

# 吐龍智太 禪主暫壇

**터 닦을　선**

선禪은 바칠 시示 변에 홑 단單을 더한 문자로, 전위하다傳位, 터 닦다除地封禪, 고요하다靜, 중僧 등의 뜻이 있으며, 단單은 입 구口 변에 있다. 여기서 선禪은 봉선封禪의 준말이므로, 땅을 판판하게 닦고 깨끗이하여 산천의 신에게 지내는 제사를 가리킨다.

**주인 주, 임금 주**

주主는 표할 주ヽ 아래에 임금 왕王을 더한 문자로, 주인賓之對, 임금君, 거느리다領, 임금님의 딸公主 등의 뜻이 있으며, 왕王은 구슬 옥玉 부수에 있다. 여기서 주主는 주군主君을 가리키는 말이며, 주군主君은 우리말로 임금을 가리킨다.

**해자　참**

참塹은 흙 토土 위에 베이다截, 끊다截, 목 베다斷首, 죽이다殺, 거상 옷斬衰 등의 뜻이 있는 참斬을 더한 문자로, 구덩이坑, 해자遶城水 등의 뜻이 있으며, 참斬은 근 근斤 변에 수레 거車를 더한 문자이다. 이처럼 참塹은 해자垓字의 다른 말로서, 요성수遶城水를 가리킨다. 즉 성城을 밖으로 깊게 둘러 파서 물을 가둔 못을 가리키는 말이다.

**제터　단**

단壇은 흙 토土 변에 믿을信 단亶을 더한 문자로, 제터壇, 祀場, 단封土 등의 뜻이 있고, 단亶은 뜻 없는 토 두亠 아래에 돌아올返 회回와 아침朝 단旦을 더한 문자이다. 여기서 참단塹壇이란 참성단塹城壇의 준말이다.

---

신라의 오악五嶽은 토함산吐含山, 계룡산鷄龍山, 지리산智異山, 태백산太白山과 부악父岳(팔공산)이며, 임금이 봉선封禪하는 곳은 참성단塹城壇이다. 예로부터 오악五嶽은 국가의 성산聖山으로, 나라를 수호守護하는 신神이 있다고 믿어 하늘에 제사를 지내왔는데, 도읍都邑을 중심으로 동, 서, 남, 북 및 중앙 지역에 이름난 다섯 개의 산을 가리켰으므로 시대마다 달랐다. 고려의 오악은 덕적산德積山, 백악白岳, 목멱산木覓山(남산)이며, 조선의 오악은 백두산, 금강산, 묘향산, 지리산, 삼각산(북한산)을 가리켰다. 특히 백두산은 예로부터 우리 민족에 신앙의 대상인 종주산宗主山으로, 조선 영조 때는 망덕산望德山에 백두산의 단壇을 만들고 망제望祭를 지내기도 하였다.

| | |
|---|---|
| 雁<br>기러기 안 | 안雁은 새 추隹 부수로, 언덕 엄厂 안에 사람 인亻 두 개를 더한 문자로, 기러기隨陽鳥를 뜻하며, 안雁·음音과 훈訓이 같은 안鴈은 새 조鳥 부수로 언덕 엄厂 안에 사람 인亻을 한 문자이다. 안雁의 새 추隹는 꼬리가 짧은 새를 뜻하며, 안鴈의 새 조鳥는 우족羽族의 총칭總稱이다. 안鴈에서 사람 인亻이 빠져도 안雁과 음音·훈訓이 같다. 안鴈은 기러기隹 = 鳥가 산기슭 厂 위 하늘에서 사람 인人자를 그리며 나는 새의 모습을 상형象形한 문자라고 하겠다. |
| 門<br>문 문 | 문門은 하나의 부수로, 문兩戶象形, 집家, 집안家族一門, 가문門閥, 무리輩, 길其道門外漢 등의 뜻이 있다. |
| 紫<br>붉을 자 | 자紫는 실 사糸 위에 이 차此를 더한 문자로, 검붉다北方黑赤間色, 자주빛黑赤間色 등의 뜻이 있으며, 차此는 그칠 지止 변에 비수 비匕를 더한 문자이니, 마치 비수匕首를 들이대고 꼼짝 말라는 문자 같다. |
| 塞<br>변방 새 | 새塞는 흙 토土 위에 틈隙 하寒를 더한 문자로, 새塞로 발음을 할 때는 변방邊界紫塞, 희롱거리다, 주사위 등의 뜻이 있으며, 색塞으로 발음을 할 때는 막다室, 차다滿, 채우다滿, 막히다危險 등의 뜻이 있다. 하寒는 움집 면宀 아래에 정일팔井一八을 더한 문자이다. 색塞과 닮은 한寒은 움집 면宀 아래에 정대빙井大冫을 더한 문자로, 차다 등의 뜻이 있다. |

# 雁門紫塞 鷄田赤城

| | |
|---|---|
| 계鷄는 새 조鳥 부수에 어찌何, 疑辭, 계집종女婢小奚, 큰 배大腹 등의 뜻이 있는 해奚를 더한 문자로, 닭知時畜翰音有五德을 가리킨다. 해奚는 큰 대大 부수에 발톱 조爫와 어릴 요幺를 더한 문자이다. | 닭 계 |

전田은 하나의 부수로, 밭耕地, 연잎 둥글둥글하다蓮葉貌, 북 이름鼓名, 수레 이름車名, 사냥하다獵, 논水田 등의 뜻이 있다.

밭 전

적赤은 하나의 부수로, 붉다南方色, 빨갛다南方色, 비다空盡無物, 과격不穩過激赤化, 금치根菜 등의 뜻이 있다.

붉을 적

성城은 흙 토土 변에 이룰 성成을 더한 문자로, 재축土城郭, 성축土城郭, 서울都邑, 보루堡壘 등의 뜻이 있으며, 성成은 전쟁戰爭 과戈 부수部首에 장정壯丁 정丁과 삐칠 별丿을 더한 문자이다. 지금은 전쟁을 해도 성城을 쌓지 않지만, 임진왜란 때만 해도 돌로 성을 쌓았다. 성城자를 상형한 아주 옛날에는 석성石城을 쌓지 못하고 토성土城을 쌓았으므로 흙으로 이루었다는 뜻에서, 즉 토성土成에서 성城자가 상형되었다고 하겠다.

잿 성

안문雁門은 기러기만 넘나드는, 아니 기러기도 넘나들지 못할 정도로 높게 멀리 이어져 있는 높은 산을 가리키며, 자새紫塞는 붉은 성곽城郭으로 우리나라의 천리장성을 가리킨다. 계림鷄林은 경주慶州에 있고, 적성赤城은 단양丹陽에 있다.

| | |
|---|---|
| **恭**<br>공경할 공 | 공恭은 밑 마음 심心 위에 한가지同 공共을 더한 문자로, 공경하다敬, 공손하다從和, 엄숙하다肅, 받들다奉 등의 뜻이 있으며, 공共은 여덟 팔八 부수에 있다. 고인古人들은 세상에서 반드시 공경해야 할 대상으로 군사부君師父를 꼽았다. 지금은 국사부國師父라고 해야 할 것이다. 곧 우리가 함께 사는 우리나라와 스승님, 부모님은 반드시 소중所重하게 생각해서 공경해야 한다. 즉 공恭은 입 끝에서 혀로만 하는 것이 아니라, 온 마음心을 다해서 한결같이共 하여야 한다는 의미에서 상형된 문자라고 하겠다. |
| **儉**<br>검소할 검 | 검儉은 사람 인亻 변에 다咸 첨僉을 더한 문자로, 검소하다約, 적다小 등의 뜻이 있으며, 첨僉은 사람 인人 부수에 있다. |
| **楊**<br>버들 양 | 양楊은 나무 목木 변에 빛날 양昜을 더한 문자로, 버들蒲柳白楊, 회양목, 왕 버들葉長青楊, 사시나무 등의 뜻이 있다. 양昜은 날 일日 아래, 한 일一과 말 물勿을 더한 문자로, 볕 양陽의 고자古字이다. |
| **里**<br>마을 리 | 리里는 하나의 부수로, 마을村里, 근심하다憂, 잇수路程 등의 뜻이 있다. |

# 恭儉楊里 義林茅山

옳을 의

의義는 양 양羊 아래에 나自謂己身 아我를 더한 문자로, 옳다由仁得宜, 의리義理, 뜻意味 등의 뜻이 있으며, 아我는 창 과戈 부수에 있다.

수풀 림

림林은 나무 목木 변에 나무 목木을 더한 문자로, 수풀叢木, 떨기로 나다叢生, 성한 모양君, 盛貌, 별 이름將軍星名羽林, 산 이름綠林, 많이 있다多有之貌 등의 뜻이 있다.

띠 모

모茅는 풀 초艹 아래에 세모진 창 모矛를 더한 문자로, 띠菅, 표기前茅旌識 등의 뜻이 있으며, 모矛는 하나의 부수이다.

뫼 산

산山은 하나의 부수로, 뫼土聚高崂宣氣生萬物의 뜻이 있다.

공검지는 상주尙州에 있고, 의림지는 제천堤川에 있다. 공검지恭儉池는 경북 상주시尙州市 공검면恭儉面 양정리楊亭里에 있는 못으로, 삼한三韓과 가야伽倻시대로부터 관개용 저수지로 이용되었으며, 의림지義林池는 신라 진흥왕 때 충북 제천시 모산동茅山洞에 조성된 못이다.

**빌 광**

광曠은 날 일日 변에 너르다澗, 넓다澗, 크다大, 넓이橫量, 동서東西 등의 뜻이 있는 광廣을 더한 문자로, 비다空, 멀다遠, 밝다明, 크다大, 오래다久, 광활하다澗, 遠, 미치다逮, 홀아비男性無室曠夫 등의 뜻이 있으며, 광廣은 바위의 집 엄厂 부수에 누를 황黃을 더한 문자이다.

**멀 요**

요遙는 뛸 착辶 부수에 '요罃로 발음을 할 때는 질병瓦器, 瓶의 뜻이 있으며, 유罃로 발음을 할 때는 독 그릇甕 등의 뜻이 있는 요罃를 더한 문자로, 멀다遠, 노닐다逍遙 등의 뜻이 있다. 요罃는 장군 부缶 부수에 있다.

**이어질 면**

면綿은 실 사糸 변에 비단 백帛을 더한 문자로, 솜纊, 얽다纏, 연하다連綿, 잘다細 등의 뜻이 있으며, 백帛은 수건 건巾 부수에 흰 백白을 더한 문자이다. 곧 백帛은 고치에서 내린 순백純白의 명주실로, 무늬 없이 짠 명주明紬를 가리킨다.

**멀 막**

막邈은 뛸 착辶 부수에 모양容儀 모貌를 더한 문자로, 멀다遠, 아득하다渺, 업신여기다輕視, 민망하다悶 등의 뜻이 있으며, 모貌는 발 없는 벌레無足蟲 치豸 변에 모양 모皃를 더한 문자이고, 모皃는 흰 백白 아래에 어진 사람 궤儿를 더한 문자로, 모貌와 동일同一한 문자이다.

# 曠遙綿邈 巖岫杳冥

바위 암

　암巖은 뫼 산山 아래에 엄할 엄嚴을 더한 문자로, 바위石窟, 험하다險, 높다峻, 대궐 곁채 결채嚴廊, 높은 모양高貌 등의 뜻이 있으며, 엄嚴은 입 구口 부수에 입口이 하나 더 있고, 언덕 岸 엄厂 자 안에 구태進取忽爲 감敢을 더한 문자이다.

뫼 뿌리 수

　수峀는 뫼 산山 아래에 말미암을 유由를 더한 문자로, 산 구멍山穴, 바위 구멍嵒穴 등의 뜻이 있다. 유由는 밭 전田 부수에 있다.

아득할 묘

　묘杳는 나무 목木 아래에 날 일日을 더한 문자로, 아득하다冥, 깊다深, 고요하다寂, 너그럽다寬 등의 뜻이 있다. 묘杳와 닮은 문자인 향香은 하나의 부수로, 향내 등의 뜻이 있으며, 행杏은 나무 목木 아래에 입 구口를 더한 문자로, 은행銀杏 등의 뜻이 있다.

어두울 명

　명冥은 덮을 멱冖 아래에 날 일日과 여섯 육六을 더한 문자로, 어둡다昏晦, 지식이 없다無知, 저승他界, 밤夜, 하늘天, 責冥, 어리석다愚, 물귀신水神玄冥 등의 뜻이 있으며, 일日은 하나의 부수이고, 육六은 여덟 팔八 위에 뜻 없는 토 두亠를 더한 문자이다.

산과 들이 아득하게 멀리 그리고 널리 줄지어 있고, 바위와 뫼 뿌리가 아득하게 펼쳐져 있다.

치治는 물 수氵 변에 기를 이台를 더한 문자로, 다스리다理, 가리다理, 치다攻, 효험理效, 비교하다校 등의 뜻이 있으며, 이台는 입 구口 위에 나 사厶를 더한 문자이다.

**다스릴　치**

본本은 나무 목木 아래에 한 일一을 더한 문자로, 밑草木根柢, 근본始, 옛 舊, 아래下, 장본豫後張本, 밑천資本, 정말眞正, 나본國我, 체법書畵法帖, 당 자본인當者, 이今, 책冊 등의 뜻이 있다.

**근본　본**

어於는 모 방方 변에 사람 인人, 그 아래에 첩첩의 부자符字를 더한 문자 로, 어於로 발음을 할 때는 어조사語助辭, 살다居, 거하다居, 가다往, 대신 하다代, 여기此, 땅 이름地名 등의 뜻이 있으며, 오於로 발음을 할 때는 탄 식하다歎辭, 호흡 다하다歎辭, 땅 이름地名 등의 뜻이 있다. 첩첩의 부자符 字란 표할 주丶 아래에 표할 주丶를 더한 문자로, 의미와 음은 없으나, 얼 음 빙冫 은 의미와 음音이 있고, 상형도 다르다.

**어조사　어**

농農은 별 진辰 위에 굽다不直屈曲, 곡절節目委曲, 곡조曲調, 가락曲調, 회포懷抱心曲, 향곡鄕里鄕曲 등의 뜻이 있는 곡曲을 더한 문자로, 농사耕種 闢土植穀, 힘쓰다勉 등의 뜻이 있으며, 곡曲은 가로 왈曰 부수에 있다. 즉 농農은 새벽에 별辰을 보고 농토田로 나가서 노래曲를 부르며 흥겹게 일 을 하다가 저녁에 별辰을 보고 돌아와야 한다는 의미에서 상형된 문자라 고 하겠다.

**농사　농**

治本於農 勤兹稼穡

**부지런할 근**

근勤은 힘 력力 부수에 노란 진흙黃黏土, 때時, 조금僅, 진흙, 제비꽃, 흙 바르다塗 등의 뜻이 있는 근堇을 더한 문자로, 부지런하다勞力, 도탑다篤厚, 수고하다勤勞, 勤役 등의 뜻이 있으며, 근堇은 흙 토土 부수에 있다.

**이 자**

자兹는 풀 초艹 아래에 작을微 유玆를 더한 문자로, 돗자리蓐席, 거듭重, 이此, 초목 우거지다草木盛貌 등의 뜻이 있다. 자兹와 닮은 자玆는 검을 현玄 변에 검을 현玄을 더한 문자로, 자玆로 발음을 할 때는 이此, 흐리다濁 등의 뜻이 있고, 현玆으로 발음을 할 때는 검다黑, 그윽하고 멀다幽遠 등의 뜻이 있는 것이 서로 다르다.

**심을 가**

가稼는 벼 화禾 변에 집住居, 남편婦謂夫有家, 통한이專有長者, 용한이專有長者, 속가内家, 집안一門, 가문家門, 살림살이家計, 학파學派 등의 뜻이 있는 가家를 더한 문자로, 곡식을 심다種穀라는 뜻이 있으며, 가家는 움집 면宀에 돼지 시豕를 더한 문자이다. 이처럼 움집宀 안의 돼지豕로 상형한 것은 선사시대先史時代에는 사람과 돼지가 함께 살았던 탓이라고 한다.

**거둘 색**

색穡은 벼 화禾 변에 아끼다愛, 인색하다慳, 머무적거리다慳, 탐내다貪 등의 뜻이 있는 색嗇을 더한 문자로, 거두다農, 아끼다吝惜, 농사農穡 등의 뜻이 있다. 색嗇은 입 구口 부수에 있다.

다스리는 것은 농사를 짓는 것과 같다. 부지런하게 심고 거둬들이는 때를 놓치지 말아야 한다.

**俶** 비로소 숙, 지을 숙

숙俶은 사람 인亻 변에 아재비 숙叔을 더한 문자로, 비롯하다始, 착하다 善, 짓다作, 심하다甚 등의 뜻이 있다. 숙叔은 또 우又 변에 윗 상上, 그 아 래에 작을 소小를 더한 문자이다.

**載** 실을 재, 일 재

재載는 수레 거車 부수로, 싣다乘, 타다乘, 기록하다記, 비롯하다始, 가 득하다滿, 곧則, 일事, 받다受, 해年, 글書, 운전하다運, 이기다勝, 어조사 語助辭 등의 뜻이 있다.

**南** 남녘 남

남南은 열 십十 아래에 그물 망网과 열 십十을 더한 문자로, 남녘午方, 풍 류 이름樂名, 금金雙 등의 뜻이 있다.

**畝** 밭이랑 무

묘畝는 밭 전田 위에 뜻 없는 토 두亠 변과 오랜 구久를 더한 문자로, 본 래는 밭이랑田壟을 뜻하는 무畝자이나, 전답田畓의 면적 단위로 사용할 때는 묘畝로 읽는다. 1정(町 = 3,000평)은 10단段, 1단(段 = 300평)은 10묘 畝, 1묘(畝 = 30평)는 30보步, 1보(步 = 1평)는 사방四方 6척尺이다. 구久는 삐침 별丿 부수에 있다.

俶載南畝 我藝黍稷

나 아

아我는 창 과戈 부수로, 나自謂己身, 우리自謂己身, 이此, 이쪽此側, 고집 쓰다執 등의 뜻이 있다.

재주 예

예藝는 풀 초艹 아래에 심다樹種의 뜻이 있는 예埶, 그 아래에 이를 운云을 더한 문자로, 재주才能, 글文, 법法, 대중하다準, 심다種, 여섯 가지 재주禮樂射御書數六藝, 극진하다極 등의 뜻이 있다. 예埶는 흙 토土 부수로, 언덕高塦 륙坴에 둥글 환丸을 더한 문자이며, 육坴은 흙 토土 부수이고, 환丸은 표할 주丶부수에 아홉 구九를 더한 문자이며, 구九는 새 을乙 부수에 있다. 운云은 두 이二 부수에 나 사厶를 더한 문자이다.

감자 서

서薯는 풀 초艹 아래에 마을官舍 서署를 더한 문자로, 마薯藷藥名, 감자 등의 뜻이 있다. 서署는 그물 망罒 아래에 놈 자者를 더한 문자이며, 자者는 늙을 로耂 아래에 해 일日을 더한 문자이다.

기장 서

서黍는 하나의 부수로, 기장木屬粘者, 메기장 등의 뜻이 있다.

나는 양지바른 쪽에 밭을 일구어 감자와 수수 심는 일에 재주를 다하겠다.

| | |
|---|---|
| **熟**<br><br>익을　숙 | 숙熟은 불 화灬 위에 드리다獻, 흠향하다歆, 잔치宴 등의 뜻이 있는 향享과 둥글 환丸을 더한 문자로, 익다生之反, 흐물흐물하다深煮, 익히다食飪, 이루다成, 자세하다精審, 무르익다爛, 한참 동안頃久 등의 뜻이 있다. 향享은 뜻 없는 토 두亠 아래에 입 구口와 아들 자子를 더한 문자이며, 환丸은 표할 주丶에 아홉 구九를 더한 문자이며, 구九는 새 을乙 부수에 있다. |
| **穫**<br><br>곡식 거둘　확 | 확穫은 벼 화禾 변에 재다度, 자尺 등의 뜻이 있는 약蒦을 더한 문자로, 곡식 거두다刈穀, 곤박하다困迫隕穫, 땅 이름地名 등의 뜻이 있으며, 약蒦은 풀초艹 아래에 새 추隹와 또 우又를 더한 문자이다. 확穫과 닮은 획獲은 개 견犭변에 잴 약蒦을 더한 문자로 획獲으로 발음을 할 때는 얻다取得, 노비奴婢藏獲 등의 뜻이 있으며, 확獲으로 발음을 할 때는 실심하다失志隕穫, 곤박하다困迫 등의 뜻이 있다. 획擭은 손 수扌 변에 잴 약蒦을 더한 문자로, 획擭으로 발음을 할 때는 잡다手取의 뜻이 있고, 확擭으로 발음을 할 때는 덫捕獸의 뜻이 있으며 화擭로 발음을 할 때는 함정檻의 뜻이 있는 것이 서로 다르다. |
| **貢**<br><br>바칠　공 | 공貢은 조개 패貝 위에 장인 공工을 더한 문자로, 바치다獻, 세 바치다稅 등의 뜻이 있다. |
| **稅**<br><br>징수할　세 | 세稅는 벼 화禾 변에 기꺼울 태兌를 더한 문자로, 세稅로 발음을 할 때는 부세租, 구실租, 거두다斂, 놓다捨, 버리다捨, 쉬다休息 등의 뜻이 있고, 태稅로 발음을 할 때는 추복을 입다追服는 뜻이 있으며, 탈稅로 발음을 할 때는 풀다解, 끄르다解 등의 뜻이 있다. 태兌는 어진 사람 궤儿 부수에 여덟 팔八과 입 구口를 더한 문자이므로 팔八 밑에 형兄이니, 팔형八兄이 맞는다고 하겠다. 그러므로 공세貢稅란 조세租稅로 국가나 지방 자치 단체가 필요한 경비로 쓰려고 국민으로부터 강제로 징수하는 국가의 수입을 가리킨다. |

# 熟穫貢稅 勸賞黜陟

| | |
|---|---|
| <br>권할　권 | 　권勸은 힘 력力 부수로, 힘쓰다勉誘, 돕다助, 힘껏 하다力行, 순종하다力行 등의 뜻이 있다. |
| <br>상줄　상 | 　상賞은 조개 패貝 부수로, 상주다賜有功, 구경하다玩, 아름답다嘉, 칭찬하다稱美 등의 뜻이 있다. 그러므로 권상勸賞이란 상품賞品을 주어 장려한다는 말이다. |
| <br>물리칠　출 | 　출黜은 검을 흑黑 변에 나갈 출朏을 더한 문자로, 내리치다貶黜, 물리치다擯斥 등의 뜻이 있으며, 출朏은 입 벌린 감凵 위에 움날 철屮을 더한 문자이다. |
| 陟<br><br>오를　척 | 　척陟은 언덕 부阝 변에 걸음 보步를 더한 문자로, 나가다進, 오르다登 등의 뜻이 있으며, 보步는 그칠 지止 부수에 있다. 그러므로 출척黜陟이란 못된 이를 내쫓고 착한 이를 올려 쓴다는 의미가 있다. |

　곡식이 익으면 수확收穫을 하고 세금을 바치니, 이를 권장勸獎해서 부지런하게 일한 농민은 상을 주고 게으른 농민은 출척黜陟시킨다.

| | |
|---|---|
| 夢<br><br>꿈 몽, 상상할 몽 | 몽夢은 밤 석夕 위에 덮을 멱冖과 풀 초艹, 그물 망罒을 더한 문자로, 꿈 寐中神遊, 밝지 못하다不明夢夢, 상상하다想像, 환상幻想 등의 뜻이 있다. 물론 꿈에는 태몽胎夢도 있고, 요즘에는 로또에 당첨되는 꿈도 있고, 또 꿈을 꿔야 출세도 할 수가 있다고 하나, 본래 꿈을 의미하는 몽夢은 미몽 迷夢으로 꿈은 덧없음을 상형한 문자라고 하겠다. 즉 몽夢은 밤夕을 덮고 冖, 또 그물罒도 치고, 다시 풀艹로 더 덮은 모습을 상형한 문자라고 하겠 다. |
| 周<br><br>두를 주 | 주周는 입 구口 부수로, 두르다匝, 주밀하다密, 미쁘다忠信, 구하다求助, 구부러지다曲折, 나라 이름國名, 두루하다徧 등의 뜻이 있다. 즉 주周의 속 은 입 구口 위에 흙 토土를 더하였으나 길할 길吉자는 아니며, 주위를 둘 러싼 것은 멀 경冂 같으나 언덕 엄厂에 갈구리 궐亅을 더한 것이다. 주周는 입口을 흙土 속에 깊이 묻는다는 의미의 상형으로 보인다. |
| 敦<br><br>도타울 돈 | 돈敦은 칠 복攵 변에 드릴 향享을 더한 문자로, 돈敦으로 발음을 할 때는 도 탑다厚, 근면하다勉, 크다大, 성내다怒, 꾸짖다詆, 누가 어찌할 고하다誰何, 핍 박하다迫, 흐리멍텅하다不慧渾敦, 세우다竪, 해 이름歲名, 困敦, 땅 이름地名 등 의 뜻이 있고, 퇴敦로 발음을 할 때는 성내다怒, 쪼다琢, 모다聚, 끊다斷, 다스 리다治, 홀로 있는 모양獨處貌, 군사 뒤軍後 등의 뜻이 있고, 대敦로 발음을 할 때는 옥쟁반槃類玉敦의 뜻이 있고, 단敦으로 발음을 할 때는 모이다聚의 뜻이 있고, 조敦로 발음을 할 때는 아로새기다琢敦, 그림 그린 활畵弓 등의 뜻이 있 다. 향享은 뜻 없는 토 두亠 아래에 입 구口와 아들 자子를 더한 문자이다. |
| 導<br><br>인도할 도 | 도導는 헤아릴 촌寸 위에 이치理致, 혹은 도리道理＝仁義忠孝之德義의 도 道를 더한 문자로, 인도하다引, 다스리다治, 통하다通, 열다啓迪 등의 뜻이 있다. 도道는 책받침辶에 머리 수首를 더한 문자이며, 수首는 하나의 부수 이다. |

# 夢周敦導 石潭師任

돌 석

석石은 하나의 부수部首로, 돌山骨土精氣核, 단단하다心如鐵石, 섬量名十斗, 저울衡名百二十斤, 경쇠, 돌 던지다投石 등의 뜻이 있다.

깊을 담, 못 담

담潭은 삼 수水 변에 미치다及, 뻗다延, 퍼다布, 길다長, 깊고 넓다淡廣 등의 뜻이 있는 담覃을 더한 문자로, 깊다深, 연못淵, 소淵, 물가岸 등의 뜻이 있다. 담覃은 서녘日入方位, 수박西瓜, 서양西洋 등의 뜻이 있는 서西 변에 일찍 조早를 더한 문자이며, 서西는 덮을 아襾 부수에 있으며, 조早는 날 일日 아래에 열 십十을 더한 문자이다.

스승 사

사師는 수건 건巾 부수로, 스승敎人以道, 선생님敎人以道, 어른長, 군사旅軍, 법法, 뭇衆, 장한 이師表, 괘 이름卦名, 벼슬 이름官名, 신 이름神名 등의 뜻이 있다. 사師와 닮은 수帥도 수건 건巾 부수로, 수帥로 발음을 할 때는 주장하다王, 장수將帥 등의 뜻이 있고, 솔帥로 발음을 할 때는 거느리다領兵, 쫓다循, 遵 등의 뜻이 있다.

任

맡을 임

임任은 사람 인亻 변에 클大 임壬을 더한 문자로, 맡다保, 믿다相信, 성姓, 견디다堪, 담임하다負擔, 쓰다用, 일事, 능하다克 등의 뜻이 있으며, 임壬은 선비 사士 위에 삐친丿引之 별丿을 더한 문자이다.

정몽주는 어머니의 가르침으로 바탕이 돈독해졌으며, 신申 사임당師任堂은 석담石潭의 어머니이시다. 석담石潭은 율곡栗谷 이이李珥의 또 다른 호號이다. 어머니의 가르침이 있었던 포은圃隱 정몽주는 바탕이 돈독해졌으며, 석담石潭 이이李珥도 어머니 신申 사임당師任堂이 계셨기 때문에 훌륭하신 어른이 되셨다. 위인偉人에게는 훌륭하신 어머니가 있으며, 훌륭하신 어머니에게 못난 자식은 없다는 말이다.

| | |
|---|---|
| 庶<br><br>여러　서 | 서庶는 바위 집 엄广 부수로, 뭇衆, 무리衆, 거의近辭庶幾, 바라다冀, 백성人民, 많다多, 서자嫡庶 등의 뜻이 있다. |
| 幾<br><br>몇　기 | 기幾는 작을 요幺 부수로, 작을微 유幺幺 아래에 수 자리守邊 수戍를 더한 문자로, 얼마多少如何, 몇多少如何, 얼마 못되다物無多無幾, 작다微, 자못殆, 가깝다近, 위태하다危, 기약하다期, 거의尙, 庶幾, 살피다察 등의 뜻이 있으며, 수戍는 창 과戈 부수로, 천간 무戊에 표할 주丶를 더한 문자이다. 서기庶幾란 거의, 어느 한도에 매우 가까운 정도를 가리킨다. |
| 中<br><br>가운데　중 | 중中은 위아래로 통할上下相通 곤丨으로 입 구口를 꿴 문자로, 가운데四方之央, 안쪽內, 마음心, 맞이하다至的, 바르다正德 등의 뜻이 있다. |
| 庸<br><br>떳떳　용 | 용庸은 바위 집 엄广 부수로, 떳떳하다常, 항상常, 쓰다用, 용렬하다愚, 凡庸, 어찌豈, 화하다和, 물도랑溝, 水庸, 부세賦法租庸, 공功, 수고롭다勞, 부용小城附庸 등의 뜻이 있다. 중용中庸은 어느 쪽으로든지 치우치거나 과불급過不及이 없이 중정中正함을 가리킨다. |

# 庶幾中庸 勞謙謹勅

| | |
|---|---|
|  힘쓸 로 | 로勞는 힘쓸 력力위에 덮을 멱冖, 그 위에 불火을 밝게 짚인 문자로, 부지런하다勤, 공로功, 위로하다慰, 수고롭다慰, 고단하다苦役, 근심하다憂 등의 뜻이 있다. |
|  겸손 겸 | 겸謙은 말씀 언言 변에 겸할 겸兼을 더한 문자로, 사양하다讓, 겸손하다致恭不自慢, 괘 이름卦名 등의 뜻이 있다. 겸兼은 여덟 팔八 부수에 있다. |
|  삼갈 근 | 근謹은 말씀 언言 변에 노란 진흙 근堇을 더한 문자로, 삼가다愼, 공경하다敬, 오로지專 등의 뜻이 있으며, 근堇은 흙 토土 부수에 있다. |
| 勅 칙서 칙 | 칙勅은 힘 력力 변에 묶을 속束을 더한 문자로, 신칙하다誡, 칙령天子制書 등의 뜻이 있다. 신칙申飭이란 단단히 타일러 경계한다는 말이다. |

중용中庸을 해야 한다. 거의 비슷하게라도 중용을 해야 한다. 겸손하고, 삼가고, 신칙中庸에 힘쓰면 바로 중용中庸의 도道에 이른다.

| | |
|---|---|
|  들을 령 | 령聆은 귀 이耳 변에 하여금 령令을 더한 문자로, 듣다以耳取聲聽, 깨닫다曉 등의 뜻이 있으며, 령令은 사람 인人 부수에 있다. |
|  소리 성 | 성聲은 귀 이耳 변 위에 소리 성殸을 더한 문자로, 소리音, 소리 들리다聲教, 기리다名譽, 풍류樂 등의 뜻이 있으며, 성殸은 성聲의 고자古字로, 칠 수殳 변에 소리 성声을 더한 문자이며, 성声은 성聲의 속자俗字로, 선비 사士 아래 주검 시尸와 비슷한 문자를 더한 문자이다. |
| 察 살필 찰 | 찰察은 움집 면宀 아래에 제사 제祭를 더한 문자로, 살피다監, 상고하다考, 깨끗하다潔貌, 편벽되게 보다偏見苛察, 알다知, 밝히다明, 보다觀 등의 뜻이 있으며, 제祭는 바칠 시示 변에 있다. |
| 視 볼 시 | 시視는 볼 견見 부수에 볼 시示를 더한 문자로, 보다瞻, 견주다比, 본받다效, 대접하다看待 등의 뜻이 있다. |

# 聆聲察視 鑑貌辨色

**거울 감, 비칠 감**

감鑑은 쇠 금金 변에 볼 감監을 더한 문자로, 거울鏡, 본뜨다模範, 경계하다誡, 밝다明, 비치다照 등의 뜻이 있으며, 감監은 그릇 명皿 부수에 있다.

**모양 모**

모貌는 발 없는 벌레無足蟲, 신령하다神羊獬豸, 풀다解 등의 뜻이 있는 치豸변에 흰 백白, 그 아래에 어진 사람 궤儿을 더한 문자로, 모양容儀, 꼴容儀, 모뜨다描畵, 멀다遠 등의 뜻이 있다.

**분별 변, 갖출 변**

변辨은 매울 신辛 변에 칼 도刂를 더하고, 다시 매울 신辛을 더한 문자로, 판단하다判, 분별하다別, 구별하다區別, 아홉 갈피井地九天爲辨, 갖추다具 등의 뜻이 있다. 즉 변辨은 단순하게 판단을 하는 것이 아니라, 맵다, 고생辛苦, 혹독하다苛酷 등의 뜻이 있는 신辛을 거듭 두 개씩 더하고 칼刂을 세워서 내려쳤으므로 분별이 명확하고 판단이 명쾌해야 함을 가리킨다고 하겠다.

**빛 색, 기색 색**

색色은 하나의 부수로, 빛五彩, 낯顔氣, 기색顔氣, 예쁜 여자美女, 물건 구하다求物色, 모양行色, 놀라다驚, 핏대 올리다怒, 作色 등의 뜻이 있다. 색즉시공色卽是空이란 반야경에 있는 말로써, 만물이란 모두 인연의 소생所生으로서 그 본성本性은 실유實有한 것이 아니므로 공空이라고 하는 말이며, 실유實有란 삼라만상은 공空임에도 중생의 미망迷妄한 정으로 실재實在라고 하는 일을 가리킨다.

소리도 듣고, 모양도 보고 살펴라. 모양과 거동으로 그 마음속을 분별할 수 있다. 기색이란 희노애락喜怒哀樂, 감정의 작용이 얼굴에 나타나는 기분과 얼굴색을 뜻한다.

| 貽<br>끼칠　이 | 이貽는 조개 패貝 변에 기를養 이台를 더한 문자로, 끼치다遺, 주다貺 등의 뜻이 있으며, 이台는 입 구口 위에 나我 사厶를 더한 문자이다. |
|---|---|
| 厥<br>그 궐, 그것 궐 | 궐厥은 언덕 엄厂 부수에 숨찰逆氣 궐欮을 더한 문자로, 그其, 助, 그것其, 助, 짧다短, 나라 이름蕃國突厥 등의 뜻이 있으며, 궐欮은 하품할 흠欠 부수에 거스리다逆, 갈래 진창又戕 등의 뜻이 있는 역屰을 한 문자이며, 역屰은 움날 철屮 부수에 있다. |
| 嘉<br>아름다울　가 | 가嘉는 입 구口 부수로, 아름답다美, 착하다善, 즐겁다樂, 기껍다慶, 맛있다味 등의 뜻이 있다. 그러나 가嘉의 파자破字는 힘 력力에 기쁠 희喜를 더한 문자이므로, 이는 가嘉의 의미대로 아름다움과 착함과 즐거움과 기꺼움과 맛이 있는 음식은 기쁘게喜 일을力 하였을 때만 얻을 수 있다고 하는 의미에서 상형된 문자라고 하겠다. |
| 猷<br>꾀유, 길유 | 유猷는 큰 개 견犬 변에 두목 추酋를 더한 문자로, 꾀謀, 그리다圖, 길道, 옳다可, 같다若, 탄식하다歎辭 등의 뜻이 있으며, 추酋는 닭이 유酉 위에 여덟 팔八을 더한 문자이다. |

# 貽厥嘉猷 勉其祗植

면勉은 힘 력力 변에 벗다脫, 면하다脫, 피하다避, 해산하다娩 등의 뜻이 있는 면免을 더한 문자로, 힘쓰다勖, 부지런하다勤, 강인하다强, 장려하다强 등의 뜻이 있으며, 면免은 어진 사람 궤几 부수에 있다. 곧 힘쓴다, 부지런하다는 것은 어떤 불리不利함을 면하거나 벗어나고자 동분서주東奔西走하며 움직이는 모습이라는 뜻에서 면勉으로 상형을 하였다고 하겠다. 즉 부지런하다는 것은 바로 이 정도는 되어야 한다는 의미가 있다고 하겠다.

힘쓸    면

기其는 여덟 팔八 위에 달 감甘, 그 아래에 한 일一을 더한 문자로, 어조사語助辭, 그것指物辭, 땅 이름地名, 토씨助詞 등의 뜻이 있다.

그    기

지祗는 바칠 시示 변에 근본本, 이르다氐, 오랑캐西羌, 별 이름星名, 천하다賤 등의 뜻이 있는 저氐를 더한 문자로, 공경하다敬, 삼가다謹 등의 뜻이 있으며, 저氐는 성씨氏族 씨氏 아래에 한 일一을 더한 문자이다.

공경    지

식植은 나무 목木 변에 곧을 직直을 더한 문자로, 식植으로 발음을 할 때는 심다栽, 세우다樹立, 두다置, 초목草木 등의 뜻이 있고, 치植로 발음을 할 때는 방망이椎, 세우다立, 심다種, 의지하다倚, 줄기枝榦, 달굿대枝幹築城楨, 두목將領主帥之稱 등의 뜻이 있다. 직直은 눈 목目 부수로, 위에 열十이 있고, 아래에 하나 일一을 더한 문자이니, 눈은 열 번을 보아도 한결같다는 의미가 있다고 하겠다.

심을    식

---

아름다운 도道 = 猷를 끼쳐서 자손에게 착한 마음을 심어주는데 힘써라. 여기서 끼친다는 말의 의미는 옳은 도리를 지키고, 착함을 베풀어 자손에게 모범이 되어야 한다고 이르는 말이다.

省
살필 성, 덜 생

성省은 눈 목目 위에 젊을 소少를 더한 문자로, 성省으로 발음을 할 때는 시찰하다視, 살피다察, 審 등의 뜻이 있고, 생省으로 발음을 할 때는 덜다 簡少, 생략하다省略, 아끼다嗇, 인색하다吝嗇, 대궐 안 마을禁署 등의 뜻이 있으며, 소少는 작을 소小 아래에 삐침 별ノ을 더한 문자이다.

躬
몸 궁

궁躬은 몸 신身 변에 활 궁弓을 더한 문자로, 몸身, 몸소親, 몸소 행하다 親行 등의 뜻이 있으며, 궁弓은 하나의 부수이다.

譏
나무랄 기

기譏는 말씀 언言 변에 얼마多少如何 기幾를 더한 문자로 나무라다誹, 꾸 짖다誚, 엿보다何察 등의 뜻이 있으며, 기幾는 작을 요幺 부수로 작을微 유絲 아래에 수 자리守邊 수戍를 더한 문자이다.

誡
경계 계

계誡는 말씀 언言 변에 경계하다警, 타이르다諭, 삼가다愼, 방비하다備, 고하다告, 조심하다肅然驚惕, 지키다守 등의 뜻이 있는 계戒를 더한 문자 로, 경계하다警敕辭, 고하다告, 명하다命 등의 뜻이 있으며, 계戒는 창 과 戈 부수에 있다.

省躬譏誡 寵增抗極

총寵은 움집 면宀 아래에 용 룡龍을 더한 문자로, 사랑하다愛, 임금의 총애를 받다君愛, 은혜恩, 영화롭다尊榮, 첩妾 등의 뜻이 있으며, 룡龍은 하나의 부수이다.

고일    총

증增은 흙 토土 변에 일찍曾 증曾을 더한 문자로, 더하다益, 加, 거듭重, 무리衆 등의 뜻이 있으며, 증曾은 가로 왈曰 부수이다.

더할    증

항抗은 손 수扌 변에 목頸, 높다高, 기둥棟, 겨루다敵, 가리다蔽 등의 뜻이 있는 항亢을 더한 문자로, 항거하다拒, 들다擧, 막다扞, 겨루다敵, 抗禮 등의 뜻이 있으며, 항亢은 뜻 없는 토 두亠 아래에 안석 궤几를 더한 문자이며, 궤几는 하나의 부수이다. 항抗과 닮은 갱坑은 흙 토土 변에 목 항亢을 더한 문자로, 빠지다陷, 묻다埋, 구덩이陂塹 등의 뜻이 있다.

저항할 항, 抗禮 항

극極은 나무 목木 변에 극亟으로 발음을 할 때는 빠르다疾, 급하다急 등의 뜻이 있으며, 기亟로 발음을 할 때는 자주頻數, 창졸간遽 등의 뜻이 있는 극亟을 더한 문자로, 가운데中, 지극하다至, 다하다盡, 궁진하다窮, 덩어리天地未分前, 별辰, 대마루棟, 한마루棟, 한끝方隅, 멀다遠, 마침終, 태극太極 등의 뜻이 있으며, 극亟은 두 이二 부수에 있다.

다할    극

나무랄 것이나 경계할 것이 있는가 몸을 살피고, 총애寵愛가 더할수록 교만抗 = 抗禮 = 驕慢하지 말아야 한다.

殆는 살 바른 뼈 알歹 변에 별 태台를 더한 문자로, 위태하다危, 거의幾, 가깝다近, 비로소始, 장차將 등의 뜻이 있으며, 태台는 입 구口 위에 나 사厶를 더한 문자이다.

위태 태, 장차 태

辱은 별 진辰 아래에 헤아릴 촌寸을 더한 문자로, 욕되다恥, 굽히다屈, 더럽히다汙, 욕하다僇 등의 뜻이 있다.

욕할　욕

近은 뛸 착辶 부수에 근 근斤을 더한 문자로, 가깝다不遠, 거의庶幾, 닮다似, 천하다通俗, 친척近親, 붙이다附, 가까이하다親 등의 뜻이 있다.

가까울　근

恥는 마음 심心 변에 귀 이耳를 더한 문자로, 부끄럽다慙, 욕되다辱 등의 뜻이 있다. 이처럼 恥는 부끄럽다는 뜻이 있다. 그러나 부끄럽다는 생각은 마음으로부터 우러나야 하는데, 사람이 아무리 부끄러운 짓을 했어도 양심良心의 소리를 듣지 못한다면 무슨 부끄럼이 있겠는가? 그러므로 아주 사소한 잘못이라도 마음에心 귀를耳 기울였을 때 비로소 부끄럼을 느낄 수 있다는 뜻에서 상형된 문자라고 하겠다. 이처럼 恥의 상형象形은 너무 절묘絶妙해서 절로 감탄사感歎詞가 튀어나온다고 하겠다.

부끄러울　치

殆辱近恥 森皐幸卽

**나무 빽 들어설 삼, 심을 삼**

삼森은 나무 목木 변에 수풀叢木 림林을 더한 문자로, 나무 빽 들어서다 木多貌, 심다植, 성하다盛 등의 뜻이 있으며, 림林은 나무 목木 변에 나무 목木을 더한 문자이다.

**언덕　고**

고皐는 흰 백白 부수로, 언덕岸, 늪澤, 못澤, 고하다告, 느즈러지다緩, 판局, 혼 부르다皐復, 높다高, 범의 가죽虎皮, 완만하다頑貌, 성姓, 부르다呼 등의 뜻이 있다.

**다행　행**

행幸은 방패 간干 부수로, 다행하다幸善稱, 바라다冀, 거동하다車駕所至, 요행하다非分得僥幸, 고이다寵 등의 뜻이 있다. 행幸과 닮은 행倖은 사람 인亻 변에 다행 행幸을 더한 문자로, 요행하다覬非望, 총애하다寵 등의 뜻이 있다.

**곧　즉**

즉卽은 몸기符卩示信, 병부符卩示信 등의 뜻이 있는 절卩 변에 향내 나다 香, 낟알一粒 등의 뜻이 있는 흡皀을 더한 문자로, 이제今, 곧今, 가깝다近, 다만只, 진작直視 등의 뜻이 있으며, 흡皀은 흰 백白 아래에 숟가락匙, 술 匙, 비수匕首 = 劍名 등의 뜻이 있는 비匕를 더한 문자이다.

---

욕辱된 일을 하면 머지않아 치욕恥辱이 올 것이니, 차라리 산(수풀)속에서라도 편히 지낼 수 있다면 다행多幸할 것이다.

致 이를 치

치致는 이를 지至 변에 뒤에 올後至 치夂를 더한 문자로, 이르다至, 극진하다極, 보내다送, 불러오다使之招致, 풍치趣, 風致 등의 뜻이 있다.

遠 멀 원

원遠은 뛸 착辶 부수에 옷 길 원袁을 더한 문자로, 멀다遙, 심오하다高奧, 깊다高奧, 멀리하다離, 遠之 등의 뜻이 있으며, 원袁은 옷 의衣 위에 흙 토土와 입 구口를 더한 문자이다.

巢 새집 소

소巢는 내 천巛 아래에 과실 과果를 더한 문자로, 새집鳥棲, 집을 짓다雀棲息, 도둑 굴賊窟, 새 보금자리棲息處, 큰 피리大笙, 채 이름菜名 등의 뜻이 있으며, 과果는 나무 목木 위에 날 일日을 더한 문자이다.

檄 격문 격

격檄은 나무 목木 변에 약敫으로 발음을 할 때는 해 그림자日影의 뜻이 있으며, 교敫로 발음을 할 때는 노래하다唱歌의 뜻이 있는 교敫를 더한 문자로, 격서徵兵書, 격문惡諭告, 과격하다過激 등의 뜻이 있으며, 교敫는 칠 복攵 변에 흰 백白, 그 아래에 모 방方을 더한 문자이다.

# 致遠巢檄 還疏時務

**돌아갈 환, 돌아올 환**

환還은 뛸 착辶 부수에 놀라서 바라보다目驚視, 의지할 데가 없다無依 등의 뜻이 있는 경睘을 더한 문자로, 돌아오다返, 돌아가다退歸, 회복하다復, 갚다償, 돌아보다顧, 둘리다繞, 돌다轉, 가볍다便捷, 빠르다速 등의 뜻이 있으며, 경睘은 눈 목目 아래에 일구의一口衣를 더한 문자이다.

**상소할 소**

소疏는 짝 필疋 부수로, 성기다稀, 드물다稀, 뚫다通, 멀다遠, 나누다分, 추하다, 주내다記注, 상소하다條陳抗疎 등의 뜻이 있다.

**때 시**

시時는 날 일日 변에 의지할 시寺를 더한 문자로, 때辰, 끼니辰, 이是, 문안하다伺候, 계절季節, 시간時刻, 엿보다伺, 사시세期, 四時, 가끔往往 등의 뜻이 있다.

**힘쓸 무**

무務는 힘 력力 부수에 힘쓸勉 무敄를 더한 문자로, 힘쓰다專, 일하다事, 정사國政, 직분職分 등의 뜻이 있으며, 무敄는 칠 복攵 부수에 세모진 창 모矛를 더한 문자이다.

---

최치원은 격문으로 황소黃巢를 물리쳤으며, 귀국해서는 시무時務 십여 조를 상소上疏하였다. 신라 고운孤雲 최치원崔治遠은 당나라에서 황소黃巢가 난을 일으키자 토황소격문討黃巢檄文을 황소黃巢에게 보내 난을 평정하였으며, 신라로 돌아와서는 진성여왕에게 시무 10여 조를 상소하였다.

索

찾을 색

색索은 실 사糸 위에 덮을 멱冖과 열 십十을 더한 문자로, 삭索으로 발음을 할 때는 노索, 줄索, 새끼索, 다하다盡, 흩어지다散, 두려워하는 모양懼貌, 얽히다縈紆 등의 뜻이 있으며, 색索으로 발음을 할 때는 찾다求, 수색하다搜, 탐지하다探, 법法 등의 뜻이 있다.

居

살 거

거居는 주장할 시尸 안에 옛昔 고古를 더한 문자로, 거居로 발음을 할 때는 곳處, 거하다居之, 앉다坐, 놓다置, 항상 있다存, 쌓다貯蓄, 바다새海鳥爰居 등의 뜻이 있으며, 기居로 발음을 할 때는 어조사語助辭의 뜻이 있다. 고古는 입 구口 위에 열 십十을 더한 문자이다.

閑

한가 한

한閑은 문 문門 안에 나무 목木을 더한 문자로, 문지방門閾, 한가하다平穩, 호위하다衛, 한정하다法, 막다防, 익히다習, 고요하다靜, 마구간馬廐 등의 뜻이 있다.

處

곳 처

처處는 범虎文 호虍 안에 곳 처処를 더한 문자로, 곳處所, 살다居, 그치다止, 정하다定, 처치하다處置分別, 처녀處女, 처자士未仕, 구처하다區處 등의 뜻이 있으며, 처処는 안석 궤几 부수에 뒤에 올 치夂를 더한 문자이다.

索居閑處 沈默寂寥

**잠길　침**

　　침沈은 물 수氵 변에 머뭇거리다不決尤豫, 가다行貌 등의 뜻이 있는 유尤를 더한 문자로, 침沈으로 발음을 할 때는 잠기다沒, 채색하다采色綠沈, 장 마름陵上滴水, 즙 내다汁 등의 뜻이 있으며, 심沈으로 발음을 할 때는 성姓의 뜻이 있다. 유尤는 덮을 멱冖 부수에 있다. 만고萬古의 효녀인 심청沈青의 성과 이름이 바로 인당수 푸른 물에 잠긴다는 뜻이다.

**잠잠할　묵**

　　묵默은 검을 흑黑 변에 개 견犬을 더한 문자로, 잠잠하다不語恭默, 고요하다靜, 그윽하다幽 등의 뜻이 있다. 이는 캄캄한 밤에는 개도 짖지를 않아서 고요하고 잠잠하다는 뜻으로, 검을 흑黑 변에 개 견犬으로 상형象形을 하였다고 하겠다. 침묵沈默이란 말없이 잠잠히 있다는 뜻이다.

**고요할　적**

　　적寂은 움집 면宀 아래에 아재비 숙叔을 더한 문자로, 고요하다靜, 막막하다靜, 적적하다靜, 편안하다安闋寂 등의 뜻이 있으며, 숙叔은 또 우又 변에 윗 상上, 그 아래에 작을 소小를 더한 문자이다. 위에서 격闋은 개가 문에서 짖지 않고 눈만 뜨고 있으니 고요한 것이요, 적寂은 집 안에 조카가 삼촌三寸과 같이 있으니 조용하다고 하겠다.

**고요　요**

　　요寥는 움집 면宀 안에 나는 모양飛貌, 바람 소리風聲 등의 뜻이 있는 료翏를 더한 문자로, 고요하다寂, 휑하다廓, 空虛, 비다廓, 空虛, 쓸쓸하다寞 등의 뜻이 있으며, 료翏는 깃 우羽 부수에 있다. 이처럼 요寥는 바람 소리翏를 집 안宀에서 들으니 들리지가 않으므로 이를 상형한 문자라고 하겠다. 적요寂寥란 적적하고 고요하다는 말이다.

　　한가한 곳을 찾아 살며, 고요히 침묵沈默을 지키는구나. 신라 고운孤雲 최치원崔治遠은 진성여왕에게 시무 10여 조를 상소하고 나서 지리산智異山으로 은거隱居하였다.

| | |
|---|---|
| 求<br>구할 구 | 구求는 물 수水 부수로, 한 일一에 표할 주丶를 더한 문자로, 찾다覓, 구하다索, 구걸하다乞, 짝等, 바라다所望 등의 뜻이 있다. |
| 昔<br>옛 석 | 석昔은 날 일日 부수로, 석昔으로 발음을 할 때는 옛古, 밤夜, 옛적前代往昔, 오래다久, 어제昨日曩, 비롯하다始 등의 뜻이 있으며, 착昔으로 발음을 할 때는 뿔 뒤틀리다角理錯의 뜻이 있다. |
| <br>찾을 심 | 심尋은 헤아릴 촌寸 부수로, 찾다搜, 궁구하다繹, 인하다仍, 아까俄(조금 전), 여덟 자八尺, 잇다繼, 쓰다用, 구하다求, 번지다浸淫侵尋, 길다物長, 심상하다尋常 등의 뜻이 있다. |
| <br>의논할 론 | 론論은 말씀 언言 변에 뭉치物之圜而未剖散者, 하늘 평상崙同 등의 뜻이 있는 륜侖을 더한 문자로, 의논議, 생각하다思, 토의하다細繹討論, 글 뜻을 풀다細繹討論, 말하다說, 변론辯 등의 뜻이 있으며, 륜侖은 사람 인人 부수에 있다. |

# 求昔尋論 散慮逍閑

| | |
|---|---|
| 散<br><br>흩을 산 | 산散은 칠 복攵 부수로, 헤어지다分離, 흩어지다布, 약 가루藥石屑, 거문고 곡조琴曲廣陵散, 놓다放, 한가하다閒散, 흐트러지다不檢束 등의 뜻이 있다. |
| 慮<br><br>생각 려 | 려慮는 마음 심心 위에 밥그릇飯器, 범의 무늬虎文 등의 뜻이 있는 로虍를 더한 문자로, 생각하다思有所圖, 근심하다憂, 의심하다疑, 군사압기軍前幡慮無, 풀 이름似蒿諸慮 등의 뜻이 있다. 로虍는 범의 문채 호虎 안에 밭 전田을 더한 문자이다. |
| <br><br>거닐 소 | 소逍는 뛸 착辶 부수에 초肖로 발음을 할 때는 닮다類似, 같다似, 본받다模倣 등의 뜻이 있고, 소肖로 발음을 할 때는 쇠약하다衰微, 흩어지다失散 등의 뜻이 있는 초肖를 더한 문자로, 노닐다自適逍, 거닐다自適逍 등의 뜻이 있으며, 초肖는 고기 육月 위에 작을 소小를 더한 문자이다. |
| <br><br>편안할 한 | 한閒은 문 문門 안에 달 월月을 더한 문자로, 한閒으로 발음을 할 때는 겨를暇, 편안하다安 등의 뜻이 있으며, 간閒으로 발음을 할 때는 사이隙, 가운데中, 사이하다隔, 가깝다厠, 샛길間道, 이간하다離間, 병이 낫다瘳, 나무라다誹, 섞이다雜, 대신代身 등의 뜻이 있다. 또 음音과 훈訓이 같은 간間은 문 문門 안에 날 일日을 더한 문자로, 간閒의 속자俗字로 동일同一한 문자이다. 그러나 시속時俗에서는 간間은 '간'으로만 쓰고, 한閒은 '한'으로만 쓰고 있다. |

옛것은 구해서 궁구窮究하고 의논하며, 세상일은 떨쳐버리고 한가하게 보낸다. 통일신라시대에 해동 공자로 추앙推仰받던 당대의 세계적인 석학 최치원은 백두산을 찾아갔다가 '가림다' 문자로 새겨진 비문碑文을 읽고 한자로 옮겨서 첩帖으로 세상에 전하니, 이가 바로 여든 한 글자의 천부경天符經이다.

欣은 하품할 흠欠 변에 근 근斤을 더한 문자로, 기쁘다笑喜, 짐승이 힘 있다獸有力, 초목 싱싱하다草木盛貌 등의 뜻이 있다.

기쁠 흔

奏는 큰 대大 부수로, 아뢰다人臣言事, 進言, 상소하다上疏, 천거하다 薦, 풍류 아뢰다樂成節奏, 풍류음악樂 등의 뜻이 있다. 이처럼 주奏나 봉奉은 클 대大 부수에 있으나, 춘春은 날 일日 부수에 있다.

아뢸 주

累는 실 사糸 위에 밭 전田을 더한 문자로, 얽히다縈, 연좌하다緣, 매다 繫, 係累, 동이다繫, 係累, 포개다疊, 옥티玷, 더하다增, 여럿多貌 등의 뜻이 있다.

여러 루

遣은 뛸 착辶 부수로, 보내다送, 쫓다放逐, 물리치다祛, 견전제祖奠, 노제 지내다祖奠 등의 뜻이 있다.

보낼 견

# 欣奏累遣 感謝歡招

**感**

슬플　척

척感은 마음 심心 위에 겨레親 척戚을 더한 문자로, 슬프다哀, 근심하다 憂 등의 뜻이 있다. 척戚은 창 과戈 부수에 윗 상上 아래 작을 소小, 삐침 별ノ을 더한 문자이다.

**謝**

사례 사, 물러갈 사

사謝는 말씀 언言 변에 사射로 발음을 할 때는 쏘다發矢, 화살같이 빠르다速如矢 등의 뜻이 있으며, 석射으로 발음을 할 때는 마취하다指物而取, 목표를 잡다射殺 등의 뜻이 있으며, 야射로 발음을 할 때는 벼슬 이름官名 의 뜻이 있으며, 역射으로 발음을 할 때는 싫다厭, 누르다厭 등의 뜻이 있는 사射를 더한 문자로, 사례하다拜謝, 끊다絶, 사양하다辭, 물러가다退, 여위다衰, 고하다告 등의 뜻이 있으며, 사射는 헤아릴 촌寸 변에 몸 신身을 더한 문자이다.

**歡**

기뻐할　환

환歡은 하품할 흠欠 변에 부르짖을吅 현吅을 품은 달 환雚을 더한 문자로, 기뻐하다喜樂, 친하다親, 술 이름酒, 歡伯, 나무 이름樹名合歡 등의 뜻이 있으며, 현吅은 입 구口 변에 입 구口를 더한 문자이며, 환雚은 풀 초艹 아래에 새 추隹를 더한 문자이다.

**招**

부를 초, 손짓할 초

초招는 손 수扌 변에 소꿈로 발음을 할 때는 부르다呼, 청하다招, 과부寡婦끔吏 등의 뜻이 있으며, 조꿈로 발음을 할 때는 대추棗 뜻이 있는 소꿈를 더한 문자로, 손짓하다手呼, 구하다求, 불러오다招來, 들다擧, 높이 들다揭 등의 뜻이 있으며, 소꿈는 입 구口 위에 칼 도刀를 더한 문자이다.

기쁜 것은 천거하고 더러운 것은 보내니, 슬픔은 물러가고 즐거움만 닥친다. 즉 기쁨은 보태고 슬픔은 나눈다는 말이다.

거渠는 물 수氵 변에 클 거巨, 그 아래에 나무 목木을 더한 문자로, 도랑溝, 개천溝, 깊고 넓다深廣, 껄껄 웃다笑貌軒渠, 크다大, 저이俗爲他人渠儂 등의 뜻이 있다.

개천 거

하荷는 풀 초艹 아래에 어찌曷, 무엇曷, 어찌하지 못하다莫敢, 얼마 되지 않아서未多時 등의 뜻이 있는 하何를 더한 문자로, 연꽃蓮花, 메다擔, 원망하다怨聲, 박하藥名薄荷, 짐負, 더하다加 등의 뜻이 있으며, 하何는 사람 인亻 변에 옳을 가可를 더한 문자이며, 가可는 입 구口 변에 장정壯丁 정丁을 더한 문자이며, 정丁은 한 일一 아래 갈구리 궐亅을 더한 문자이다.

연꽃 하

적的은 흰 백白 변에 구기飮器, 잔질하다挹取, 조금少量, 주나라 풍류周藥名 등의 뜻이 있는 작勺을 더한 문자로, 밝다明, 적실하다實, 과녁射也板, 표하다標準, 목표目標 등의 뜻이 있으며, 작勺은 쌀 포勹 안에 한 일一이나 표할 주丶를 더한 문자로, 같은 문자이다.

과녁 적, 밝을 적

력歷은 그칠 지止 위에 책력書經, 세다數, 세월歲月 등의 뜻이 있는 력厤을 더한 문자로, 지나다過, 전하다傳, 행하다行, 차례次, 다하다盡, 고요하다靜, 넘다踰越, 다리 굽은 가마, 역력하다明, 문채나다文章貌, 벌린 모양列貌 등의 뜻이 있으며, 력厤은 기슭 엄厂 안에 벼 화禾와 벼 화禾를 더한 력曆의 고자古字이다. 력厤과 닮은 삼 마麻는 하나의 부수로, 바위 집 엄广 안에 수풀 림林을 더한 문자로, 서로 다른 문자이다. 적력的歷은 또렷또렷하여 분명하다는 뜻이 있다.

지낼 력, 문채날 력

# 渠荷的歷 園莽抽條

| | |
|---|---|
| <br>동산　　원 | 　원園은 나라 국口 안에 옷 길 원袁을 더한 문자로, 동산樊圃樹果處, 능陵, 寢園, 울타리樊 등의 뜻이 있으며, 원袁은 옷 의衣 위에 흙 토土, 그 아래에 입 구口를 더한 문자이다. |
| <br>풀　　망 | 　망莽은 풀 초艹 부수로, 풀 우거지다草深貌, 옆귀풀毒魚草, 풀, 잡초 등의 뜻이 있다. |
| <br>빼낼 추, 당길 추 | 　추抽는 손 수扌 변에 말미암을 유由를 더한 문자로, 빼다拔, 뽑다拔, 거두다, 당기다引 등의 뜻이 있으며, 유由는 밭 전田 부수에 있다. |
| <br>조목 조, 길을 조 | 　조條는 나무 목木 부수로, 회초리小枝, 길다長, 조리條理, 가닥條理, 사무치다達, 조목枚擧條目, 노끈繩, 굴橘屬, 탱자橘屬, 요란하다擾亂 등의 뜻이 있다. |

개천에서 핀 연꽃도 아름답고 밝으며, 동산의 우거진 풀도 땅속의 양분이 있어서 큰다.

비枇는 나무 목木 변에 견줄 비比를 더한 문자로, 비파果名枇杷, 참빗細櫛, 도마所以載牲 등의 뜻이 있으며, 비比는 하나의 부수이다.

**비파나무 비**

파杷는 나무 목木 변에 뱀 파巴를 더한 문자로, 비파나무果名似杏枇, 쇠스랑平田器杷鈀, 칼자루刀柄, 악기 이름琵琶 등의 뜻이 있다. 여기서 비파枇杷는 비파나무를 뜻하며, 파巴는 몸 기己 부수에 있다. 비파琵琶는 둥글고 긴 타원형의 몸체에, 자루는 곧고 4현이나 5현을 맨 현악기絃樂器를 가리킨다.

**비파나무 파**

만晩은 날 일日 변에 면할 면免을 더한 문자로, 저물다暮, 끝나다末, 늦다後, 저녁夕 등의 뜻이 있으며, 면免은 어진 사람 궤几 부수에 있다. 만晩과 획수가 같고 모양새도 비슷한 면冕자는 멀 경　부수로, 면류관冕이라는 뜻이 있다.

**늦을 만**

취翠는 깃 우羽 변에 졸卒로 발음을 할 때는 항오軍伍, 바쁘다忽遽, 별안간倉卒, 마치다終盡, 죽다死 등의 뜻이 있으며, 줄卒로 발음을 할 때는 죽다盡, 마침내竟 등의 뜻이 있는 졸卒을 더한 문자로, 깃 푸른 새靑羽雀, 산기운山氣翠微, 비취석翡翠石, 푸르다翠色 등의 뜻이 있다. 졸卒은 열 십十 위에 뜻 없는 토 두亠와 쫓을 종从을 더한 문자이며, 종从은 쫓을 종從의 본자本字이다.

**푸를 취**

# 枇杷晩翠 梧桐早凋

| 梧 | |
|---|---|
| 오동 | 오 |

오梧는 나무 목木 변에 나我, 아들子稱, 웅얼거리다伊吾讀書聲, 벼슬 이름 官名 등의 뜻이 있는 오吾를 더한 문자로, 오동木名梧桐, 버티다支, 큰 모 양偉貌 등의 뜻이 있으며, 오吾는 입 구口 위에 다섯數名, 다섯 번天下達道 五五回 등의 뜻이 있는 오五를 더한 문자이며, 오五는 두 이二 부수에 있 다.

| 桐 | |
|---|---|
| 오동 | 동 |

동桐은 나무 목木 변에 같을 동同을 더한 문자로, 오동나무葉大材輕梧桐: 多用琴材 등의 뜻이 있으며, 동同은 입 구口 부수에 있다.

| 早 | |
|---|---|
| 이를 | 조 |

조早는 날 일日 아래에 열 십十을 더한 문자로, 이르다晨, 새벽晨, 먼저先 등의 뜻이 있다.

| 凋 | |
|---|---|
| 시들 | 조 |

조凋는 얼음 빙冫 변에 두룰匸 주周를 더한 문자로, 시들다落半傷, 느른 하다力盡貌 등의 뜻이 있으며, 주周는 입 구口 부수에 있다.

비파나무는 늦도록 푸르나, 오동나무는 일찍 시든다. 즉 비파나무는 늦은 겨울에도 그 빛이 푸르나, 오동나무 잎은 가을이면 다른 나무보다 먼저 말라 일찍 시든다는 말이다.

**베풀 진, 묵을 진**

진陳은 언덕 부阝 변에 동녘 동東을 더한 문자로, 벌리다列, 퍼다布, 묵다故, 오래다久, 고하다告, 베풀다張, 섬돌堂途, 진行伍之列 등의 뜻이 있으며, 동東은 나무 목木 변에 날 일日을 더한 문자이다.

**뿌리　저**

저柢는 나무 목木 변에 근본 저氐를 더한 문자로, 뿌리根란 뜻이 있으며, 저氐는 성씨氏族 씨氏 아래에 한 일一을 더한 문자이다.

**맡길 위, 시들어질 위**

위委는 여자 녀女 위에 벼 화禾를 더한 문자로, 버리다棄, 맡기다任, 쓰러지다頓, 붙이다屬, 시들어지다萎, 맘이 든든하다, 벼 이삭 고개 숙이다, 아름답다美, 끝末, 쌓이다積 등의 뜻이 있다.

**翳**

**가릴　예**

예翳는 깃 우羽 위에 소리 마주칠聲相應 예殹를 더한 문자로, 어조사語助辭, 가리다掩, 깃 일산羽葆, 새 이름似鳳 등의 뜻이 있으며, 예殹는 칠 수殳 변에 활집矢器, 동개矢器 등의 뜻이 있는 예医를 더한 문자이며, 예医는 감추다藏, 덮다覆 등의 뜻이 있는 혜匸안에 살 시矢를 더한 문자이다.

# 陳柢委翳落葉飄䬝

**떨어질 락**

낙落은 풀 초艹 아래에 물 이름洛水, 낙양洛陽漢都 등의 뜻이 있는 낙洛을 더한 문자로, 떨어지다零, 마을聚, 村落, 하늘天, 碧落, 쌀쌀하다蕭索冷落, 헤어지다難合, 낙성제 지내다始成落成祭, 술 이름酒名桑落, 논 마지기斗落 등의 뜻이 있으며, 낙洛은 물 수氵 변에 각각 각各을 더한 문자이며, 각各은 입 구口 위에 뒤에 올 치夂를 더한 문자이다.

**잎사귀 엽**

엽葉은 풀 초艹 아래에 모진 나무方木, 엷다薄 등의 뜻이 있는 '엽枼을 더한 문자로, 잎枝葉, 잎사귀花之對, 세대世代, 성姓 등의 뜻이 있으며, 엽枼은 나무 목木 위에 인간 세丗를 더한 문자이며, 세丗는 한 일一 부수에 있다. 낙엽落葉은 떨어지는 나뭇잎이나 떨어진 나뭇잎을 가리킨다.

**나부낄 표**

표飄는 바람空氣之搖動, 풍속風俗, 위엄威風, 모양容姿, 경치風景, 병 이름病名中風, 흘레 붙다牝牡相誘, 울림王者聲敎 등의 뜻이 있는 풍風 변에 흔들리다搖貌, 불 날리다火飛, 문서傳票, 표傳票, 쪽지傳票, 가벼운 모양輕擧貌, 날래다勁疾票姚 등의 뜻이 있는 표票를 더한 문자로, 회오리바람旋風, 나부끼다風貌飄颻, 떨어지다墜 등의 뜻이 있으며, 표票는 볼 시示 위에 서녘 서襾를 더한 문자이며, 서襾는 덮을 아襾 부수에 있다.

**나부낄 요**

요颻는 바람 풍風 부수에 질병瓦器, 瓶 요䍃를 더한 문자로, 날리다風動風飄颻, 나부끼다風動風飄颻 등의 뜻이 있으며, 요䍃는 장군 부缶 부수에 있다.

---

묵은 뿌리는 시들어 마르고, 잎사귀는 나부끼며 떨어진다. 즉 가을이 오면 오동나무뿐만 아니라 고목의 뿌리는 시들어 마르고, 낙엽도 펄펄 날리며 떨어진다.

游는 물 수氵 변에 깃발旌旗末垂, 깃술旗旒, 면류관술冕前後垂 등의 뜻이 있는 斿를 더한 문자로, 헤엄치다浮行, 순하게 흐르다順流, 노니다玩物適情, 깃발旗斿 등의 뜻이 있으며, 斿는 모날 방方 부수에 있다. 游와 닮은 遊는 쉬엄쉬엄 갈 착辶 부수에 깃발 斿를 더한 문자로, 놀다遨, 벗 사귀다友, 交遊, 나그네旅 등의 뜻이 있다.

**헤엄칠 유**

鯤은 물고기 어魚 변에 곤昆으로 발음을 할 때는 형兄, 맏兄, 같다同, 뒤後, 손자後孫, 후손後昆孫, 다咸 등의 뜻이 있으며, 혼昆으로 발음을 할 때는 하늘 형용天形昆侖, 서쪽 오랑캐 이름西夷名 등의 뜻이 있는 昆을 더한 문자로, 물고기 알魚子鯤鮞, 북해 큰 고기北溟大魚 등의 뜻이 있으며, 昆은 날 일日 아래에 견줄 비比를 더한 문자이다.

**곤새 곤**

獨은 개 견犭 변에 촉규화 벌레葵中蟲, 큰 닭大雞, 땅 이름地名 등의 뜻이 있는 蜀을 더한 문자로, 홀로單, 외롭다孤, 老而無子, 짐승 이름獸名, 食猿 등의 뜻이 있으며, 蜀은 벌레 충虫 부수에 있다.

**홀로 독**

運은 뛸 착辶 부수에 군사旅, 무리衆, 진치다帥所駐 등의 뜻이 있는 軍을 더한 문자로, 행하다行, 운전하다轉, 움직이다動, 옮기다徙, 운수曆數運祚, 땅 길이 등의 뜻이 있으며, 軍은 수레 거車 위에 덮을 멱冖을 더한 문자이다.

**운전 운**

# 游鯤獨運 凌摩絳霄

**달릴 릉, 떨 릉**

릉凌은 물 수氵 변에 넘다越, 높다高, 범하다犯 등의 뜻이 있는 릉夌을 더한 문자로, 달리다馳, 지나다歷, 떨다慄, 물 이름水名 등의 뜻이 있으며, 릉夌은 천천히 걸을 쇠夊 부수에 있다. 릉凌과 닮은 릉淩은 얼음 빙冫 변에 넘을 릉夌을 더한 문자로, 빙고氷室, 지나다歷, 얼다氷 등의 뜻이 있다.

**연마할 마**

마摩는 손 수手 위에 삼 마麻를 더한 문자로, 연마하다研, 문지르다揩, 가까워지다迫, 미치다及, 멸하다滅, 헤아리다揣摩 등의 뜻이 있다.

**붉을 강**

강絳은 실 사糸 변에 항夅으로 발음을 할 때는 항복하다服의 뜻이 있으며, 강夅으로 발음을 할 때는 내리다下, 떨어지다落, 떨어뜨리다貶, 돌아오다歸 등의 뜻이 있는 강夅을 더한 문자로, 짙게 붉다大赤色, 강초絳草, 지명地名 등의 뜻이 있으며, 강夅은 뒤에 올 치夂 부수로, 강降의 고자古字이다.

**하늘 소**

소霄는 비 우雨 아래에 닮을 초肖를 더한 문자로, 하늘 기운天氣雲霄, 진눈깨비雨霰 등의 뜻이 있으며, 초肖는 고기 육月 위에 작을 소小를 더한 문자이다.

곤어鯤魚는 북해에서 홀로 헤엄을 치나, 달리고 또 달려서 붕鵬새가 되면 하늘도 붉어진다. 이처럼 지금은 비록 외롭고 힘들고 어렵지만, 노력해서 성공하면 세상도 달라진다고 하는 말이다.

| | |
|---|---|
| 耽<br>즐길 탐 | 탐耽은 귀 이耳 변에 머뭇거리다不決尤豫, 가다行貌 등의 뜻이 있는 유를 더한 문자로, 범이 보는 모양虎視貌, 즐겨하다過樂, 커서 드리우다且大而垂, 깊고 멀다深遠, 그릇되다耽誤 등의 뜻이 있으며, 유尤는 덮을 멱冖 부수에 있다. 탐耽과 훈訓이 비슷한 락樂은 즐거움喜 정도이지만, 탐耽은 정도가 지나친 즐거움이니 과락過樂을 뜻한다. 역시 탐耽과 훈訓이 비슷한 탐貪은 조개 패貝 위에 이제 금今을 더한 문자로, 탐하다欲物愛財, 욕심내다欲物愛財 등의 뜻으로, 재물財物, 女色을 탐貪내는 것이다. 그러므로 탐耽은 지나친 즉, 심원深遠한 취미趣味 생활을 가리킨다고 하겠다. |
| 讀<br>읽을 독, 이두 두 | 독讀은 말씀 언言 변에 팔다出貨鬻物, 속이다詐, 賣友의 뜻이 있는 매賣를 더한 문자로, 독讀으로 발음을 할 때는 글을 읽다誦書, 풍류 이름樂名 등의 뜻이 있으며, 두讀로 발음을 할 때는 구절文語絶處句讀, 토문語絶處句讀 등의 뜻이 있으며, 매賣는 조개 패貝 위에 그물 망罒과 선비 사士를 한 문자이다. 곧 매賣는 선비 사士 아래에 살 매買를 더한 문자이므로, 이는 선비가士 파는賣 것은 산다고買 말을 하라는 문자라고 하겠다. 사실 과거에는 판다는 것을 점잖지 못하게 생각을 하여 사는 것도 '산다', 물건을 내다 파는 것도 '산다' 라고 하였다. |
| 翫<br>가지고 놀 완 | 완翫은 깃 우羽 아래에 흰 백白과 으뜸 원元을 더한 문자로, 구경하다遊觀, 탐내다貪, 익숙하다翫狃, 친압하다狎, 아끼다貪悅, 싫다厭 등의 뜻이 있다. 그러나 깃 우羽 아래에 흰 백白을 더한 문자는 습習으로, 익히다學習,風習, 익다慣, 화하다和舒, 거듭重, 가까이 하다狃,近習 등의 뜻이 있으며, 원元은 어진 사람 궤儿 위에 두 이二를 더한 문자이다. |
| 庵<br>암자 암 | 암庵은 바위 집 엄广 안에 문득 엄奄을 더한 문자로, 암자小草舍, 초막小草舍 등의 뜻이 있으며, 엄奄은 큰 대大 부수에 있다. |

# 耽讀翫庵 寓目囊箱

**붙일 우, 부탁할 우**

우寓는 움집 면宀 아래에 짐승 이름 우禺를 더한 문자로, 부치다寄, 붙어 살다寄, 잠시 머물러 살다假住, 부탁하다付託寓言 등의 뜻이 있으며, 우禺는 짐승의 발자국 유内 부수에 있다.

**눈 목, 품목 목**

목目은 하나의 부수로, 눈眼, 조목簡條, 눈동자人眼童子, 지목指目하다, 주시注視하다, 지금目下, 당장目下, 제목題目, 조건條件, 품목品目, 그물코網目, 종요롭다宗要 등의 뜻이 있다. 종요롭다宗要란 없으면 안 될 만큼 요긴하다는 말이다.

**주머니 낭**

낭囊은 입 구口 부수로, 주머니, 싸다包藏, 자루袋, 지갑財布, 큰 구멍大穴土囊, 떠들썩하다亂貌倉囊 등의 뜻이 있다.

**상자 상**

상箱은 대 죽竹 아래에 서로(共 = 함께) 상相을 더한 문자로, 상자篋, 箱子, 수레 곳간車服, 곳집廩 등의 뜻이 있으며, 상相은 눈 목目 변에 나무 목木을 더한 문자이다.

책을 좋아한 조선의 매월당梅月堂 김시습金時習은 사찰寺刹이나 암자庵子에서 책을 탐독耽讀하였다. 그는 한번 읽으면 잊지 아니하여 글을 주머니나 상자 속에 넣어 둠과 같다고 하였다. 그는 어려서부터 오세五歲 신동神童 소리를 들었다.

| | |
|---|---|
|  易<br>쉬울 이, 바꿀 역 | 이易는 날 일日 아래에 말 물勿을 더한 문자로, 이易로 발음을 할 때는 쉽다不難, 다스리다治, 쉽게 여기다忽, 편하다安, 게으르다惰 등의 뜻이 있으며, 역易으로 발음을 할 때는 역서易書, 易經, 변하다變, 바꾸다換, 형상하다象, 물 이름水名 등의 뜻이 있다. 물勿은 쌀 포勹 부수로, 물勿 혹은 몰勿로 읽는다. 이易와 닮은 빛날 양昜은 날 일日 아래에 한 일一과 말 물勿을 더한 문자로, 양陽의 고자古字다. |
| 輶<br>가벼울　유 | 유輶는 수레 거車 변에 두목 추酋를 더한 문자로, 가벼운 수레輕車, 가볍다輕 등의 뜻이 있으며, 추酋는 닭이 유酉 변에 여덟 팔八을 더한 문자이다. |
| 攸<br>바　유 | 유攸는 칠 복攵 부수로, 곳所, 자득하다自得攸然, 휘달아나다迅走攸然, 멀다遠貌, 위태한 모양危貌, 어조사語助辭 등의 뜻이 있다. |
| 畏<br>두려워할　외 | 외畏는 밭 전田 부수로, 두렵다恐懼, 겁내다怯, 꺼리다忌, 놀라다驚 등의 뜻이 있다. |

# 易輶攸畏 屬耳垣墻

**屬** 붙을 속, 이을 촉

속屬은 주장할 시尸 아래에 촉규화 벌레葵中蟲, 큰 닭大鷄, 땅 이름地名 등의 뜻이 있는 촉蜀 등을 더한 문자로, 무리類, 쫓다從, 붙이親眷, 붙이다附, 동관官僚, 거느리다部谷, 글 짓다綴輯屬文, 마침適, 붙이다附著, 부탁하다擇, 모이다會 등의 뜻이 있으며, 촉蜀은 벌레 충虫 부수에 있다.

**耳** 귀 이

이耳는 하나의 부수로, 귀主聽, 말 끝나다語決辭, 뿐語決辭, 순종하다柔從耳, 성하다盛, 팔대손八代孫 등의 뜻이 있다.

**垣** 담 원

원垣은 흙 토土 변에 펼 선亘을 더한 문자로, 낮은 담卑墻, 보호하는 사람護衛者, 별 이름星名 등의 뜻이 있으며, 선亘은 두 이二 부수에 날 일日을 더한 문자이다.

**墻** 담 장

장墻은 흙 토土 변에 아낄 색嗇을 더한 문자로, 담垣, 차면 담門屛, 사모하다追慕, 옥圜墻, 獄 등의 뜻이 있다. 이처럼 장墻은 조각 널 장爿 변에 아낄 색嗇을 더한 장牆과 동일同一한 문자이며, 색嗇은 입 구口 부수에 있다.

매사를 쉽게 소홀히 함은 군자가 두려워하는 바이다. 벽에도 귀가 붙어 있다. 늘 조심해서 경솔한 언행言行을 삼가야 한다.

具

갖출　구

구具는 여덟 팔八 부수로, 갖추다備, 그릇器, 함께俱, 다俱, 가지다持, 족하다足 등의 뜻이 있다. 이처럼 갖출 구具는 조개 패貝와 다르고, 여덟 팔八 위에 또 차且를 더한 문자도 아니다. 그래서 시속時俗에서는 달 월月 아래에 여섯 육六을 더한 문자로 쓰기도 한다.

膳

반찬　선

선膳은 고기 육月 변에 착할 선善을 더한 문자로, 반찬具食美羞, 먹다食 등의 뜻이 있으며, 선善은 입 구口 부수에 있다. 착한 모습을 선善으로 상형한 까닭은 선善에서 입 구口 위의 양羊은 살아 있는 양羊의 모습을 상형한 문자로, 양羊자 아래에 입 구口와 합쳐져서 마치 착하고 순하기만 한 사람이 입을 헤 벌리고 생각 없이 웃는 모습처럼 보인다고 하겠다. 이렇게 웃는 모습이 착할 선善 자라고 하겠다.

저녁밥　손

손飧은 밥 식食 변에 얼음 빙冫을 더한 문자로, 저녁 밥餔, 夕食, 물을 말은 밥水澆飯 등의 뜻이 있으며, 손飧과 닮은 손飱은 밥 식食 변에 저녁 석夕을 더한 문자로, 훈訓이 서로 동일同一하나, 손飧은 밥 식食 변에 얼음 빙冫이 들어 있으므로 저녁에 먹을 식은 밥을 가리키며, 손飱은 밥 식食 변에 저녁 석夕이 들어 있으므로 저녁에 먹을 밥을 가리킨다고 하겠다.

밥　반

반飯은 밥 식食 변에 반反으로 발음을 할 때는 돌아올還, 돌이키다正之對, 엎다覆, 덮다覆, 배반하다叛, 그러나 하다然辭, 돌아오다內省, 의젓하다愼重 등의 뜻이 있으며, 번反으로 발음을 할 때는 이치에 뒤치다平反理枉의 뜻이 있는 반反을 더한 문자로, 먹다食, 치다飼, 밥餐, 炊穀 등의 뜻이 있으며, 반反은 또 우又 부수에 기슭 엄厂을 더한 문자이다.

具膳飧飯 適口充腸

適

마침 적

적適은 쉬엄쉬엄 갈 착辶 부수에 나무 뿌리木根, 밑 동本 등의 뜻이 있는 적啇을 더한 문자로, 마침偶爾適然, 가다往, 즐겁다樂, 이르다到, 편안하다自得貌安便, 깨닫다悟, 시집 가다嫁, 쫓다從, 주장하다主, 專, 친하다親, 쫓다意所必從 등의 뜻이 있으며, 적啇은 입 구口 부수에 있다.

口

입 구

구口는 하나의 부수로, 입人所以言食, 어귀洞口, 실마리緖, 구멍孔穴, 인구人口, 戶口, 말辯舌 등의 뜻이 있다.

充

채울 충

충充은 어진 사람 궤儿 부수로, 차다實, 가득하다滿, 아름답다美, 길다長, 당하다當 등의 뜻이 있다.

腸

창자 장

장腸은 고기 육月 변에 빛날 양昜을 더한 문자로, 창자心肺腑大小腸水穀道, 마음腸心, 나라 이름國名無腸 등의 뜻이 있으며, 양昜은 날 일日 아래에 한 일一과 말 물勿을 더한 문자로, 양陽의 고자古字이고, 물勿은 쌀 포勹 부수로 물勿 혹은 몰勿로 읽는다.

반찬을 갖춘 밥은 입에 맞아 배를 채울 수 있다. 즉 밥은 백반白飯이 아니더라도 반찬만 있으면 배가 부르도록 많이 먹을 수 있다는 말이다.

포飽는 밥 식食 변에 싸다裏, 꾸리다裏, 용납하다容, 감추다隱 등의 뜻이 있는 포包를 더한 문자로, 배부르다食充滿, 먹기 싫다厭, 飫, 물리다厭, 飫, 흡족하다滿足十分 등의 뜻이 있으며, 포包는 쌀 포勹 안에 뱀 사巳를 더한 문자이다.

배부를　포

어飫는 밥 식食 변에 요夭로 발음을 할 때는 요절하다短折, 일찍 죽다夭殺, 굽다屈, 재앙妖, 災, 얼굴빛 화하다色愉, 고운 모양小好貌 등의 뜻이 있으며, 오夭로 발음을 할 때는 끊어 죽이다斷殺, 어리다物穉 등의 뜻이 있는 요夭를 더한 문자로, 잔치를 먹다燕食, 먹기 싫다厭, 배부르다飽 등의 뜻이 있으며, 요夭 큰 대大 위에 삐침 별丿을 더한 문자이다.

배부를　어

팽烹은 불 화灬 위에 형통할通 형亨을 더한 문자로, 삶다煮, 요리料理 등의 뜻이 있으며, 형亨은 뜻 없는 토 두亠 부수에 있다.

삶을 팽, 요리 팽

재宰는 움집 면宀 아래에 매울 신辛을 더한 문자로, 주관하다主, 재상官稱, 으뜸首, 잡다屠, 삶다烹, 다스리다治 등의 뜻이 있으며, 신辛은 하나의 부수이다.

재상 재, 으뜸 재

# 飽飫烹宰 饑厭糟糠

**주릴 기**

기饑는 밥 식食 변에 얼마 기幾를 더한 문자로, 주리다餓, 굶주리다餓, 흉년 들다穀不熟 등의 뜻이 있으며, 기幾는 작을 요幺 부수로 작을 미微 유丝 아래에 수 자리守邊 수戍를 더한 문자이며, 수戍는 창 과戈 부수로, 천간 무戊에 표할 주丶를 더한 문자이다.

**싫을 염, 족할 염**

염厭은 기슭 엄厂 안에 배부르다飽, 넉넉하다足, 편안하다安, 싫다猒 등의 뜻이 있는 염猒을 더한 문자로, 염厭으로 발음을 할 때는 미워하다惡, 진압하다鎭, 싫다, 족하다, 차다, 가득하다 등의 뜻이 있으며, 암厭으로 발음을 할 때는 검붉다赤黑의 뜻이 있으며, 염猒은 개 견犬 부수에 있다.

**술지게미 조**

조糟는 쌀 미米 변에 무리輩, 마을局, 나라 이름國名, 성姓 등의 뜻이 있는 조曹를 더한 문자로, 술재강酒滓糟糠, 술지게미酒滓糟糠 등의 뜻이 있으며, 조曹는 가로 왈日 부수에 있다.

**겨 강**

강糠은 쌀 미米 변에 편안할安 강康을 더한 문자로, 겨穀皮, 번쇄하다촌 糠煩碎 등의 뜻이 있으며, 강康은 바위 집 엄广 부수에 근본 이隶를 더한 문자이다. 조강糟糠이란 술지게미와 쌀겨를 가리키는 말이다. 그러나 조강지처糟糠之妻라는 말은 구차하고 천賤할 때부터 함께 고생을 해온 아내를 가리켜서 하는 말이다. 이런 아내를 존중하고 아껴주어야 한다는 말은 조강지처불하당糟糠之妻不下堂이라고 한다.

배가 부르면 아무리 좋은 음식이라도 맛이 없고, 배가 고프면 술지게미나 보릿겨도 맛이 있다.

**친할 친**

친親은 볼 견見 변에 나무 목木, 그 위에 설 립立을 더한 문자로, 사랑하다愛, 친하다近, 몸소躬, 손수自, 겨레親戚九族, 일가親戚九族, 육친六親, 父母兄弟妻子, 친정親庭 등의 뜻이 있다.

**겨레 척**

척戚은 창 과戈 부수에 윗 상上, 그 아래에 작을 소小와 삐침 별丿을 더한 문자로, 겨레親, 척분親, 도끼戊類斧, 슬프다喪, 근심하는 모양憂貌, 분하다憤患 등의 뜻이 있다. 친척親戚이란 친족親族과 외척外戚을 가리킨다.

**연고 고**

고故는 칠 복攵 변에 옛 고古를 더한 문자로, 일事, 연고緣故, 옛舊, 오래다舊, 고로承, 上起下語, 까닭承, 上起下語, 옛일舊事, 일부러故意, 죽이다物故, 死, 초상나다喪事大故, 짐짓使爲之固爲之, 사건事件, 변사變事, 옛 습관先例, 글 뜻指義 등의 뜻이 있으며, 고古는 입 구口 위에 열 십十을 더한 문자이다.

**옛 구**

구舊는 절구 구臼 위에 달 환萑을 더한 문자로, 옛對新之稱, 昔, 오래다久, 늙은이老宿, 친구交誼姑舅 등의 뜻이 있으며, 환萑 또는 추萑는 풀 초艹 아래에 새 추隹를 더한 문자이다. 고구故舊란 사귄 지 오래된 친구를 가리킨다.

# 親戚故舊 老少異糧

늙을 로

로老는 하나의 부수耂로, 늙다年高, 어른老父, 老長, 어르신네尊稱, 존중하다尊稱, 익숙하다老鍊, 쭈그러지다疲, 衰 등의 뜻이 있다. 그러나 로老의 파자破字는 노비耂匕로, 늙을 노耂 아래에 숟가락 비匕를 더한 문자이므로, 늙은이는 대접받는 아니 대접을 해야 하는 사람이라는 의미가 있다고 하겠다. 또 로老와 닮은 고考는 늙을 로耂 아래에 숟가락을 떨어뜨린 모습을 상형한 문자로, 오래다老, 壽考, 늙다老, 壽考, 죽은 아비父死稱, 치다擊, 상고하다稽, 이루다成, 마치다終 등의 뜻이 있다. 그러므로 고考는 숟가락을 놓은 모습이라고 하겠다.

젊을 소

소少는 작다微, 狹隘, 천하다賤, 좁다狹隘, 가볍게 여기다輕, 첩妾, 小室 등의 뜻이 있는 소小 부수에 삐침 별丿을 더한 문자로, 젊다幼, 버금副貳, 적다不多, 조금僅, 멸시하다蔑視, 잠깐暫時 등의 뜻이 있다. 노소老少란 늙은이와 젊은이를 가리킨다.

다를 이

이異는 밭 전田 부수로, 다르다不同, 괴이하다怪, 나누다分, 기이하다奇, 딴 것, 뛰어나다 등의 뜻이 있다. 흔히 이異라고 쓰나, 실제 이異는 밭 전田 아래에 한가지 공共을 더한 문자는 아니다. 또 이異는 리異로도 발음을 하며, 의미는 이異와 같다. 예로 지리산智異山 등이 있다.

양식 량

량糧은 쌀 미米 변에 헤아릴 량量을 더한 문자로, 곡식穀食, 양식糧食 등의 뜻이 있으며, 량量은 마을村里 리里 위에 아침朝 단旦을 더한 문자이며, 단旦은 날 일日 아래에 한 일一을 더한 문자이다.

친親은 동성지친同姓之親이오, 척戚은 이성지친異姓之親이며, 고구故舊는 옛 친구를 말하는 것이나, 늙은이와 젊은이의 식량食糧은 다르다.

| | |
|---|---|
| 内<br>안 내 | 내内는 들 입入 부수에 멀 경   을 더한 문자로 안裏, 속裏, 대궐 안禁中大内, 가운데中, 처妻, 마음心, 들이다入, 받다受, 여관女官 등의 뜻이 있다. 내内는 멀遠界 경   변으로 보여 옥편玉篇을 찾았더니 사람 인人 변 2획이라고 되어 있어 다시 인人 변을 찾았더니, 들 입入 변 2획이라고 되어 있어 바로 입入 변 2획에서 내内의 음音과 훈訓을 알 수 있었다. 이로써 내内는 내가(人 = 사람) 곳   으로 들어가入 있는 것이 '안' 이란 의미에서 상형象形된 문자라고 하겠다. |
| 房<br>방 방 | 방房은 지게 호戶 부수에 모 방方을 더한 문자로 방室在房, 별 이름宿名天駟, 궁 이름宮名阿房, 전동箭室 등의 뜻이 있다. 내방内房이란 안방, 즉 안주인이 거처하는 곳을 말한다. |
| 績<br>길쌈 적 | 적績은 실 사糸 변에 꾸짖을 책責을 더한 문자로, 길쌈緝麻, 공功業, 이루다成, 일事 등의 뜻이 있으며, 책責은 조개 패貝 부수에 있다. |
| 紡<br>길쌈 방 | 방紡은 실 사糸 변에 모 방方을 더한 문자로, 길쌈治麻紡績, 網絲의 뜻이 있다. 적방績紡이란 길쌈을 가리키는 말로써, 동식물의 섬유를 가공하여 실을 만들고 피륙을 짜내기까지의 모든 수공手工을 가리키는 말이다. |

内房績紡 郎廳誦書

랑郞은 고을 읍阝 변에 어질 량良을 더한 문자로, 사내男子稱, 남편婦稱夫, 낭군婦稱夫, 벼슬 이름官名 등의 뜻이 있으며, 량良은 그칠 간艮 위에 표할 주·를 더한 문자이다.

남편　랑

청廳은 바위 집 엄广 부수에 들을 청聽을 더한 문자로, 관청治官處廳事, 대청治官處廳事 등의 뜻이 있으며, 청聽은 귀 이耳 변에 크다는 뜻이 있는 임壬과 큰 덕悳을 더한 문자이다. 낭청郞廳이란 사랑舍廊으로, 바깥주인이 거처하는 곳을 말한다.

대청　청

송誦은 말씀 언言 변에 물 솟을涌 용甬을 더한 문자로, 외우다讀, 읽다讀, 원망하다怨, 말하다言, 풍유하다諷 등의 뜻이 있으며, 용甬은 쓸 용用 부수에 있다.

읽을　송

서書는 가로 왈曰 위에 지을 율聿을 더한 문자로, 글文, 쓰다紀, 기록하다紀, 적다紀, 글을 짓다著, 책, 서적, 편지, 글씨 등의 뜻이 있으며, 율聿은 하나의 부수이다.

글　서

안에서는 길쌈을 하며, 밖郞廳에서는 글을 소리내어 읽는다.

환紈은 실 사糸 변에 둥글다圓, 총알彈丸, 구르다轉 등의 뜻이 있는 환丸을 더한 문자로, 흰 깁素, 氷紈, 명주실로 바탕을 좀 거칠게 짠 비단이란 뜻이 있으며, 환丸은 표할 주丶부수에 아홉 구九를 더한 문자이고, 구九는 새 을乙 부수에 삐침 별丿을 더한 문자이다.

흰 비단  환

선扇은 지게 호戶 아래에 깃 우羽를 더한 문자로, 부채篷, 문짝扉, 움직이다動,吹揚, 부채질하다扇涼 등의 뜻이 있다. 그러므로 환선紈扇이란 얇은 깁으로 만든 부채를 가리키는 말이다.

부채  선

원圓은 나라 국口 안에 원員으로 발음을 할 때는 관원官數의 뜻이 있으며, 운員으로 발음을 할 때는 더하다益, 땅 이름鳥員 등의 뜻이 있는 원員을 더한 문자로, 둥글다方之對, 원만하다豊滿, 둘레周, 온전全, 돈貨幣單位 등의 뜻이 있으며, 원員은 입 구口 아래에 조개 패貝를 더한 문자이다.

둥글  원

결潔은 물 수氵 변에 혈絜로 발음을 할 때는 재다度, 絜矩, 헤아리다度, 絜矩, 약속하다約束 등의 뜻이 있으며, 결絜로 발음을 할 때는 삼한 끝麻一耑, 고요하다靜, 조촐하다淸 등의 뜻이 있는 혈絜을 더한 문자로, 맑다淸, 정결하다淨 등의 뜻이 있으며, 혈絜은 실 사糸 위에 예쁠容貌美好 봉丰과 칼 도刀를 더한 문자이다.

깨끗할  결

## 紈扇圓潔 銀燭煒煌

은銀은 쇠 금金 변에 동북 간艮을 더한 문자로, 은白色金屬, 은빛白色銀河, 돈金錢 등의 뜻이 있다.

**은 은**

촉燭은 불 화火 변에 땅 이름 촉蜀을 더한 문자로, 촛불蠟炬, 비치다照, 밝다明, 풀 이름草名, 약 이름藥名 등의 뜻이 있으며, 촉蜀은 벌레 충虫 부수에 있다.

**촛불 촉**

위煒는 불 화火 변에 다룬 가죽柔皮 위韋를 더한 문자로, 벌겋다盛赤, 환하다光 등의 뜻이 있으며, 위韋는 하나의 부수이다.

**환할 위**

황煌은 불 화火 변에 황제君, 皇帝, 임금君, 皇帝, 크다大, 바르다正, 비로소始, 아름답다歎美辭, 성하다美盛貌, 빛나다光貌, 엄숙하다嚴肅 등의 뜻이 있는 황皇을 더한 문자로, 환히 밝다火光, 빛나다輝, 성하다盛, 고을 이름郡名敦煌 등의 뜻이 있으며, 황皇은 흰 백白 아래에 임금 왕王을 더한 문자이다.

**빛날 황**

환선紈扇은 둥글고 깨끗하며, 은촉銀燭은 휘황輝煌찬란하게 빛난다. 환선紈扇은 흰 비단으로 만든 부채를 가리키며, 은촉銀燭은 은 촛대의 불빛을 가리킨다.

| | |
|---|---|
| 晝<br>낮 주 | 주晝는 날 일日 부수部首로, 지을 율聿과 한 일一을 더한 문자로, 낮日中, 땅 이름地名 등의 뜻이 있다. |
| 眠<br>잘 면 | 면眠은 눈 목目 변에 백성 민民을 더한 문자로, 졸다翁目, 지각이 없다無知, 자다寐, 어지럽다亂, 무성하다茂密貌 등의 뜻이 있으며, 민民은 성씨姓氏 부수에 있다. |
| 夕<br>저녁 석 | 석夕은 하나의 부수로, 석夕으로 발음을 할 때는 저녁最之對, 저물다暮, 쏠리다斜, 밤夜間, 제하다除, 서녁西方 등의 뜻이 있으며, 사夕로 발음을 할 때는 움큼一握 등의 뜻이 있다. |
| 寐<br>잘 매 | 매寐는 움집 면宀 부수로, 잠자다寢, 쉬다息 등의 뜻이 있다. |

# 晝眠夕寐 藍筍象床

람藍은 풀 초艹 아래에 볼 감監을 더한 문자로, 쪽染青草, 옷 해지다藍縷
蔽衣, 절伽藍僧居, 성姓 등의 뜻이 있으며, 감監은 그릇 명皿 부수에 있다.

쪽 람

순筍은 대 죽竹 아래에 열흘十日, 두루徧, 고르다均, 요괴로운 별妖星妖
始, 가득하다滿 등의 뜻이 있는 순旬을 더한 문자로, 죽순竹萌, 대순竹萌
등의 뜻이 있으며, 순旬은 날 일日 부수에 쌀 포勹를 더한 문자이다.

죽순 순

상象은 돼지 시豕 부수로, 코끼리南方大獸長鼻牙, 형상하다形, 빛나다光
耀, 법 받다法, 역관通言官, 물귀신, 춤 이름舞名 등의 뜻이 있다.

코끼리 상

상床은 바위 집 엄广 안에 나무 목木을 더한 문자로, 평상臥榻牀簀, 마루
人所坐臥, 걸상跨床, 우물 난간井幹 등의 뜻이 있으며, 상床은 조각 널 장爿
변에 나무 목木을 더한 상牀과 동일同一한 문자이다.

상 상

낮에 졸고, 저녁에 잠이 드니, 쪽빛 죽순의 코끼리 침상이다.

현絃은 실 사糸 변에 검을 현玄을 더한 문자로, 줄 풍류八音之絲, 管絃의 뜻이 있다.

**줄 현**

가歌는 하품할 흠欠 변에 언니呼兄, 노래하다歌, 성 지명하다指稱姓氏 등의 뜻이 있는 가哥를 더한 문자로, 노래永言以聲, 읊다詠, 장단 맞추다曲合樂 등의 뜻이 있으며, 가哥는 입 구口 부수로, 옳을 가可 위에 옳을 가可를 더한 문자이고, 가可는 입 구口 변에 천간天干 정丁을 더한 문자이며, 정丁은 한 일ー 부수部首에 갈구리 궐亅을 더한 문자이다.

**노래 가**

주酒는 닭이 유酉 변에 물 수氵를 더한 문자로, 술米麴所釀, 냉수明水玄酒, 벼슬 이름官名祭酒 등의 뜻이 있다.

**술 주**

연讌은 말씀 언言 변에 연나라國名, 제비龜玄鳥, 편안하다安, 잔치宴 등의 뜻이 있는 연燕을 더한 문자로, 잔치會飮, 모여 말하다合語讌坐 등의 뜻이 있다. 연讌과 의미가 비슷한 연燕은 불 화灬 부수에 있으며, 연宴은 움집 면宀 아래에 늦다晏, 편안하다安, 하늘이 맑다天清, 곱다鮮盛, 부드럽다柔和 등의 뜻이 있는 안妟을 더한 문자로 편안하다安, 잔치饗禮, 즐기다樂 등의 뜻이 있다. 안妟은 안晏과 의미가 같다. 이로써 연宴의 상형은 집宀에서 편안하다거나妟 해日가 뜬 날 집宀에 여자女와 음식이 있다는 의미로도 보인다.

**잔치 연**

# 絃歌酒讌 接盃擧觴

이을 접

접接은 손 수扌 변에 첩不聘側室, 작은집小室, 나女己卑稱, 계집애童女 등의 뜻이 있는 첩妾을 더한 문자로, 대접하다待接, 사귀다交, 가깝다近, 잇다續, 접하다付, 接木, 합하다合, 모이다會, 가지다持, 받다受 등의 뜻이 있다. 첩妾은 여자 녀女 위에 속할速意 립立을 더한 문자이니, 본래 계집애童女를 의미한 것으로 보이며, 과거에는 여자가 자신을 낮춰서 첩妾이라고 칭했음도 짐작할 수 있다.

잔 배

배盃는 그릇 명皿 위에 아닐 불不을 더한 문자로, 잔飮酒器, 밥그릇盂 등의 뜻이 있으며, 불不은 한 일一 부수에 있다. 배盃는 나무 목木 변에 아닐 불不을 한 배杯와 같은 문자이다.

들 거

거擧는 손 수手 변에 더불 여與를 더한 문자로, 들다扛, 받들다擎, 일컫다稱, 움직이다動, 모두皆, 행하다行, 말하다言, 합하다合, 새가 날다鳥飛, 일으키다起 등의 뜻이 있다.

잔 상

상觴은 뿔, 찌르다觸, 다투다競, 비교하다校, 모퉁이隅, 태평소吹器, 휘量器, 쌍상투頭髻總角, 이마의 뼈額骨 등의 뜻이 있는 각角 부수로, 잔酒危總名의 뜻이 있다.

현絃(거문고)을 타고 노래하며 주연酒讌이 벌어지니, 술잔을 서로 주고받으며 이어지는구나.

| | |
|---|---|
| 矯<br><br>바로잡을 교, 들 교 | 교矯는 화살 시矢 변에 큰 나무大樹, 松, 栢, 檜, 杉類, 높다高, 창 갈구리矛上句, 교만驕 등의 뜻이 있는 교喬를 더한 문자로, 바로잡다揉箭正曲, 거짓詐, 오로지 하다擅, 망령되이 부탁하다妄托, 날래다勇, 굳세다强, 들다擧 등의 뜻이 있으며, 교喬는 입 구口 부수에 있다. |
| 手<br><br>손 수 | 수手는 하나의 부수로, 손肢, 所以執持, 잡다執, 치다擊 등의 뜻이 있다. |
| 頓<br><br>두드릴 돈 | 돈頓은 마리頭 혈頁 변에 둔屯으로 발음을 할 때는 모이다聚, 진치다聚, 둔전兵耕屯田, 둔치다勒兵守 등의 뜻이 있으며, 준屯으로 발음을 할 때는 어렵다難, 두텁다厚, 인색하다吝, 괘 이름卦名 등의 뜻이 있는 둔屯을 더한 문자로, 돈頓으로 발음을 할 때는 꾸벅거리다下首至地, 머리를 조아리다下首至地, 절하다下首至地, 그치다止, 패하다敗, 저축하다貯, 버리다捨, 무너지다壞, 委頓, 급하다遽, 陟頓, 밥 한차례食一次, 숙식하는 곳宿食所, 가지런히 하다整頓, 별안간俄 등의 뜻이 있으며, 둔頓으로 발음을 할 때는 무디다固鈍의 뜻이 있으며, 돌頓로 발음을 할 때는 오랑캐 이름單于太子冒頓의 뜻이 있으며, 둔屯은 왼손 좌 부수에 있다. |
| 足<br><br>발 족 | 족足은 하나의 부수로, 족足으로 발음을 할 때는 발趾, 흡족하다满, 그치다止, 넉넉하다無欠 등의 뜻이 있으며, 주足로 발음을 할 때는 더하다益, 添物, 과히 공손하다便僻足恭 등의 뜻이 있다. |

# 矯手頓足 悅豫且康

기쁠     열

열悅은 마음 심忄 변에 기꺼울 태兌를 더한 문자로, 즐겁다樂, 기껍다喜, 복종하다服, 성姓 등의 뜻이 있으며, 태兌는 어진 사람 궤儿 부수에 여덟 팔八과 입 구口를 더한 문자이므로, 팔八 밑에 형兄이니, 팔형八兄이라고도 할 수 있다.

미리 예, 놀 예

예豫는 돼지 시豕 부수로 코끼리 상象에 나 여予를 더한 문자로, 먼저무, 先, 미리무, 머뭇거리다猶豫, 기쁘다悅, 놀다游, 참여하다參與, 편안하다逸, 괘 이름卦名, 짐승 이름獸名猶豫 등의 뜻이 있으며, 여予는 갈고리 궐亅 부수에 있다.

또     차

차且는 한 일一 부수로, 차且로 발음을 할 때는 또又, 그 위에加之 등의 뜻이 있으며, 저且로 발음을 할 때는 나가지 않다不進, 많다多 등의 뜻이 있다.

편안     강

강康은 바위 집 엄广 부수에 이隶로 발음을 할 때는 근본本, 밑본 등의 뜻이 있으며, 대隶로 발음을 할 때는 미치다及, 더불어與 등의 뜻이 있는 이隶를 더한 문자로, 편안하다安, 즐겁다樂, 화하다和, 오거리五達衢, 풍년 들다年豐, 헛되다空, 성姓 등의 뜻이 있으며, 이隶는 하나의 부수이다. 강녕康寧은 건강하고 마음이 편안함을 가리킨다. 강康과 의미가 비슷한 건健은 사람 인亻 변에 세울 건建을 더한 문자로, 굳세다强, 병 없다無病 등의 뜻이 있으며, 건建은 당길 인廴 변에 지을 율聿을 더한 문자이며, 율聿은 하나의 부수이다. 이로써 강康은 편안한 마음을 가리키며, 건健은 편안한 신체身體를 가리킨다고 하겠다.

손을 들고 발을 두드리며 기쁘게 춤을 추며 노니, 마음도 역시 편안하다.

嫡

정실　적

적嫡은 여자 녀女 변에 나무뿌리 적啇을 더한 문자로, 정실正室, 큰마누라正室, 맏아들本妻所生子 등의 뜻이 있으며, 적啇은 입 구口 부수에 있다.

後

뒤　후

후後는 자축거릴 척彳 변으로, 적을 요幺 아래에 뒤에 올 치夊를 더한 문자로, 뒤前之對, 늦다遲, 아들嗣, 뒤지다後之 등의 뜻이 있다.

嗣

이을　사

사嗣는 입 구口 아래에 책簡編, 꾀謀 등의 뜻이 있는 책冊 변과 맡다主, 벼슬有司職事, 엿보다伺, 차지하다占, 마을府 등의 뜻이 있는 사司를 더한 문자로, 잇다續, 繼, 익히다習, 자손子孫 등의 뜻이 있으며, 책冊은 멀 경 부수이며, 사司는 입 구口 부수에 있다.

續

이을　속

속續은 실 사糸 변에 팔 매賣를 더한 문자로, 잇다繼의 뜻이 있으며, 매賣는 조개 패貝 위에 그물 망罒과 선비 사士를 더한 문자이다.

嫡後嗣續 祭祀蒸嘗

제사 제

제祭는 바칠 시示 부수로, 제祭로 발음을 할 때는 제사祀, 기고祇 등의 뜻이 있고, 채祭로 발음을 할 때는 성姓의 뜻이 있다. 이처럼 제祭는 바칠 시示 부수에 있으나, 제祭와 닮은 제祭는 걸을定足漸行 발⼦ 아래에 바칠 시示를 더한 문자로, 제祭의 속자이다.

제사 사

사祀는 바칠 시示 부수에 뱀 사巳를 더한 문자로, 제사祭, 해年 등의 뜻이 있다.

찔 증

증蒸은 풀 초艹 아래에 불김火氣行, 찌다炊, 김 오르다熏, 겨울 제사冬祭, 임금君, 어조사語辭, 무리衆, 두텁다厚, 나가다進 등의 뜻이 있는 증烝을 더한 문자로, 홰炬, 찌다熏, 삼대麻中幹, 무리衆, 섶薪 등의 뜻이 있으며, 증烝은 불 화灬 위에 정승 승丞을 더한 문자이며, 승丞은 한 일一 위에 이을 승承을 더한 문자이며, 승承은 물 수水 변에 있다. 그러나 승丞은 손 수手 변에 있는 이을 승承과 의미는 같다.

맛볼 상, 일찍 상

상嘗은 입 구口 부수로, 맛보다探味, 시험하다試, 일찍이曾 등의 뜻이 있다.

맏이는 후사後嗣를 이어 조상의 제사를 모시되 겨울 제사는 증蒸이라 하고, 가을 제사는 상嘗이라고 한다.

계稽는 벼 화禾 변에 더욱 우尤, 그 아래에 맛있을 지旨를 더한 문자로, 상고하다考, 머무르다留止, 저축하다貯滯, 익살 부리다轉貌滑稽, 계고하다計, 의논하다議, 이르다至, 같다同, 머리 숙이다下首, 꾸벅거리다下首 등의 뜻이 있으며, 우尤는 절름발이足跛曲 왕尢 자 위에 표할 주、를 더한 문자이며, 지旨는 날 일日 위에 비수 비匕를 더한 문자이다.

조아릴 　계

상顙은 머리 혈頁 변에 뽕나무其葉養蠶, 해 돋는 곳日出處扶桑, 땅 이름地名 등의 뜻이 있는 상桑을 더한 문자로, 이마顙의 뜻이 있으며, 상桑은 나무 목木 부수에 있다. 계상稽顙은 이마가 땅에 닿도록 몸을 굽혀 절을 한다는 말이다.

이마 　상

재再는 들 경　부수로, 두 번兩, 거듭重 등의 뜻이 있다.

둘 　재

배拜는 손 수手 변으로, 절兩手下稽首至地, 절하다兩手下稽首至地, 굴복하다服, 벼슬 주다授官, 예배하다禮 등의 뜻이 있다. 재배再拜란 두 번 절함, 또는 편지 끝에 쓰던 말이며, 계상재배稽顙再拜는 머리를 조아려 두 번 절한다는 의미이다.

절 　배

稽顙再拜 悚懼恐惶

송悚은 마음 심忄 변에 묶을 속束을 더한 문자로, 두렵다恐, 송구하다懼 등의 뜻이 있으며, 속束은 나무 목木 부수에 입 구口를 더한 문자이다.

**두려워할 송**

구懼는 마음 심忄 변에 놀라 보다驚視, 마음 놀라다心驚瞿然, 두렵다恐 등의 뜻이 있는 구瞿를 더한 문자로, 두려워하다恐, 근심하다憂, 조심하다愼, 깜짝 놀라다驚 등의 뜻이 있으며, 구瞿는 눈 목目 부수에 있다. 송구悚懼는 마음이 두렵고 거북하다는 뜻이다.

**두려워할 구**

공恐은 마음 심心 위에 장인 공工과 무릇大槪, 다皆, 범상하다常 등의 뜻이 있는 범凡을 더한 문자로, 두렵다懼, 염려하다慮, 헤아리다億度, 의심하다疑 등의 뜻이 있으며, 범凡은 안석 궤几 부수에 표할 주丶를 더한 문자이다.

**두려워할 공**

황惶은 마음 심忄 변에 임금 황皇을 더한 문자로, 두려워하다懼, 혹하다惑, 바쁘다遽 등의 뜻이 있으며, 황皇은 흰 백白 아래에 임금 왕王을 더한 문자이다. 공황恐惶이란 두려워 어찌할 바를 모른다는 뜻이다.

**두려워할 황**

이마를 조아려 재배再拜하며, 두려워하고 두려워한다. 즉 송구悚懼하고 공황恐惶되며, 엄숙하고 지극하게 공경한 마음을 가지고 이마를 조아려 두 번 절한다.

| | |
|---|---|
| 牋 | 전牋은 조각折開木片, 쪼개다半, 짝二物事中一方 등의 뜻이 있는 편片 변에 전戔으로 발음을 할 때는 쌓다委積의 뜻이 있으며, 잔戔으로 발음을 할 때는 도적賊, 상하다傷 등의 뜻이 있는 전戔을 더한 문자로, 표表, 글文書, 문체 이름文體名 등의 뜻이 있으며, 전戔은 창 과戈 위에 창 과戈를 더한 문자이다. |
| 편지 전 | |

| | |
|---|---|
| 牒 | 첩牒은 조각 편片에 모진 나무 엽枼을 더한 문자로, 편지札, 공문官廳公文通牒, 서판書板, 송사訟辭, 족보譜, 무늬 놓은 베疊布, 첩지判任授官牒紙 등의 뜻이 있으며, 엽枼은 나무 목木 위에 인간 세世를 더한 문자이고, 세世는 한 일一 부수에 있다. |
| 편지 첩 | |

| | |
|---|---|
| 簡 | 간簡은 대 죽竹 아래에 사이 간間을 더한 문자로, 편지札, 대쪽記文竹牒, 간략하다略, 쉽다易, 분별하다分別, 중요하다要, 구하다求, 진실로誠, 점고하다檢閱, 검열하다檢閱, 열람하다閱, 가리다選, 크다大 등의 뜻이 있으며, 간間은 문 문門 안에 날 일日을 더한 문자이다. |
| 편지 간 | |

| | |
|---|---|
| 要 | 요要는 덮을 아襾 아래에 여자 녀女를 더한 문자로, 취조하다取調, 구하다求, 살피다察, 언약約, 모다會, 겁박하다劫, 억지로 하다勒, 기다리다待, 부르다招, 하고자 하다欲, 허리腰, 반드시必 등의 뜻이 있다. 간요簡要는 간단하고 요령이 있다는 말이다. |
| 중요 요 | |

# 牋牒簡要 顧答審詳

**돌아볼 고**

　고顧는 머리 혈頁 변에 지게 호戶, 그 아래에 새 추隹를 더한 문자로, 돌아보다回首旋視, 돌보아주다眷, 돌이키다反, 도리어發語辭 등의 뜻이 있다.

**대답 답**

　답答은 대 죽竹 아래에 합合으로 발음을 할 때는 모이다會, 합하다結合, 같다同, 대답하다答 등의 뜻이 있으며, 갑合으로 발음을 할 때는 부르다呼, 화하다和 등의 뜻이 있는 합合을 더한 문자로 대답對, 갚다報, 굵은 베麤布, 그렇다 하다然, 죽창竹箇, 마땅하다當 등의 뜻이 있으며, 합合은 입 구口 위에 사람 인人과 한 일一을 더한 문자이다.

**살필 심**

　심審은 움집 면宀 아래에 번番으로 발음을 할 때는 번수數, 한 번數, 번들다直宿更 등의 뜻이 있으며, 반番으로 발음을 할 때는 가리다遞, 차례次, 땅이름地名 등의 뜻이 있으며, 파番로 발음을 할 때는 날래다勇貌, 하얗게 늙다老貌 등의 뜻이 있는 번番을 더한 문자로, 알다悉, 살피다悉, 자세하다詳, 알아내다鞫事, 심문하다審理, 묶다束, 과연然 등의 뜻이 있으며, 번番은 밭 전田 위에 분별할辨別 변釆을 더한 문자이다.

**자세할 상**

　상詳은 말씀 언言 변에 양 양羊을 더한 문자로, 상詳으로 발음을 할 때는 자세하다審, 다하다悉 등의 뜻이 있으며, 양詳으로 발음을 할 때는 거짓詐이란 뜻이 있다.

---

글과 편지는 간략하기를 바라며, 편지의 회답은 상세히 써야 한다.

| | |
|---|---|
| **骸** 뼈 해 | 해骸는 뼈 골骨 변에 돼지 해亥를 더한 문자로, 뼈百骸骨, 몸身體形骸 등의 뜻이 있으며, 해亥는 뜻 없는 토 두亠 부수에 있다. |
| **垢** 때 구 | 구垢는 흙 토土 변에 임금君, 뒤後, 왕비王妃, 땅을 맡은 귀신社神后土 등의 뜻이 있는 후后를 더한 문자로, 때滓扞塵垢, 더럽다汚, 부끄럽다恥心 등의 뜻이 있으며, 후后는 입 구口 부수에 있다. |
|  **想** 생각할 상 | 상想은 마음 심心 위에 서로 상相을 더한 문자로, 생각하다心有所欲而思, 생각心有所欲而思, 뜻하다意之, 희망冀思 등의 뜻이 있으므로 상想은 생각한다는 의미는 같을지라도 사색思索(사물의 이치)보다는 상사想思(생각)에 가까운 문자이며, 상相은 눈 목目 변에 나무 목木을 더한 문자이다. |
|  **浴** 목욕할 욕 | 욕浴은 물 수氵 변에 골 곡谷을 더한 문자로, 미역 감다灑身, 목욕하다灑身, 물 이름陰山水名 등의 뜻이 있으므로, 예전에는 욕浴을 골짜기谷에 있는 물氵에서나 할 수 있었음을 알 수 있는 문자라고 하겠다. |

# 骸垢想浴 執熱願涼

잡을     집

집執은 흙 토土 부수로, 잡다操持, 지키다守, 맡다掌, 잡다捕, 막다塞, 가두다拘, 아비 친구父友, 가지다操. 持 등의 뜻이 있다.

더울     열

열熱은 불 화灬 위에 심을樹種 예埶를 더한 문자로, 덥다溫, 뜨겁다溫, 더위暑度, 불꽃 기운炎氣, 흥분하다激昴, 정성誠, 쏠리다一心, 하고자 하다一心 등의 뜻이 있다. 예埶는 흙 토土 부수로, 버섯坴에 둥글 환丸을 더한 문자이며, 육坴은 흙 토土 부수이며, 환丸은 표할 주丶 부수에 아홉 구九를 더한 문자이며, 구九는 새 을乙 부수에 있다.

원할     원

원願은 마리 혈頁 변에 언덕 원原을 더한 문자로, 원하다欲, 하고자 하다欲, 바라다顒望, 부러워하다羨慕, 생각하다思, 청하다請 등의 뜻이 있으며, 원原은 바위 엄厂 안에 흰 백白, 그 아래에 적을 소小를 더한 문자이다.

서늘할     량

량涼은 물 수氵 변에 서울 경京을 더한 문자로, 서늘하다微冷, 바람 이름風名, 엷다薄, 돕다佐, 믿다信 등의 뜻이 있으며, 량涼과 닮은 량凉은 얼음 빙冫 변에 서울 경京을 더한 문자로, 서늘하다輕寒의 뜻이 있다. 이 두 문자의 차이점은 량涼은 미냉微冷이므로 약간 차서 쓸쓸한 정도이며, 량凉은 경한輕寒이므로 가볍게 추울 정도라고 하겠다. 경京은 뜻 없는 토 두亠 아래에 실마리緖 구口와 작을 소小를 더한 문자이다.

몸에 때가 끼면 목욕할 생각이 나며, 더우면 서늘한 것을 원한다.

| | |
|---|---|
| **驢**<br>나귀 려 | 려驢는 말 마馬 변에 술집賣酒區, 술청賣酒區, 검은빛黑色, 박 이름匏名, 눈동자目中黑子, 사냥개田犬, 창矛屬勃盧, 깔깔 웃다笑, 胡盧, 둥글다規矩, 성姓, 말머리 치장馬首飾當盧 등의 뜻이 있는 로盧를 더한 문자로, 나귀란 뜻이 있으며, 로盧는 그릇 명皿 부수에 있다. |
| **騾**<br>노새 라 | 라騾는 말 마馬 변에 포갤 루累를 더한 문자로, 노새騎畜驢馬交生란 뜻이 있으며, 루累는 실 사糸 위에 밭 전田을 더한 문자이다. |
| **犢**<br>송아지 독 | 독犢은 소耕畜大牲, 별 이름星名牽牛 등의 뜻이 있는 우牛 변에 팔 매賣를 더한 문자로, 송아지小牛, 작은 소小牛 등의 뜻이 있으며, 매賣는 조개 패貝 부수에 있다. |
| **特**<br>특별 특, 수컷 특 | 특特은 소 우牛 변에 절 사寺를 더한 문자로, 우뚝하다挺立, 특별하다挺立, 수소牝牛, 세 살쯤 된 짐승獸三歲, 다만但, 홀 짐승獨, 뛰어나다格別, 수컷雄 등의 뜻이 있으며, 사寺는 마디 촌寸 부수에 있다. |

# 驢騾犢特 駭躍超驤

해駭는 말 마馬 변에 돼지 해亥를 더한 문자로, 놀라 일어나다驚起, 북 울리다駭鼓 등의 뜻이 있으며, 해亥는 뜻 없는 토 두亠 부수에 있다.

놀랄　해

약躍은 발 족足 부수에 적翟으로 발음을 할 때는 꿩 깃山雉, 황후의 옷后 服, 重翟 등의 뜻이 있으며, 박翟으로 발음을 할 때는 깃 치며 날다打羽而 飛의 뜻이 있는 박翟을 더한 문자로, 뛰다跳, 超, 나아가다進 등의 뜻이 있 으며, 박翟은 깃 우羽 아래에 새 추隹를 더한 문자이다.

뛸　약

초超는 달리다奔, 빨리 달아나다疾趨, 가다往, 하인僕 등의 뜻이 있는 주 走 변에 부를 소召를 더한 문자로, 뛰어넘다越, 躍過, 뛰어나다越, 躍過, 높 다卓 등의 뜻이 있으며, 소召는 입 구口 위에 칼 도刀를 더한 문자이다.

넘을　초

양驤은 말 마馬 변에 도울贊 양襄을 더한 문자로, 말 뛰다馬低昂騰躍, 멀 다遠, 날치다擧, 벼슬 이름官名龍驤 등의 뜻이 있으며, 양襄은 옷 의衣 부 수에 있다.

달릴　양

나귀와 노새와 송아지는 수컷으로, 놀라서 뛰고 넘고 달린다.

**벨 주**

주誅는 말씀 언言 변에 붉을赤色, 南方位 주朱를 더한 문자로, 베다戮, 꾸짖다責, 베다剪除, 갈기다剪除, 벌 주다罰 등의 뜻이 있으며, 주朱는 나무 목木 부수에 있다.

**벨 참**

참斬은 근 근斤 변에 수레 거車를 더한 문자로, 베이다截, 끊다竊, 다하다盡, 목 베다斷首, 죽이다殺, 거상옷喪服不緝斬衰 등의 뜻이 있으며, 거車는 하나의 부수이다.

**도적 적**

적賊은 조개 패貝 부수에 군사兵, 싸움 수레兵車名, 크다大, 너汝, 돕다相, 서쪽 오랑캐西夷 등의 뜻이 있는 융戎을 더한 문자로, 도적寇賊盜, 해치다傷害殘賊, 상하다傷害殘賊, 역적不忠, 逆賊 등의 뜻이 있으며, 융戎은 창 과戈 변에 다섯 오五의 고자古字를 더한 문자로, 오五의 고자古字는 삐침 별ノ에 표할 주丶를 더한 문자이다.

**도적 도**

도盜는 그릇 명皿 위에 침 연涎의 본자本字를 더한 문자로, 도둑賊, 훔치다賊 등의 뜻이 있으며, 침 연涎의 본자本字는 물 수氵변에 하품할 흠欠을 더한 문자이다.

# 誅斬賊盜 捕獲叛亡

**잡을 포**

포포(捕)는 손 수扌 변에 클 보甫를 더한 문자로, 사로 잡다逮捕의 뜻이 있으며, 보甫는 쓸 용用 부수에 있다.

**얻을 획**

획획(獲)은 개 견犭 변에 잴 약蒦을 더한 문자로, 획獲으로 발음을 할 때는 얻다取得, 노비奴婢藏獲 등의 뜻이 있으며, 확獲으로 발음을 할 때는 실심하다失志隕獲, 곤박하다困迫 등의 뜻이 있다. 포획捕獲이란 적병을 사로잡는다, 짐승이나 물고기를 잡는다. 전시에 적의 선박이나 범법한 중립국의 선박을 사로잡는다는 뜻이 있다.

**배반할 반**

반반(叛)은 또 우又 부수로, 절반物中分, 쪼개다大片 등의 뜻이 있는 반半에 돌아올 반反을 더한 문자로, 배반하다背, 달아나다離, 나누이다叛散 등의 뜻이 있다. 반半은 열 십十 부수이며, 반反은 또 우又 부수에 기슭 엄厂을 더한 문자이다.

**망할 망, 없을 무**

망망(亡)은 뜻 없는 토 두亠 부수로, 죽이다殺, 없어진다失 등의 뜻이 있다.

도적賊盜은 베어 버리고, 배반하여 도망치는 자는 잡아서 다스린다.

| | |
|---|---|
| 韓<br>나라　한 | 한韓은 화할 위韋 변에 열 십十과 이를 조卓를 더한 문자로, 한나라, 삼한三韓, 한국大韓朝鮮改稱 등의 뜻이 있으며, 십十은 하나의 부수이며, 조卓는 날 일日 아래에 열 십十을 더한 문자이다. |
| 族<br>겨레 족, 일가 족 | 족族은 모 방方 부수로, 족族으로 발음을 할 때는 일가족同姓宗族, 祖子孫三族, 自高祖至玄孫九族, 겨레, 무리衆, 성씨姓氏, 모이다簇, 동류類 등의 뜻이 있으며, 주族로 발음을 할 때는 풍류 이름 류正月律太族, 樂變, 節族의 뜻이 있다. 한족韓族이란 한반도 전역과 만주에 흩어져 사는 민족을 가리킨다. |
| 蚩<br>별 이름　치 | 치蚩는 벌레 충虫 위에 한 일一을 더하고, 다시 왼손屮手 좌屮를 더한 문자로, 어리석다愚貌, 업신여기다侮, 치 벌레蟲名, 별 이름星名蚩尤旗, 사람 이름人名蚩尤 등의 뜻이 있으며, 좌屮는 움날 철屮 부수에 있다. |
| 尤<br>더욱　우 | 우尤는 절름발이足跛曲 왕尢 부수에 우측에 점이 하나 찍힌 문자로, 더욱甚, 원망하다怨, 가장最 등의 뜻이 있다. |

# 韓族蚩尤 汝諧救國

너 여

여汝는 물 수氵 변에 여자 녀女를 더한 문자로, 너爾, 성姓, 물 이름弘農水名, 고을 이름河南州名 등의 뜻이 있다.

화할 해

해諧는 말씀 언言 변에 다 개皆를 더한 문자로, 화하다和, 합하다合, 글 이름齊諧書名, 고르다調, 농지거리하다笑謔詼諧 등의 뜻이 있으며, 개皆는 흰 백白 위에 견줄 비比를 더한 문자이다.

구원할 구

구救는 칠 복攵 변에 찾다覓, 구하다索, 구걸하다乞, 짝等, 바라다所望 등의 뜻이 있는 구求를 더한 문자로, 구원하다拯, 건지다拯, 그치다止, 호위하다護, 바르다正, 돕다助 등의 뜻이 있다.

나라 국

국國은 나라 국囗 안에 혹未定辭, 아마未定辭, 의심하다疑, 괴이하다怪, 어떤 사람이誰人, 있다有 등의 뜻이 있는 혹或을 더한 문자로, 나라邦, 고향故國 등의 뜻이 있으며, 혹或은 창 과戈 부수에 입 구口, 그 아래에 한 일一을 더한 문자이다. 구국救國이란 위태한 나라를 구해낸다는 뜻이다.

한민족韓民族의 치우천왕蚩尤天王은 천하를 가지런히 하셨으며, 여해汝諧 이순신李舜臣 장군은 나라를 위난危難에서 구救하셨다.

| | |
|---|---|
| 百 <br> 일백　　백 | 백百은 흰 백白 위에 한 일一을 더한 문자로, 백百으로 발음을 할 때는 일 백十之倍의 뜻이 있고, 맥百으로 발음을 할 때는 힘쓰다勵, 길잡이行杖道驅人 등의 뜻이 있다. |
| 結 <br> 맺을　　결 | 결結은 실 사糸 변에 입 구口, 그 위에 흙 토土를 더한 문자로, 맺다締, 마치다終, 나중結局, 목세禾百負 등의 뜻이 있다. 이처럼 결結은 사람이口 땅土과의 인연으로糸 땅에서 난 것만을 철저하게 먹어야 함을 비유하여 상형한 문자라고 하겠다. 바로 이 점이 선비 사士 아래에 입 구口를 더한 길하다嘉祥, 좋다嘉祥, 착하다善, 이롭다利, 초하루朔 등의 뜻이 있는 길吉 자가 아닌 까닭이라고 하겠다. |
|  <br> 거문고　금 | 금琴은 임금 왕王 부수로 쌍 옥 각珏의 고자古字, 그 아래에 이제 금今을 더한 문자로, 거문고七絃樂란 뜻이 있다. 금今은 사람 인人 부수에 있으며, 쌍 옥 각珏의 고자古字는 임금 왕王 변에 임금 왕王을 더한 문자이다. |
|  <br> 어른　　장 | 장丈은 한 일一 부수에 어질賢才之稱 예乂를 더한 문자로, 열자十尺, 길다十尺, 어른老尊稱 등의 뜻이 있다. |

百結琴丈 朴埉整雅

클 박, 성 박

박朴은 나무 목木 변에 점 복卜을 더한 문자로, 나무 껍질木皮, 질박하다 質, 크다大, 밑둥本, 박 이름藥名厚朴 등의 뜻이 있다.

빈터　　연

연堧은 흙 토土 변에 연약하다罷弱, 가냘프다罷弱 등의 뜻이 있는 연耎을 더한 문자로, 빈터隙地, 틈서리 땅隙地, 사당집 밖 곁담廟外垣 등의 뜻이 있으며, 연耎은 말 이을 이而 아래에 큰 대大를 더한 문자이다.

정돈할　　정

정整은 칠 복攵 부수로, 묶을 속束 아래에 바를 정正을 더한 문자로, 정 돈하다齊, 신칙하다飭 등의 뜻이 있다.

雅

아담할　　아

아雅는 새 추隹 변에 어금니牡齒, 북 틀다崇牙, 대장기大將旗, 짐승 이름 獸名騧牙 등의 뜻이 있는 아牙를 더한 문자로, 본디素, 선비儒雅, 바르다 正, 떳떳하다常, 아담하다閑雅, 거동儀, 악기 이름惡器名 등의 뜻이 있으 며, 아牙는 하나의 부수이다. 정리整理란 가지런히 바로잡는다는 말이며, 아악雅樂이란 옛날 우리나라의 궁전용 고전 음악을 가리킨다.

백결 선생百結先生은 거문고를 잘 타셨으며, 박연은 아악을 정리整理하셨다. 몹시 가난하여 어찌나 누덕누덕 기운 옷을 입었던지, 세상에서는 '현순백결懸鶉百結(가난하여 입은 옷이 갈가리 찢어짐)'이란 문자를 빌려 백결 선생百結先生이라고 하였음에도 백결 선생은 한 점의 흔들림도 없이 오직 거문고만 을 사랑하여 모든 희로애락을 풀었다고 한다. 또 난계蘭溪 박연朴堧은 조선 세종 때의 음악이론가로, 아악雅樂을 정리하였다.

| | |
|---|---|
| **正**<br><br>바를 정 | 정正은 그칠 지止 변에 한 일一을 더한 문자로, 바르다方直不曲, 평하다平, 어른長, 마땅하다當, 떳떳하다常, 분별하다分辨, 질정하다平質, 미리 작정하다豫期, 벼슬位階從之對, 장관長官, 곧다直, 살코기正肉, 시우쇠正鐵, 정월正月 = 歲首, 과녁射侯畵布中, 남쪽 창室向明處 등의 뜻이 있다. 이처럼 정正은 그칠 지止 위에 한 일一을 더한 문자이다. 곧 바르다고正 하는 것은 바로 하나一 앞에서 멈추는止 것이라는 말이므로, 이는 과유불급過猶不及과 같은 말이라고 하겠다. |
| **音**<br><br>소리 음 | 음音은 하나의 부수로, 소리聲, 음訓之對, 文字讀聲, 말소리音聲, 소식音信, 편지音信, 음악樂 등의 뜻이 있다. |
| <br><br>비로소 창, 아플 창 | 창創은 칼 도刂 변에 곳집穀藏, 갑자기卒, 초상 나다喪, 슬프다喪 등의 뜻이 있는 창倉을 더한 문자로, 상하다傷, 부스럼瘡, 비로소始, 징계하다懲, 아프다痛 등의 뜻이 있으며, 창倉은 사람 인人 부수에 있다. |
| <br><br>지을 제, 마를 제 | 제製는 옷 의衣 위에 마를裁 제制를 더한 문자로, 마르다裁, 짓다造, 법제式, 본새式, 우장옷雨衣 등의 뜻이 있으며, 제制는 칼 도刂 부수에 있다. 즉 제製란 의미는 옷을 마른다裁든지, 옷을 짓는다造는 일은 천衣에 칼刂을 대는 것이 시작이라는 의미가 있다고 하겠다. |

## 正音創製 測渾擊漏

측測은 물 수氵변에 곧 즉則을 더한 문자로, 헤아리다度, 깊다深, 맑다淸, 날카롭다刃利意測 등의 뜻이 있으며, 즉則은 칼 도刂변에 조개 패貝를 더한 문자이다.

**헤아릴 측**

혼渾은 물 수氵변에 군사 군軍을 더한 문자로, 흐리다濁, 오랑캐 이름戎名吐谷渾, 섞이다雜, 후하다厚貌 등의 뜻이 있으며, 군軍은 수레 거車 위에 덮을 멱冖을 더한 문자이다.

**흐릴 혼**

격擊은 손 수手 위에 계毄로 발음을 할 때는 먹어 기르다食養之의 뜻이 있으며, 격毄으로 발음을 할 때는 떨치다拂의 뜻이 있는 계毄를 더한 문자로, 치다打, 두드리다撲, 마주치다觸, 죽이다殺, 쏘다射擊, 베다斬 등의 뜻이 있으며, 계毄는 팔모창 수殳부수에 있다.

**칠 격, 두드릴 격**

루漏는 물 수氵변에 집 샐屋漏 루屚를 더한 문자로, 새다泄, 뚫다穿, 잊다遺失忘漏, 집 서북 모퉁이屋西北隅, 누수壼水知時玉漏 등의 뜻이 있다.

**샐 루**

세종대왕께서는 천하의 으뜸 글인 훈민정음을 창제하셨으며, 측우기測雨器, 혼천의渾天儀, 자격루自擊漏도 만드셨다. 우리의 선조는 현재 동양에서 사용하는 모든 문자를 창제創製하였다. 즉 녹도문자鹿圖文字를 위시爲始해서 가림토 문자文字, 한자漢字, 이두吏讀, 구결口訣, 향찰鄕札, '가타카나' 등의 모든 문자를 창제創製하였다. 그러므로 훈민정음의 창제創製는 우리 민족이 문자를 창제하기 시작한 지 실로 여덟 번째만이며, 아주 오랜 세월이 흐르고서 비로소 이룬 쾌거快擧라고 하겠다.

| 釋<br>놓을 석, 풀릴 석 | 석釋은 분별할 변釆에 그물 망网, 그 아래에 다행할 행幸을 더한 문자로, 놓다捨, 놓다放, 풀리다消散, 두다置, 주 내다註解, 부처 이름佛號釋迦, 석가釋迦 등의 뜻이 있으며, 행幸은 방패 간干 부수에 있다. |
|---|---|
| 紛<br>어지러울 분 | 분紛은 실 사糸 변에 나눌 분分을 더한 문자로, 잡되다雜, 어지럽다亂, 많다衆 등의 뜻이 있으며, 분分은 칼 도刀 부수에 들 입入을 더하였으므로 곧 칼刀을 들어서入 자르므로 나누어진다分는 의미의 상형이라고 하겠다. 분紛과 닮은 분粉은 쌀 미米 변에 나눌 분分을 더한 문자로, 가루硏米, 분燒鉛所以傳面潤色粉飾, 회색 벽 하다塗壁 등의 뜻이 있다. |
| 利<br>이로울 리 | 리利는 칼 도刂 변에 벼 화禾를 더한 문자로, 이롭다吉, 길하다吉, 변리子金息, 이자子金息 등의 뜻이 있다. |
| 俗<br>풍속 속 | 속俗은 사람 인亻 변에 기를 양養 곡谷을 더한 문자로, 풍속慣, 上化下習, 익히다習, 속되다不雅, 하고자欲 등의 뜻이 있으며, 곡谷은 하나의 부수이다. |

釋紛利俗 竝皆佳妙

| | |
|---|---|
| 竝<br><br>아우를　병 | 　병竝은 설 립효 변에 설 립효을 더한 문자로, 병竝으로 발음을 할 때는 아우르다倂, 견주다比, 다皆, 서로 붙잡다相扶 등의 뜻이 있으며, 반竝으로 발음을 할 때는 짝하다與人同處, 고을 이름縣名 등의 뜻이 있으며, 방竝으로 발음을 할 때는 연하다連, 가깝다近 등의 뜻이 있다. 혼동하기 쉬운 문자로 병幷은 방패 간干 부수로, 합하다合, 미치다反, 같다同, 아우르다竝, 겸하다兼 등의 뜻이 있으며, 병幷과 닮은 병倂은 사람 인人 변에 합할 병幷을 더한 문자로, 나란히 하다竝, 물리치다屛棄, 합하다合 등의 뜻이 있다. |
| 皆<br><br>다　개 | 　개皆는 흰 백白 위에 견줄 비比를 더한 문자로, 다俱辭, 같다同 등의 뜻이 있다. |
| 佳<br><br>아름다울　가 | 　가佳는 사람 인亻변에 서옥 규圭를 더한 문자로, 가佳로 발음을 할 때는 아름답다美, 기리다襃 등의 뜻이 있으며, 개佳로 발음을 할 때는 착하다善는 뜻이 있다. |
| 妙<br><br>묘할　묘 | 　묘妙는 여자 녀女 변에 젊을 소少를 더한 문자로, 묘하다神化不測, 신비하다神秘, 정미하다精微, 간들거리다纖媚, 예쁘다美, 소년少年 등의 뜻이 있으며, 소少는 작을微, 狹隘 소小 아래에 삐침 별丿을 더한 문자이다. 이처럼 귀신의 조화造化로 사람으로서는 미처 헤아리기 어려운 일을神化不測 가리켜서 여자 녀女 변에 젊을 소少를 하였으니, 세상에서 묘妙한 존재는 바로 젊은 여자라고 하는 말 같다. |

　이처럼 많은 사람이 어지러움을 풀고 풍속을 이롭게 하니, 많은 문물文物이 서로 조화를 이루어 묘하고 아름답다.

년年은 방패 간干 부수로, 해穀一熟世, 十二個月, 연치齒, 나가다進 등의 뜻이 있다.

**햇 년**

시矢는 하나의 부수로, 화살箭, 맹세하다誓, 곧다直, 베풀다施, 똥糞 등의 뜻이 있다. 시矢와 닮은 실失은 큰 대大 부수로, 잃다得之反貴, 그릇되다錯, 差誤, 과실過失 등의 뜻이 있다.

**화살 시**

매每는 없을 무毋 부수로, 매양常, 일상常, 무릇凡, 각각各, 탐하다貪, 비록雖, 여러 번屢, 세다數, 좋은 밭田美, 풀 성하다草盛 등의 뜻이 있으며, 매每는 말 무毋에 표할 주·를 더한 어미 모母가 들어간 문자이다. 그러므로 모母는 어미父之配, 生我慈親, 惟天地萬物父母, 장모妻母, 聘母, 암컷禽獸之北, 모체母體 등의 뜻이 있다.

**매양 매**

催

최催는 사람 인亻변에 높은 모양高貌崔嵬, 높고 가파르다高峻貌, 고을 이름齊邑名, 성姓 등의 뜻이 있는 최崔를 더한 문자로, 재촉促의 뜻이 있으며, 최崔는 뫼 산山 아래에 새 추隹를 더한 문자이다.

**재촉 최**

年矢每催 曦暉朗耀

**햇빛 희**

희曦는 날 일日 변에 기운氣, 복희帝號, 伏羲, 벼슬 이름官名羲和, 성姓 등의 뜻이 있는 희羲를 더한 문자로, 햇빛日光赫曦이란 뜻이 있으며, 희羲는 양수과羊秀戈로 양 양羊 아래에 빼어나다榮茂, 무성하다茂, 이삭禾吐華, 벼 피다禾吐華, 아름답다美, 수재秀才 등의 뜻이 있는 수秀와 창 과戈를 더한 문자이다. 수秀는 벼 화禾 아래에 내乃를 더한 문자이며, 내乃는 삐침 별丿 부수에 있다.

**빛날 휘**

휘暉는 날 일日 변에 군사 군軍을 더한 문자로, 햇빛日光, 빛나다發光 등의 뜻이 있으며, 군軍은 수레 거車 위에 덮을 멱冖을 더한 문자이다.

**달 밝을 랑**

랑朗은 달 월月 변에 어질 량良을 더한 문자로, 달 밝다明의 뜻이 있다.

**빛날 요**

요耀는 깃 우羽 부수로 깃 우羽 아래에 새 추隹를 더한 꿩 깃 적翟 변에 빛 광光을 더한 문자로, 빛나다光, 照耀의 뜻이 있으며, 광光은 어진 사람 궤儿변에 있다.

---

세월은 화살처럼 매양 재촉하는 것 같고, 해와 달은 온 세상을 밝게 비친다.

구슬 선

선璇은 임금 왕玉 변에 돌이키다反, 빠르다疾, 오줌小便, 주선하다指揮周旋, 종을 달다懸鍾, 돌아다니다廻, 盤旋, 구르다轉, 斡旋, 둘리다遴 등의 뜻이 있는 선旋을 더한 문자로, 구슬玉名, 별 이름星名, 璇璣 등의 뜻이 있으며, 선旋은 모 방方 부수에 있다.

구슬 기

기璣는 임금 왕玉 변에 얼마多少如何 기幾를 더한 문자로, 작은 구슬小珠, 선기渾天儀, 별 이름星名 등의 뜻이 있으며, 기幾는 작을小 요幺를 거듭 더한 작을微 유幺 아래에 수 자리守邊 수戍를 더한 문자이며, 수戍는 창 과戈 부수로, 천간 무戊에 표할 주丶를 더한 문자이다.

달 현

현懸은 마음 심心 위에 달리다繫, 달다繫, 끊어지다絶, 고을 등의 뜻이 있는 현縣을 더한 문자로, 달리다揭, 매달다繫, 멀다遠 등의 뜻이 있으며, 현縣은 실 사糸 부수에 있다.

빙빙 돌 알

알斡은 말量名十升, 열 되들이量名十升, 술 그릇酒器, 글씨書形科斗, 별 이름星名, 문득忽 등의 뜻이 있는 두斗 변으로, 돌이키다旋, 구르다轉, 운전하다運, 자루柄, 주장하다主 등의 뜻이 있다.

# 璇璣懸斡 晦魄環照

회晦는 날 일日 변에 매양 매每를 더한 문자로, 그믐月終昧, 어둡다冥, 밤夜, 얼마 못되다ㄴ幾, 안개, 늦다晚, 숨기다隱匿 등의 뜻이 있으며, 매每는 말勹 무毋 부수에 있으나, 매每는 말 무毋에 표할 주ヽ를 더한 어미 모母가 들어간 문자이다.

**그믐 회, 밤 회**

백魄은 귀신 귀鬼 변에 흰 백白을 더한 문자로, 백魄으로 발음을 할 때는 넋, 혼魂 등의 뜻이 있으며, 박魄으로 발음을 할 때는 넋을 잃다志行衰惡落魄, 재강糟魄 등의 뜻이 있으며, 탁魄으로 발음을 할 때는 넋을 잃다失業落魄의 뜻이 있다.

**넋 백, 달빛 백**

환環은 임금 왕玉 부수에 놀라서 바라볼目驚視 경瞏을 더한 문자로, 둘레周廻, 도리옥璧屬, 둘리다繞, 옥고리圓成無端 등의 뜻이 있으며, 경瞏은 눈 목目 부수에 있다.

**고리 환, 둘릴 환**

조照는 불 화灬 위에 조昭로 발음을 할 때는 나타나다著, 빛나다光, 밝다明 등의 뜻이 있으며, 소昭로 발음을 할 때는 소목昭穆廟位, 소명하다詳, 태평세월昭代 등의 뜻이 있는 소昭를 더한 문자로, 비치다明所燭, 빛나다光發, 비교하다比較 등의 뜻이 있다. 소昭는 날 일日 변에 부를 소召를 더한 문자이며, 소召는 입 구口 위에 칼 도刀를 더한 문자이다.

**비칠 조**

높이 달린 선기璇璣도 빙빙 돌고, 어두운 밤에 뜬 달도 고리처럼 돌며 비친다. 선기璇璣는 천체를 관측觀測하는데 쓰는 기구를 가리킨다.

# 指
**뜻 지, 지시할 지**

지指는 손 수扌 변에 맛있다味, 뜻意向, 뜻하다意向, 아름답다美, 칙서王言詔旨 등의 뜻이 있는 지旨를 더한 문자로, 손가락手端, 지시하다示, 뜻歸趣 등의 뜻이 있으며, 지旨는 날 일日 위에 비수 비比를 더한 문자이다.

# 薪
**섶 신**

신薪은 풀 초艹 아래에 새初 신新을 더한 문자로, 섶堯, 柴, 땔나무堯, 柴, 풀草, 월급薪水 등의 뜻이 있으며, 신新은 근 근斤 변에 나무 목木, 그 위에 설 립立을 더한 문자이다.

# 修
**닦을 수**

수修는 사람 인亻 변에 위아래로 통할 곤丨, 그 옆에 칠 복攵, 그 아래에 털 자랄 삼彡을 더한 문자로, 닦다飭, 옳게 하다正, 꾸미다飾, 정리하다整理 등의 뜻이 있다.

# 祐
**복 우**

우祐는 바칠 시示 변에 오른 우右를 더한 문자로, 귀신이 도와주다神助, 다행하다幸 등의 뜻이 있다. 우右는 입 구口 위에 삐침 별丿과 한 일一로 된 좌左의 본자本字를 더한 문자이다. 이는 입口의 그릇左됨을 바로 잡아 바르게右 되면 귀신도 도와준다는 의미가 있다.

# 指薪修祐 永綏吉邵

길 영

영永은 물 수水 위에 표할 주ˎ를 더한 문자로, 길다長, 오래다久, 멀다遠 등의 뜻이 있다. 그러나 영永에서 주ˎ가 수水의 왼 어깨쪽으로 흘러가 달라붙어 버리면 얼음 빙氷 자가 되어, 얼음 빙冫 변에 물 수水를 더한 빙冰 자와 같은 문자가 된다.

편안 수

수綏는 실 사糸 변에 편안하다安, 타협하다協, 일이 없다平穩, 떨어지다墮 등의 뜻이 있는 타妥를 더한 문자로, 수綏로 발음을 하면 편안하다安, 수레고삐, 여우모양狐貌 등의 뜻이 있고, 유綏로 발음을 하면 깃발 늘어지다旗旒下垂의 뜻이 있으며, 타妥는 여자 녀女 변에 손톱 조爪를 더한 문자이다.

길할 길

길吉은 입 구口 위에 선비 사士를 더한 문자로, 길하다嘉祥, 좋다嘉祥, 착하다善, 이롭다利, 초하루朔 등의 뜻이 있다.

높을 소

소邵는 고을 읍阝 변에 부를 소召를 더한 문자로, 땅 이름晉邑名, 성姓 등의 뜻이 있으며, 소召는 입 구口 위에 칼 도刀를 더한 문자이다.

와신상담臥薪嘗膽의 의지로 간절하게 도리를 닦으면 크게 길해서 영구히 편안하다. 와신상담臥薪嘗膽이란 섶에 눕고 쓸개를 맛본다는 말로, 이는 뜻을 이루려면 온갖 괴로움과 어려움을 참고 견뎌야 한다는 말이다.

| | |
|---|---|
| **矩**<br>법 구, 거동 구 | 구矩는 화살 시矢 변에 클 거E를 더한 문자로, 곡척正方器, 법法, 거동儀 등의 뜻이 있다. |
| **步**<br>걸음 보 | 보步는 그칠 지止 부수로, 걸음徒行, 다니다徒行, 걸음倍蹅, 사람이 특별히 나다人才特出獨步, 운수運, 물가水際, 선창渡頭, 머리 치장首飾步搖 등의 뜻이 있다. |
| **引**<br>끌 인 | 인引은 활 궁弓 변에 위아래로 통할 곤l을 더한 문자로, 이끌다相牽, 인도하다導, 활당길開弓, 지다負, 물러가다退, 노래곡조歌曲, 기운 들어 마시다道引服氣法, 천거하다薦引 등의 뜻이 있다. |
| **領**<br>거느릴 령, 옷깃 령 | 령領은 마리 혈頁 변에 하여금 령令을 더한 문자로, 옷깃衣體, 목項, 거느리다統理, 받다受, 종요롭다要領, 차지하다占領 등의 뜻이 있으며, 령令은 사람 인人 부수에 있다. |

# 矩步引領 俯仰先塋

**굽을 부**

부俯는 사람 인亻변에 마을 부府를 더한 문자로, 구부리다俛, 머리 숙이다垂 깊숙이 숨어 있다潛不, 굽다曲 등의 뜻이 있으며, 부府는 바위 집 엄厂 안에 줄與 부付를 더한 문자이며, 부付는 사람 인亻변에 헤아릴 촌寸을 더한 문자이다.

**우러를 앙**

앙仰은 사람 인亻변에 나我, 격앙하다激厲, 높다高, 바라다望 등의 뜻이 있는 앙卬을 더한 문자로, 우러르다擧首望, 사모하다慕, 믿다恃, 자뢰하다資 등의 뜻이 있으며, 앙卬은 몸기符卩示信, 병부符卩示信 등의 뜻이 있는 절卩 부수에 있다. 부앙俯仰이란 공경하는 마음을 가지고 구부려서 쳐다본다는 말이다.

**먼저 선, 선조 선**

선先은 어진 사람 궤几 부수로, 먼저前, 비로소始, 선조先祖, 우두머리首長, 이르다무, 끝端 등의 뜻이 있다.

**무덤 영**

영塋은 흙 토土 위에 덮을 멱冖과 두 개의 불 화火를 더한 문자로, 무덤墓, 산소葬地墓域, 장사 지낸 땅葬地墓域 등의 뜻이 있다. 선영先塋이란 선산先山으로, 조상의 무덤이 있는 곳을 가리킨다.

---

옷깃은 당기고 걸음을 바로 하며, 선영先塋을 우러르며 머리 숙여 예의를 올린다. 즉 선영先塋에서는 얼굴을 밝게 하고 허리는 약간 굽히며, 위의威儀는 당당하고 겸손하게 예의를 올려야 한다는 말이며, 구보矩步는 바른 걸음걸이, 행보行步가 법도에 맞았다고 하는 말이다.

속束은 나무 목木 부수에 입 구口를 더한 문자로, 묶다縛, 언약하다約, 단 나무薪, 비단 다섯 끝錦五匹 등의 뜻이 있다.

**묶을 속**

대帶는 수건 건巾 부수로, 띠紳, 男革女絲, 차다佩, 데리다隨行, 거느리다 隨行, 뱀蛇, 둘레圓, 一帶, 쪽邊, 고을 이름寒帶熱帶, 가지다持, 携帶, 대하증 婦人病帶下, 풀 이름草名 등의 뜻이 있다.

**띠 대**

긍矜은 세모진 창 모矛 변에 이제 금今을 더한 문자로, 긍矜으로 발음을 할 때는 창 자루戟誕把, 슬퍼하다哀, 불쌍히 여기다愍, 꾸미다飾, 교만하다 驕, 자랑하다自賢, 아끼다惜, 두렵다竦, 공경하다敬, 矜式, 오히려尚, 兢同 등의 뜻이 있으며, 근矜으로 발음을 할 때는 창자루矛柄의 뜻이 있으며, 환矜으로 발음을 할 때는 늙은 홀아비老無妻의 뜻이 있다. 금今은 사람 인 人 부수에 있다.

**자랑 긍**

장莊은 풀 초艹 아래에 장하다大, 씩씩하다嚴, 웅대하다壯大, 성하다盛, 사나이답다壯快, 기상이 굳세다 등의 뜻이 있는 장壯을 더한 문자로, 씩씩 하다嚴, 엄하다嚴, 단정하다端, 공경하다敬, 가게錢莊, 육거리六達街, 별장 別莊, 성姓 등의 뜻이 있다. 장壯은 선비 사士 변에 조각 널 장爿을 더한 문 자이니, 아마 예전에도 사나이의 기백氣魄은 널빤지를 쪼개는 것으로 나 타내지 않았는가 짐작을 해 본다.

**씩씩할 장**

# 束帶矜莊 徘徊瞻眺

배회 배

배俳는 자축거닐 小步 척彳 변에 아닐 비非를 더한 문자로, 어슷거리다低, 머뭇거리다不進俳徊 등의 뜻이 있으며, 비非는 하나의 부수이다. 배俳와 닮은 배俳는 사람 인彳 변에 아닐 비非를 더한 문자로, 광대雜戱, 어슷거리다徊 등의 뜻이 있으며, 배俳와 의미가 같은 우優는 사람 인彳 변에 근심愁思, 걱정愁思, 상제되다居喪, 병들다疾, 그윽하다幽, 욕되다辱 등의 뜻이 있는 우憂를 더한 문자로, 넉넉하다饒, 이기다勝, 놀다游, 광대倡優, 결단성이 없다無決心, 화하다和, 희롱하다戱 등의 뜻이 있으며, 우憂는 마음 심心 부수에 백멱쇠百冖夂를 더한 문자이다.

배회 회

회徊는 자축거닐 小步 척彳 변에 돌아올 회回를 더한 문자로, 배회하다彷徨, 머뭇거리다不進俳徊 등의 뜻이 있으며, 회回는 나라 국口 안에 입 구口를 더한 문자이다. 회徊와 닮은 회個는 사람 인彳 변에 돌아올 회回를 더한 문자로, 거닐다徊, 俳個往來, 어둡다婚 등의 뜻이 있다. 배회徘徊란 목적 없이 거니는 것을 가리킨다.

쳐다볼 첨

첨瞻은 눈 목目 변에 이르다至, 보다瞻, 소곤거리다小言, 벼슬 이름官名 詹事 등의 뜻이 있는 첨詹을 더한 문자로, 쳐다보다仰視, 우러러보다仰視 등의 뜻이 있고, 첨詹은 말씀 언言 부수에 있다.

바라볼 조

조眺는 눈 목目 변에 조萬億, 많다衆, 징조未作意, 점치다卜筮, 뫼塋域宅 兆 등의 뜻이 있는 조兆를 더한 문자로, 보다視, 멀리 바라보다望遠 등의 뜻이 있으며, 조兆는 어진 사람 궤儿 부수에 있다.

예의 바르게 옷깃을 여미고 배회徘徊하며, 보고 또 보는 도다. 속대束帶는 옷을 여미는 띠를 가리키며, 긍장矜莊은 근엄하고 장중하다, 예의가 바르다고 하는 말이며, 배회徘徊는 어정거림, 하릴없이 이리저리 거닒, 마음이 정해지지 않음을 가리킨다.

| | |
|---|---|
| 孤<br><br>외로울　고 | 고孤는 아들 자子 변에 외蔓生瓜, 참외蔓生瓜, 모과木瓜 등의 뜻이 있는 과瓜를 더한 문자로, 홀로獨, 외롭다獨, 아비가 없다無父, 배반하다背, 우뚝하다特, 나王侯之謙稱, 저바리다負 등의 뜻이 있으며, 과瓜는 하나의 부수이다. |
| 陋<br><br>더러울　루 | 루陋는 언덕 부阝 변으로, 더럽다踈惡側陋, 좁다阨狹, 추하다醜猥, 고루하다獨學孤陋 등의 뜻이 있다. 고루孤陋는 보고들은 것이 좁고, 고집이 세다는 뜻이 있다. |
| 寡<br><br>적을　과 | 과寡는 움집 면宀 아래에 일자대도一自大刀를 더한 문자로, 적다小, 드물다罕, 과부寡婦, 과인諸侯自稱 등의 뜻이 있다. |
| 聞<br><br>들을　문 | 문聞은 귀 이耳 부수에 문 문門을 더한 문자로, 듣다耳受聲, 聰聞, 들리다聲徹, 소문傳說, 이름 드러나다達名令聞 등의 뜻이 있으니, 문聞은 바로 귀耳는 소리를 듣는 문門이라고 하는 말로 짐작이 간다. 과문寡聞은 견문見聞이 적다고 하는 말이다. |

# 孤陋寡聞 愚蒙等誚

**어리석을 우**

　우愚는 마음 심心 위에 짐승 이름 우禺를 더한 문자로, 어리석다癡, 고지
식하다戇, 어둡다昧, 우준하다蠢 등의 뜻이 있으며, 우禺는 짐승의 발자국
유内 부수에 있다.

**어릴 몽**

　몽蒙은 풀 초艹 아래에 덮다覆, 속이다欺, 어리다幼學未通 등의 뜻이 있
는 몽冡을 더한 문자로, 어리다稱, 삼년출草名女蘿, 덮다覆, 입다被, 무릅
쓰다冒, 날리다飛揚葰蒙, 속이다欺, 풀 이름草名 등의 뜻이 있으며, 몽冡은
덮을 멱冖 아래에 일시一豕를 더한 문자이다. 우몽愚蒙은 우매愚昧함이
니, 어리석고 사리에 어두운 사람을 가리키는 말이다.

**등급 등**

　등等은 대 죽竹 아래에 절 사寺를 더한 문자로, 무리輩, 가지런하다齊,
등급級, 헤아리다稱量輕重, 고르다均一, 비교하다比較, 기다리다待, 같다
類, 계단階段 등의 뜻이 있으며, 사寺는 마디 촌寸 부수에 있다.

**꾸짖을 초**

　초誚는 말씀 언言 변에 닮을 초肖를 더한 문자로, 서로 꾸짖는다以辭相는
뜻이 있으며, 초肖는 고기 육月 위에 작을 소小를 더한 문자이다.

---

　고루孤陋하고 과문寡聞하며, 어리석고 몽매蒙昧한 자가 천자문을 지었으니 부족한 점을 꾸짖어 달라
고 하는 저자의 겸손한 말씀이다. 고루孤陋하고 과문寡聞하다는 말은 하등의 식견도, 재능도 없다고
천자문의 저자 자신을 겸손하게 표현한 말이다.

| | |
|---|---|
| **謂**<br><br>이를 위 | 　위謂는 말씀 언言 변에 밥통腸胃, 脾胃, 穀腑, 별 이름星名, 성姓 등의 뜻이 있는 위胃를 더한 문자로, 이르다與之言, 일컫다稱, 고하다告 등의 뜻이 있으며, 위胃는 고기 육月 위에 밭 전田을 더한 문자이다. 위胃와 닮은 주胄는 멀 경　안에 두 이二와 말미암을 유由를 더한 문자로, 투구兜鍪介胄의 뜻이 있으며, 유由는 밭 전田 부수에 있다. |
| **語**<br><br>말씀 어 | 　어語는 말씀 언言 변에 나 오吾를 더한 문자로, 말씀吾人, 논란하다論難 등의 뜻이 있으며, 오吾는 입 구口 위에 다섯 오五를 더한 문자이며, 오五는 두 이二 부수에 있다. |
| **助**<br><br>도울 조 | 　조助는 힘 력力 부수로, 돕다輔佐, 유익하다益 등의 뜻이 있다. |
| **者**<br><br>놈 자 | 　자者는 늙을 로耂 아래에 날 일日을 더한 문자로, 어조사語助辭, 놈卽物之辭, 것卽物之辭＝彼者, 此者, 이此 등의 뜻이 있다. 또 늙을 로老 아래에 날 일日을 더한 문자인 기耆는 늙은이老, 어른長, 스승師, 이르다致 등의 뜻이 있다. |

# 謂語助者　焉哉乎也

언焉은 불 화灬 부수로, 어디何, 어찌何, 의심쩍다疑, 어조사語助辭 등의 뜻이 있다.

**어찌 언**

재哉는 입 구口 부수로, 어조사語助辭, 비로소始, 그런가疑 등의 뜻이 있다. 재哉와 닮은 재裁는 옷 의衣 부수로, 옷 마르다製衣裁縫, 헤아리다度, 판결하다判決 등의 뜻이 있으며, 재栽는 나무 목木 부수로, 심다種蒔栽殖, 담틀築牆長板 등의 뜻이 있다.

**이끼 재**

호乎는 삐침 별丿 부수로, 어조사語助辭, 疑問詞, 그런가!感歎詞, ～에于於, ～를于於, 아!歎辭, 뜻이 없는未知臧否 등의 뜻이 있으며, 호乎와 닮은 호呼는 입 구口 변에 어조사 호乎를 더한 문자로, 숨 내쉬다外息, 부르다喚, 부르짖다號, 청하다招 등의 뜻이 있다.

**온 호**

야也는 새 을乙 변으로, 말을 잇다語之餘, 또亦, 어조사語助辭 등의 뜻으로 말을 도와주는, 즉 말을 잇기 위한 토씨이다.

**이끼 야**

---

언焉, 재哉, 호乎, 야也는 어조사語助辭이다. 어조사語助辭는 한문의 토씨로, 실질적인 뜻은 없고 다른 문자들의 보조補助로 쓰일 뿐이다.

# 附錄

1. 반대의 뜻을 가진 漢字

2. 잘못 읽기 쉬운 漢字

3. 잘못 쓰기 쉬운 漢字

4. 약자(略字) 속자(俗字) 일람표

5. 음이 같으면서 뜻이 다른 熟語

6. 상대 및 반대의 숙어(熟語)

7. 동자이음(同字異音) 한자

8. 일,중어 상용한자 新舊字體 대조표

# 반대의 뜻을 가진 漢字 (1)

| | | | | | | | |
|---|---|---|---|---|---|---|---|
| 加 | 더 할 **가** | 減 | 덜 **감** | 暖 | 따뜻할 **난** | 冷 | 찰 **랭** |
| 可 | 옳을 **가** | 否 | 아 니 **부** | 難 | 어려울 **난** | 易 | 쉬 울 **이** |
| 甘 | 달 **감** | 苦 | 쓸 **고** | 男 | 사 내 **남** | 女 | 계 집 **녀** |
| 強 | 강 할 **강** | 弱 | 약 할 **약** | 內 | 안 **내** | 外 | 바 깥 **외** |
| 開 | 열 **개** | 閉 | 닫 을 **폐** | 濃 | 짙을 **농** | 淡 | 엷 을 **담** |
| 客 | 손 **객** | 主 | 주 인 **주** | 多 | 많 을 **다** | 少 | 적 을 **소** |
| 去 | 갈 **거** | 來 | 올 **래** | 大 | 클 **대** | 小 | 작 을 **소** |
| 乾 | 마 를 **건** | 濕 | 축축할 **습** | 動 | 움직일 **동** | 靜 | 고요할 **정** |
| 京 | 서 울 **경** | 鄕 | 시 골 **향** | 頭 | 머 리 **두** | 尾 | 꼬 리 **미** |
| 輕 | 가벼울 **경** | 重 | 무거울 **중** | 得 | 얻 을 **득** | 失 | 잃 을 **실** |
| 苦 | 괴로울 **고** | 樂 | 즐거울 **락** | 老 | 늙 을 **로** | 少 | 젊 을 **소** |
| 高 | 높 을 **고** | 低 | 낮 을 **저** | 利 | 이로울 **리** | 害 | 해로울 **해** |
| 古 | 예 **고** | 今 | 이 제 **금** | 賣 | 팔 **매** | 買 | 살 **매** |
| 曲 | 굽 을 **곡** | 直 | 곧 을 **직** | 明 | 밝 을 **명** | 暗 | 어두울 **암** |
| 功 | 공 **공** | 過 | 허 물 **과** | 問 | 물 을 **문** | 答 | 대답할 **답** |
| 公 | 공평할 **공** | 私 | 사 사 **사** | 發 | 떠 날 **발** | 着 | 다다를 **착** |
| 敎 | 가르칠 **교** | 學 | 배 울 **학** | 貧 | 가난할 **빈** | 富 | 부 자 **부** |
| 貴 | 귀 할 **귀** | 賤 | 천 할 **천** | 上 | 위 **상** | 下 | 아 래 **하** |
| 禁 | 금 할 **금** | 許 | 허락할 **허** | 生 | 날 **생** | 死 | 죽 을 **사** |
| 吉 | 길 할 **길** | 凶 | 언짢을 **흉** | 先 | 먼 저 **선** | 後 | 뒤 **후** |

# 반대의 뜻을 가진 漢字 (2)

| | | | | | | | | |
|---|---|---|---|---|---|---|---|
| 玉 | 옥 옥 | 石 | 돌 석 | 長 | 길 장 | 短 | 짧을 단 |
| 安 | 편안할 안 | 危 | 위태할 위 | 前 | 앞 전 | 後 | 뒤 후 |
| 善 | 착할 선 | 惡 | 악할 악 | 正 | 바를 정 | 誤 | 그르칠 오 |
| 受 | 받을 수 | 授 | 줄 수 | 早 | 일찍 조 | 晩 | 늦을 만 |
| 勝 | 이길 승 | 敗 | 패할 패 | 朝 | 아침 조 | 夕 | 저녁 석 |
| 是 | 옳을 시 | 非 | 아닐 비 | 晝 | 낮 주 | 夜 | 밤 야 |
| 始 | 비로소 시 | 終 | 마칠 종 | 眞 | 참 진 | 假 | 거짓 가 |
| 新 | 새 신 | 舊 | 예 구 | 進 | 나아갈 진 | 退 | 물러갈 퇴 |
| 深 | 깊을 심 | 淺 | 얕을 천 | 集 | 모을 집 | 散 | 흐트러질 산 |
| 哀 | 슬플 애 | 歡 | 기쁠 환 | 天 | 하늘 천 | 地 | 땅 지 |
| 溫 | 따뜻할 온 | 冷 | 찰 랭 | 初 | 처음 초 | 終 | 마칠 종 |
| 往 | 갈 왕 | 來 | 올 래 | 出 | 나갈 출 | 入 | 들 입 |
| 優 | 뛰어날 우 | 劣 | 못할 렬 | 表 | 겉 표 | 裏 | 속 리 |
| 遠 | 멀 원 | 近 | 가까울 근 | 豊 | 풍년 풍 | 凶 | 흉년 흉 |
| 有 | 있을 유 | 無 | 없을 무 | 彼 | 저 피 | 此 | 이 차 |
| 陰 | 그늘 음 | 陽 | 볕 양 | 寒 | 찰 한 | 暑 | 더울 서 |
| 異 | 다를 이 | 同 | 한가지 동 | 虛 | 빌 허 | 實 | 열매 실 |
| 因 | 인할 인 | 果 | 과연 과 | 黑 | 검을 흑 | 白 | 흰 백 |
| 自 | 스스로 자 | 他 | 남 타 | 興 | 흥할 흥 | 亡 | 망할 망 |
| 雌 | 암컷 자 | 雄 | 수컷 웅 | 喜 | 기쁠 희 | 悲 | 슬플 비 |

# 잘못 읽기 쉬운 한자(漢字) (1)

| | | | |
|---|---|---|---|
| 苛斂 | 가렴 (가검) | 漏泄 | 누설 (누세) |
| 恪別 | 각별 (격별) | 茶菓 | 다과 (차과) |
| 看做 | 간주 (간고) | 團欒 | 단란 (단락) |
| 間歇 | 간헐 (간홀) | 撞着 | 당착 (동착) |
| 減殺 | 감쇄 (감살) | 對峙 | 대치 (대시) |
| 概括 | 개괄 (개활) | 陶冶 | 도야 (도치) |
| 改悛 | 개전 (개준) | 瀆職 | 독직 (속직) |
| 坑道 | 갱도 (항도) | 冬眠 | 동면 (동민) |
| 釀出 | 냥출 (거출) | 滿腔 | 만강 (만공) |
| 車馬 | 거마 (차마) | 罵倒 | 매도 (마도) |
| 更迭 | 경질 (갱질) | 邁進 | 매진 (만진) |
| 驚蟄 | 경칩 (경첩) | 木瓜 | 모과 (목과) |
| 刮目 | 괄목 (활목) | 木鐸 | 목탁 (목택) |
| 乖離 | 괴리 (승리) | 夢寐 | 몽매 (몽미) |
| 攪亂 | 교란 (각란) | 拇印 | 무인 (모인) |
| 教唆 | 교사 (교준) | 未洽 | 미흡 (미합) |
| 句讀 | 구두 (구독) | 撲滅 | 박멸 (복멸) |
| 拘碍 | 구애 (구득) | 剝奪 | 박탈 (약탈) |
| 詭辯 | 궤변 (위변) | 反駁 | 반박 (반효) |
| 龜鑑 | 귀감 (구감) | 頒布 | 반포 (분포) |
| 龜裂 | 균열 (귀열) | 潑剌 | 발랄 (발자) |
| 喫煙 | 끽연 (계연) | 拔萃 | 발췌 (발취) |
| 內人 | 나인 (내인) | 拔擢 | 발탁 (발요) |
| 拿捕 | 나포 (합포) | 幇助 | 방조 (봉조) |
| 烙印 | 낙인 (각인) | 拜謁 | 배알 (배갈) |
| 捺印 | 날인 (나인) | 兵站 | 병참 (병첨) |
| 鹿茸 | 녹용 (녹이) | 報酬 | 보수 (보주) |
| 賂物 | 뇌물 (각물) | 分泌 | 분비 (분필) |

# 잘못 읽기 쉬운 한자(漢字) (2)

| | | | | |
|---|---|---|---|---|
| 不朽 | 불후 (불휴) | | 冶金 | 야금 (치금) |
| 沸騰 | 비등 (불등) | | 派遣 | 파견 (파유) |
| 否塞 | 비색 (부색) | | 破綻 | 파탄 (파정) |
| 譬喩 | 비유 (벽유) | | 霸權 | 패권 (파권) |
| 憑藉 | 빙자 (빙적) | | 敗北 | 패배 (패북) |
| 使嗾 | 사주 (사족) | | 膨脹 | 팽창 (팽장) |
| 奢侈 | 사치 (사다) | | 平坦 | 평탄 (평단) |
| 索莫 | 삭막 (색막) | | 襃賞 | 포상 (보상) |
| 撒布 | 살포 (산포) | | 捕捉 | 포착 (포촉) |
| 三昧 | 삼매 (삼미) | | 標識 | 표지 (표식) |
| 相殺 | 상쇄 (상살) | | 割引 | 할인 (활인) |
| 省略 | 생략 (성략) | | 陜川 | 합천 (협천) |
| 逝去 | 서거 (절거) | | 肛門 | 항문 (홍문) |
| 棲息 | 서식 (처식) | | 偕老 | 해로 (개로) |
| 閃光 | 섬광 (염광) | | 楷書 | 해서 (개서) |
| 洗滌 | 세척 (세조) | | 解弛 | 해이 (해야) |
| 遡及 | 소급 (삭급) | | 諧謔 | 해학 (개학) |
| 騷擾 | 소요 (소우) | | 享樂 | 향락 (형락) |
| 贖罪 | 속죄 (독죄) | | 絢爛 | 현란 (순란) |
| 殺到 | 쇄도 (살도) | | 嫌惡 | 혐오 (겸악) |
| 睡眠 | 수면 (수민) | | 荊棘 | 형극 (형자) |
| 猜忌 | 시기 (청기) | | 恍惚 | 황홀 (광홀) |
| 示唆 | 시사 (시준) | | 劃數 | 획수 (화수) |
| 迅速 | 신속 (빈속) | | 嚆矢 | 효시 (고시) |
| 軋轢 | 알력 (알륵) | | 麾下 | 휘하 (마하) |
| 斡旋 | 알선 (간선) | | 恤兵 | 휼병 (혈병) |
| 謁見 | 알현 (알견) | | 欣快 | 흔쾌 (근쾌) |
| 隘路 | 애로 (익로) | | 恰似 | 흡사 (합사) |

# 잘못 쓰기 쉬운 漢字 (1)

| | | | | | | | | | | | |
|---|---|---|---|---|---|---|---|---|---|---|---|
| 綱 | 법 | 강 | 網 | 그 물 | 망 | 問 | 물 을 | 문 | 間 | 사 이 | 간 |
| 開 | 열 | 개 | 閑 | 한가할 | 한 | 未 | 아 닐 | 미 | 末 | 끝 | 말 |
| 決 | 정 할 | 결 | 快 | 유쾌할 | 쾌 | 倍 | 갑 절 | 배 | 培 | 북돋을 | 배 |
| 徑 | 지름길 | 경 | 經 | 경 서 | 경 | 伯 | 맏 | 백 | 佰 | 어 른 | 백 |
| 古 | 예 | 고 | 右 | 오 른 | 우 | 凡 | 무 릇 | 범 | 几 | 안 석 | 궤 |
| 困 | 지 칠 | 곤 | 因 | 인 할 | 인 | 復 | 다 시 | 부 | 複 | 거 듭 | 복 |
| 科 | 과 목 | 과 | 料 | 헤아릴 | 료 | 北 | 북 녘 | 북 | 兆 | 조 | 조 |
| 拘 | 잡 을 | 구 | 枸 | 구기자 | 구 | 比 | 견 줄 | 비 | 此 | 이 | 차 |
| 勸 | 권 할 | 권 | 歡 | 기 쁠 | 환 | 牝 | 암 컷 | 빈 | 牡 | 수 컷 | 모 |
| 技 | 재 주 | 기 | 枝 | 가 지 | 지 | 貧 | 가 난 | 빈 | 貪 | 탐 할 | 탐 |
| 端 | 끝 | 단 | 瑞 | 상 서 | 서 | 斯 | 이 | 사 | 欺 | 속 일 | 기 |
| 代 | 대 신 | 대 | 伐 | 벨 | 벌 | 四 | 넉 | 사 | 匹 | 짝 | 필 |
| 羅 | 그 물 | 라 | 罹 | 걸 릴 | 리 | 象 | 형 상 | 상 | 衆 | 무 리 | 중 |
| 旅 | 나그네 | 려 | 族 | 겨 레 | 족 | 書 | 글 | 서 | 晝 | 낮 | 주 |
| 老 | 늙 을 | 로 | 考 | 생각할 | 고 | 設 | 세 울 | 설 | 說 | 말 씀 | 설 |
| 綠 | 초록빛 | 록 | 緣 | 인 연 | 연 | 手 | 손 | 수 | 毛 | 털 | 모 |
| 論 | 의논할 | 론 | 輪 | 바 퀴 | 륜 | 熟 | 익 힐 | 숙 | 熱 | 더 울 | 열 |
| 栗 | 밤 | 률 | 粟 | 조 | 속 | 順 | 순 할 | 순 | 須 | 모름지기 | 수 |
| 摸 | 본 뜰 | 모 | 模 | 법 | 모 | 戌 | 개 | 술 | 戍 | 막 을 | 수 |
| 目 | 눈 | 목 | 自 | 스스로 | 자 | 侍 | 모 실 | 시 | 待 | 기다릴 | 대 |

# 잘못 쓰기 쉬운 漢字 (2)

| | | | | | | | | | | | |
|---|---|---|---|---|---|---|---|---|---|---|---|
| 市 | 저 자 | 시 | 布 | 베 풀 | 포 | 情 | 인 정 | 정 | 淸 | 맑 을 | 청 |
| 伸 | 펼 | 신 | 坤 | 땅 | 곤 | 爪 | 손 톱 | 조 | 瓜 | 오 이 | 과 |
| 失 | 잃 을 | 실 | 矢 | 살 | 시 | 准 | 법 | 준 | 淮 | 물이름 | 회 |
| 押 | 누 를 | 압 | 抽 | 뽑 을 | 추 | 支 | 지탱할 | 지 | 攴 | 칠 | 복 |
| 哀 | 슬 플 | 애 | 衷 | 정 성 | 충 | 且 | 또 | 차 | 旦 | 아 침 | 단 |
| 冶 | 녹 일 | 야 | 治 | 다스릴 | 치 | 借 | 빌 릴 | 차 | 措 | 정돈할 | 조 |
| 揚 | 날 릴 | 양 | 楊 | 버 들 | 양 | 淺 | 얕 을 | 천 | 殘 | 나머지 | 잔 |
| 億 | 억 | 억 | 憶 | 생각할 | 억 | 天 | 하 늘 | 천 | 夭 | 재 앙 | 요 |
| 與 | 더불어 | 여 | 興 | 일어날 | 흥 | 天 | 하 늘 | 천 | 夫 | 남 편 | 부 |
| 永 | 길 | 영 | 氷 | 얼 음 | 빙 | 撤 | 걷 을 | 철 | 撒 | 뿌 릴 | 살 |
| 午 | 낮 | 오 | 牛 | 소 | 우 | 促 | 재촉할 | 촉 | 捉 | 잡 을 | 착 |
| 于 | 어조사 | 우 | 千 | 방 패 | 간 | 寸 | 마 디 | 촌 | 才 | 재 주 | 재 |
| 雨 | 비 | 우 | 兩 | 두 | 량 | 坦 | 넓 을 | 탄 | 垣 | 낮은담 | 원 |
| 圓 | 둥 글 | 원 | 園 | 동 산 | 원 | 湯 | 끓 을 | 탕 | 陽 | 볕 | 양 |
| 位 | 자 리 | 위 | 泣 | 울 | 읍 | 波 | 물 결 | 파 | 彼 | 저 | 피 |
| 恩 | 은 혜 | 은 | 思 | 생각할 | 사 | 抗 | 항거할 | 항 | 坑 | 묻 을 | 갱 |
| 作 | 지 을 | 작 | 昨 | 어 제 | 작 | 幸 | 다 행 | 행 | 辛 | 매 울 | 신 |
| 材 | 재 목 | 재 | 村 | 마 을 | 촌 | 血 | 피 | 혈 | 皿 | 접 씨 | 명 |
| 沮 | 막 을 | 저 | 阻 | 막 힐 | 조 | 侯 | 제 후 | 후 | 候 | 기 후 | 후 |
| 田 | 밭 | 전 | 由 | 말미암을 | 유 | 休 | 쉴 | 휴 | 体 | 몸 | 체 |

# 약자·속자 일람표(1)

| 본자 | 약자<br>속자 | 뜻과 음 | 본자 | 약자<br>속자 | 뜻과 음 | 본자 | 약자<br>속자 | 뜻과 음 |
|---|---|---|---|---|---|---|---|---|
| 價 | 価 | 값 가 | 國 | 国 | 나 라 국 | 兩 | 両 | 두 량 |
| 假 | 仮 | 거 짓 가 | 權 | 权 | 권 세 권 | 勵 | 励 | 힘 쓸 려 |
| 覺 | 覚 | 깨달을각 | 勸 | 勧 | 권 할 권 | 歷 | 厂 | 지 날 력 |
| 擧 | 挙 | 들 거 | 歸 | 帰 | 돌아올귀 | 聯 | 聯 | 잇닿을련 |
| 據 | 拠 | 의지할거 | 氣 | 気 | 기 운 기 | 戀 | 恋 | 사모할련 |
| 劍 | 剣 | 칼 검 | 寧 | 寧 | 편안할녕 | 靈 | 灵 | 신 령 령 |
| 檢 | 検 | 검사할검 | 單 | 単 | 홑 단 | 禮 | 礼 | 예 례 |
| 輕 | 軽 | 가벼울경 | 斷 | 断 | 끊 을 단 | 勞 | 労 | 수고로울로 |
| 經 | 経 | 글 경 | 團 | 団 | 모 임 단 | 爐 | 炉 | 화 로 로 |
| 繼 | 継 | 이 을 계 | 擔 | 担 | 멜 담 | 屢 | 屡 | 자 주 루 |
| 觀 | 観 | 볼 관 | 當 | 当 | 마땅할당 | 樓 | 楼 | 다 락 루 |
| 關 | 関 | 빗 장 관 | 黨 | 党 | 무 리 당 | 離 | 难 | 떠 날 리 |
| 館 | 舘 | 집 관 | 對 | 対 | 대답할대 | 萬 | 万 | 일 만 만 |
| 廣 | 広 | 넓 을 광 | 圖 | 図 | 그 림 도 | 蠻 | 蛮 | 오랑캐만 |
| 鑛 | 鉱 | 쇳 돌 광 | 讀 | 読 | 읽 을 독 | 賣 | 売 | 팔 매 |
| 舊 | 旧 | 오 랠 구 | 獨 | 独 | 홀 로 독 | 麥 | 麦 | 보 리 맥 |
| 龜 | 亀 | 거 북 귀 | 樂 | 楽 | 즐 길 락 | 面 | 面 | 낯 면 |
| 區 | 区 | 구 역 구 | 亂 | 乱 | 어지러울란 | 發 | 発 | 필 발 |
| 驅 | 駆 | 몰 구 | 覽 | 覧 | 볼 람 | 拜 | 拝 | 절 배 |
| 鷗 | 鴎 | 갈매기구 | 來 | 来 | 올 래 | 變 | 変 | 변 할 변 |

# 약자·속자 일람표(2)

| 본자 | 약자속자 | 뜻과 음 | 본자 | 약자속자 | 뜻과 음 | 본자 | 약자속자 | 뜻과 음 |
|---|---|---|---|---|---|---|---|---|
| 邊 | 辺 | 가 변 | 亞 | 亜 | 버 금 아 | 轉 | 転 | 구 를 전 |
| 竝 | 並 | 아우를병 | 惡 | 悪 | 악 할 악 | 傳 | 伝 | 전 할 전 |
| 寶 | 宝 | 보 배 보 | 巖 | 岩 | 바 위 암 | 點 | 点 | 점 점 |
| 簿 | 笭 | 문 서 부 | 壓 | 圧 | 누 를 압 | 齊 | 斉 | 가지런할제 |
| 拂 | 払 | 떨 칠 불 | 藥 | 薬 | 약 약 | 濟 | 済 | 건 널 제 |
| 寫 | 写 | 베 낄 사 | 嚴 | 厳 | 엄 할 엄 | 即 | 即 | 곧 즉 |
| 辭 | 辞 | 말 사 | 與 | 与 | 줄 여 | 證 | 証 | 증 거 증 |
| 狀 | 状 | 모 양 상 | 譯 | 訳 | 통변할역 | 參 | 参 | 참여할참 |
| 雙 | 双 | 쌍 쌍 | 驛 | 駅 | 역 역 | 處 | 処 | 곳 처 |
| 敍 | 叙 | 펼 서 | 鹽 | 塩 | 소 금 염 | 鐵 | 鉄 | 쇠 철 |
| 選 | 迸 | 가 릴 선 | 榮 | 栄 | 영화로울영 | 廳 | 庁 | 관 청 청 |
| 續 | 続 | 이 을 속 | 藝 | 芸 | 재 주 예 | 體 | 体 | 몸 체 |
| 屬 | 属 | 붙 을 속 | 譽 | 誉 | 기 릴 예 | 齒 | 歯 | 이 치 |
| 壽 | 寿 | 목 숨 수 | 爲 | 為 | 할 위 | 廢 | 癈 | 폐 할 폐 |
| 數 | 数 | 수 수 | 應 | 応 | 응 할 응 | 豐 | 豊 | 풍 년 풍 |
| 獸 | 獣 | 짐 승 수 | 醫 | 医 | 의 원 의 | 學 | 学 | 배 울 학 |
| 濕 | 湿 | 젖 을 습 | 貳 | 弐 | 두 이 | 號 | 号 | 이 름 호 |
| 乘 | 乗 | 탈 승 | 壹 | 壱 | 하 나 일 | 畵 | 画 | 그 림 화 |
| 實 | 実 | 열 매 실 | 殘 | 残 | 남 을 잔 | 歡 | 歓 | 기 쁠 환 |
| 兒 | 児 | 아 이 아 | 蠶 | 蚕 | 누 에 잠 | 會 | 会 | 모 을 회 |

# 음(音)이 같으면서 뜻이 다른 숙어(熟語) (1)

감사[ 感謝:마음속으로 고맙게 여김.   監査:감독하고 조사하여 검사함

경기[ 景氣:기업을 중심으로 한 경제 상태.   競技:기술이 낫고 못함을 경쟁

고대[ 古代:옛날. 가장 오래된 시대   苦待:몹시 기다림.

고적[ 古蹟:남아 있는 옛날의 물건.   孤寂:외롭고 고독하며 쓸쓸함.

공복┌ 空腹:밤을 지낸 뒤에 아무것도 먹지아니한 때.
    └ 公僕:국가나 사회의 심부름꾼으로서의 공무원.

교정[ 校庭:학교의 마당.   校正:글자의 잘못된 것을 대조하여 바로잡음.

근간[ 近刊:최근에 출판한 간행물.   根幹:근본이 되는 뿌리와 줄기.

금수┌ 錦繡:비단과 수를 놓은 직물.
    └ 禽獸:날짐승과 들짐승. 모든 짐승.   禁輸:수입이나 수출을 금함

기도[ 企圖:일을 꾸며 꾀함.   祈禱:신에게 간절히 빎.

기사┌ 記事:사실을 적음.
    │ 棋士:바둑이나 장기를 잘 두는 사람.
    └ 技士:기술계의 기술자.

기상┌ 氣象:대기 가운데서 일어나는 모든 물리적 현상.   起床:잠을 깨어 자
    └ 리에서 일어남.

녹음┌ 錄音:소리를 필름·레코드 등에 기계로 기록하여 넣는 일.   綠陰:푸른
    └ 잎이 우거진 나무의 그늘.

답사┌ 答辭:식사·축사 등에 회답하는 말.   踏査:그 곳에 실지로 가서 보고
    └ 조사함.

도서[ 圖書:글씨·그림·서적 등의 총칭.   島嶼:크고 작은 섬들.

동기[ 同期:같은 시기.   動機:의사 결정이나 어떤 행위의 직접적인 원인.

사고[ 事故:평시에 없는 뜻밖의 사건.   思考:생각하고 궁리함.

사기[ 士氣:정의를 주장하는 선비의 기개.   詐欺:남을 속여 이득을 취함.

사상┌ 思想:판단과 추리를 거쳐 생긴 체계있는 생각.   死傷:죽음과 상함. 사
    └ 망자와 부상자.

수입┌ 收入:합법적으로 얻는 일정액의 금품   輸入:외국산 물품을 사들여
    └ 옴.

# 음(音)이 같으면서 뜻이 다른 숙어(熟語) (2)

선전
- 善戰:최선을 다해 싸움.
- 宣傳:어떤 사물이나 사상을 많은 사람에게 알림.
- 宣戰:싸움의 시작을 선언함.

수도
- 首都:나라의 정치적인 중심지.
- 修道:도를 닦음.
- 水道:물이 흘러 들어오거나 나가게 한 통로.

수신[ 受信:우편·전보 등의 통신을 받음.   修身:심신을 닦는 일.

심사[ 深思:깊이 생각함.   審査:자세히 조사함.

우수[ 優秀:뛰어나고 빼어남.   憂愁:우울과 근심.

유지
- 有志:어떤 일에 참가·성취하려는 뜻이 있음. 또는 그 사람.
- 維持:지탱하여 감.
- 油脂:동물 또는 식물에서 채취한 기름.

의사
- 意思:마음먹은 생각·뜻.
- 議事:일을 의논함. 또는 그 일 자체.
- 醫師:의술과 약으로 병을 고치는 사람.

이성[ 異性:남녀·자웅의 성이 다름.   理性:사물의 이치를 생각하는 능력.

자비[ 自費:자기가 내는 비용.   慈悲:사랑하고 가엾게 여김.

자원
- 自願:제 스스로 원함.
- 資源:기술의 발전에 따라 생산에 이용되는 것.

장관[ 長官:국무를 분장한 행정 각부의 장.   壯觀:훌륭한 광경이나 경치.

재화[ 災禍:재액과 환란.   財貨:재물과 돈.

전기
- 前記:앞에 기록되어 있음. 또는 그 기록 자체.
- 傳記:개인 일생의 사적 기록.
- 轉機:전환의 시기.

전문
- 全文:문장의 전체.
- 前文:앞부분에 기록한 글.
- 專門:한가지 일을 오로지 함.
- 電文:전보의 글귀.

전시[ 戰時:전쟁이 벌어진 때.   展示:펴서 보임.

전원[ 全員:전체의 인원.   田園:논밭과 동산. 시골.

주의[ 主義:굳게 지키는 일정한 방침.   注意:마음에 새겨 두어 조심함.

# 상대 및 반대의 숙어(熟語) (1)

| | | | |
|---|---|---|---|
| 架空(가공) ↔ 實際(실제) | | 唐惶(당황) ↔ 沈着(침착) | |
| 加俸(가봉) ↔ 減俸(감봉) | | 獨創(독창) ↔ 模倣(모방) | |
| 感性(감성) ↔ 悟性(오성) | | 動的(동적) ↔ 靜的(정적) | |
| 強大(강대) ↔ 弱少(약소) | | 杜絶(두절) ↔ 連絡(연락) | |
| 客觀(객관) ↔ 主觀(주관) | | 鈍感(둔감) ↔ 敏感(민감) | |
| 拒絶(거절) ↔ 承諾(승낙) | | 明示(명시) ↔ 暗示(암시) | |
| 健壯(건장) ↔ 虛弱(허약) | | 文化(문화) ↔ 自然(자연) | |
| 儉素(검소) ↔ 奢侈(사치) | | 物質(물질) ↔ 精神(정신) | |
| 謙虛(겸허) ↔ 倨慢(거만) | | 未盡(미진) ↔ 完遂(완수) | |
| 輕視(경시) ↔ 重視(중시) | | 模糊(모호) ↔ 分明(분명) | |
| 高雅(고아) ↔ 卑俗(비속) | | 反目(반목) ↔ 和睦(화목) | |
| 供鳴(공명) ↔ 反駁(반박) | | 保守(보수) ↔ 進步(진보) | |
| 供給(공급) ↔ 需要(수요) | | 普遍(보편) ↔ 特殊(특수) | |
| 攻勢(공세) ↔ 守勢(수세) | | 否決(부결) ↔ 可決(가결) | |
| 口語(구어) ↔ 文語(문어) | | 否認(부인) ↔ 是認(시인) | |
| 歸納(귀납) ↔ 演繹(연역) | | 分離(분리) ↔ 結合(결합) | |
| 勤勉(근면) ↔ 懶怠(나태) | | 分立(분립) ↔ 統一(통일) | |
| 肯定(긍정) ↔ 否定(부정) | | 分析(분석) ↔ 綜合(종합) | |
| 記憶(기억) ↔ 忘却(망각) | | 悲劇(비극) ↔ 喜劇(희극) | |
| 樂觀(낙관) ↔ 悲觀(비관) | | 非凡(비범) ↔ 平凡(평범) | |
| 濫讀(남독) ↔ 精讀(정독) | | 悲運(비운) ↔ 幸運(행운) | |
| 能動(능동) ↔ 被動(피동) | | 私信(사신) ↔ 公文(공문) | |

# 상대 및 반대의 숙어(熟語) (2)

| | | |
|---|---|---|
| 散文(산문) ↔ 韻文(운문) | 自律(자율) ↔ 他律(타율) |
| 常例(상례) ↔ 特例(특례) | 咀呪(저주) ↔ 祝福(축복) |
| 生存(생존) ↔ 死滅(사멸) | 低俗(저속) ↔ 高尙(고상) |
| 成熟(성숙) ↔ 未熟(미숙) | 漸進(점진) ↔ 急進(급진) |
| 損失(손실) ↔ 所得(소득) | 靜肅(정숙) ↔ 騷亂(소란) |
| 瞬間(순간) ↔ 永遠(영원) | 拙作(졸작) ↔ 傑作(걸작) |
| 勝利(승리) ↔ 敗北(패배) | 眞實(진실) ↔ 虛僞(허위) |
| 愼重(신중) ↔ 輕率(경솔) | 斬新(참신) ↔ 陳腐(진부) |
| 實在(실재) ↔ 觀念(관념) | 創作(창작) ↔ 模作(모작) |
| 曖昧(애매) ↔ 明瞭(명료) | 添加(첨가) ↔ 削減(삭감) |
| 與黨(여당) ↔ 野黨(야당) | 縮小(축소) ↔ 擴大(확대) |
| 永劫(영겁) ↔ 刹那(찰나) | 妥當(타당) ↔ 不當(부당) |
| 榮轉(영전) ↔ 左遷(좌천) | 閉鎖(폐쇄) ↔ 開放(개방) |
| 傲慢(오만) ↔ 謙遜(겸손) | 退化(퇴화) ↔ 進化(진화) |
| 愚鈍(우둔) ↔ 銳敏(예민) | 合理(합리) ↔ 矛盾(모순) |
| 愚昧(우매) ↔ 賢明(현명) | 抗拒(항거) ↔ 屈伏(굴복) |
| 偶然(우연) ↔ 必然(필연) | 狹義(협의) ↔ 廣義(광의) |
| 優越(우월) ↔ 劣等(열등) | 確然(확연) ↔ 漠然(막연) |
| 原因(원인) ↔ 結果(결과) | 橫的(횡적) ↔ 縱的(종적) |
| 原則(원칙) ↔ 例外(예외) | 厚待(후대) ↔ 薄待(박대) |
| 理想(이상) ↔ 現實(현실) | 興旺(흥왕) ↔ 衰退(쇠퇴) |
| 自動(자동) ↔ 受動(수동) | 喜悅(희열) ↔ 哀痛(애통) |

# 동자이음(同字異音) 한자(漢字)

| | | | | | | | | |
|---|---|---|---|---|---|---|---|---|
| **降** | 내릴 **강** | 降雨量<br>(강우량) | **否** | 아니 **부** | 否定(부정) | **識** | 알 **식** | 知識(지식) |
| | 항복할 **항** | 降伏(항복) | | 막힐 **비** | 否塞(비색) | | 기록할 **지** | 標識(표지) |
| **車** | 수레 **거** | 車馬費<br>(거마비) | **北** | 북녘 **북** | 南北(남북) | **惡** | 악할 **악** | 善惡(선악) |
| | 수레 **차** | 車庫(차고) | | 달아날 **배** | 敗北(패배) | | 미워할 **오** | 憎惡(증오) |
| **見** | 볼 **견** | 見聞(견문) | **寺** | 절 **사** | 寺院(사원) | **易** | 바꿀 **역** | 交易(교역) |
| | 나타날 **현** | 見夢(현몽) | | 관청 **시** | 太常寺<br>(태상시) | | 쉬울 **이** | 容易(용이) |
| **更** | 고칠 **경** | 更張(경장) | **狀** | 형상 **상** | 狀態(상태) | **咽** | 목구멍 **인** | 咽喉(인후) |
| | 다시 **갱** | 更生(갱생) | | 문서 **장** | 賞狀(상장) | | 목 멜 **열** | 嗚咽(오열) |
| **龜** | 거북 **귀** | 龜鑑(귀감) | **殺** | 죽일 **살** | 殺生(살생) | **切** | 끊을 **절** | 切斷(절단) |
| | 나라 **구** | 龜浦(구포) | | 감할 **쇄** | 相殺(상쇄) | | 모두 **체** | 一切(일체) |
| | 갈라질 **균** | 龜裂(균열) | | | | | | |
| **金** | 쇠 **금** | 金屬(금속) | **塞** | 변방 **새** | 要塞(요새) | **直** | 곧을 **직** | 正直(정직) |
| | 성 **김** | 金氏(김씨) | | 막을 **색** | 塞源(색원) | | 값 **치** | 直錢(치전) |
| **茶** | 차 **다** | 茶菓(다과) | **索** | 찾을 **색** | 思索(사색) | **參** | 참여할 **참** | 參席(참석) |
| | 차 **차** | 茶禮(차례) | | 쓸쓸할 **삭** | 索莫(삭막) | | 석 **삼** | 參萬(삼만) |
| **度** | 법도 **도** | 制度(제도) | **說** | 말씀 **설** | 說明(설명) | **推** | 밀 **추** | 推理(추리) |
| | 헤아릴 **탁** | 度地(탁지) | | 달랠 **세** | 遊說(유세) | | 밀 **퇴** | 推敲(퇴고) |
| | | | | 기쁠 **열** | 說乎(열호) | | | |
| **讀** | 읽을 **독** | 讀書(독서) | **省** | 살필 **성** | 反省(반성) | **則** | 법 **칙** | 規則(규칙) |
| | 구절 **두** | 句讀點<br>(구두점) | | 덜 **생** | 省略(생략) | | 곧 **즉** | 然則(연즉) |
| **洞** | 마을 **동** | 洞里(동리) | **屬** | 좇을 **속** | 從屬(종속) | **暴** | 사나울 **폭** | 暴死(폭사) |
| | 통할 **통** | 洞察(통찰) | | 맡길 **촉** | 屬託(촉탁) | | 사나울 **포** | 暴惡(포악) |
| **樂** | 즐길 **락** | 苦樂(고락) | **帥** | 장수 **수** | 元帥(원수) | **便** | 편할 **편** | 便利(편리) |
| | 풍류 **악** | 音樂(음악) | | 거느릴 **솔** | 帥兵(솔병) | | 오줌 **변** | 便所(변소) |
| | 좋을 **요** | 樂山(요산) | | | | | | |
| **率** | 비률 **률** | 確率(확률) | **數** | 셀 **수** | 數學(수학) | **行** | 다닐 **행** | 行路(행로) |
| | 거느릴 **솔** | 統率(통솔) | | 자주 **삭** | 頻數(빈삭) | | 항렬 **항** | 行列(항렬) |
| **復** | 회복 **복** | 回復(회복) | **拾** | 주을 **습** | 拾得(습득) | **畫** | 그림 **화** | 畵幅(화폭) |
| | 다시 **부** | 復活(부활) | | 열 **십** | 參拾(삼십) | | 그을 **획** | 劃順(획순) |

# 日本語常用漢字新舊字體對照表

| | | | | | |
|---|---|---|---|---|---|
| 亜(亞) | 悔(悔) | 旧(舊) | 県(縣) | 賛(贊) | 将(將) |
| 悪(惡) | 海(海) | 拠(據) | 倹(儉) | 残(殘) | 祥(祥) |
| 圧(壓) | 絵(繪) | 挙(擧) | 剣(劍) | 糸(絲) | 称(稱) |
| 囲(圍) | 壊(壞) | 虚(虛) | 険(險) | 祉(祉) | 渉(涉) |
| 医(醫) | 懐(懷) | 峡(峽) | 圏(圈) | 視(視) | 焼(燒) |
| 為(爲) | 慨(慨) | 挟(挾) | 検(檢) | 歯(齒) | 証(證) |
| 壱(壹) | 概(槪) | 狭(狹) | 献(獻) | 児(兒) | 奨(獎) |
| 逸(逸) | 拡(擴) | 郷(鄕) | 権(權) | 辞(辭) | 条(條) |
| 隠(隱) | 殻(殼) | 響(響) | 顕(顯) | 湿(濕) | 状(狀) |
| 栄(榮) | 覚(覺) | 暁(曉) | 験(驗) | 実(實) | 乗(乘) |
| 営(營) | 学(學) | 勤(勤) | 厳(嚴) | 写(寫) | 浄(淨) |
| 衛(衞) | 岳(嶽) | 謹(謹) | 広(廣) | 社(社) | 剰(剩) |
| 駅(驛) | 楽(樂) | 区(區) | 効(效) | 者(者) | 畳(疊) |
| 謁(謁) | 喝(喝) | 駆(驅) | 恒(恆) | 煮(煮) | 縄(繩) |
| 円(圓) | 渇(渴) | 勲(勳) | 黄(黃) | 釈(釋) | 壌(壤) |
| 塩(鹽) | 褐(褐) | 薫(薰) | 鉱(鑛) | 寿(壽) | 嬢(孃) |
| 縁(緣) | 勧(勸) | 径(徑) | 号(號) | 収(收) | 譲(讓) |
| 応(應) | 寛(寬) | 茎(莖) | 国(國) | 臭(臭) | 醸(釀) |
| 欧(歐) | 漢(漢) | 恵(惠) | 黒(黑) | 従(從) | 触(觸) |
| 殴(毆) | 関(關) | 掲(揭) | 穀(穀) | 渋(澁) | 嘱(囑) |
| 桜(櫻) | 歓(歡) | 渓(溪) | 砕(碎) | 獣(獸) | 神(神) |
| 奥(奧) | 観(觀) | 経(經) | 済(濟) | 縦(縱) | 真(眞) |
| 横(橫) | 気(氣) | 蛍(螢) | 斉(齋) | 祝(祝) | 寝(寢) |
| 温(溫) | 祈(祈) | 軽(輕) | 剤(劑) | 粛(肅) | 慎(愼) |
| 穏(穩) | 既(旣) | 継(繼) | 殺(殺) | 処(處) | 尽(盡) |
| 仮(假) | 帰(歸) | 鶏(鷄) | 雑(雜) | 署(署) | 図(圖) |
| 価(價) | 器(器) | 芸(藝) | 参(參) | 署(署) | 粋(粹) |
| 禍(禍) | 偽(僞) | 撃(擊) | 桟(棧) | 緒(緖) | 酔(醉) |
| 画(畫) | 戯(戲) | 欠(缺) | 蚕(蠶) | 諸(諸) | 穂(穗) |
| 会(會) | 犠(犧) | 研(硏) | 惨(慘) | 叙(敍) | 随(隨) |

# 日本語常用漢字新舊字體對照表

| | | | | | |
|---|---|---|---|---|---|
| 髄(髓) | 僧(僧) | 虫(蟲) | 悩(惱) | 変(變) | 虜(虜) |
| 穂(穗) | 層(層) | 昼(晝) | 脳(腦) | 弁(辨,瓣,辯) | 両(兩) |
| 随(隨) | 総(總) | 鋳(鑄) | 覇(霸) | 勉(勉) | 猟(獵) |
| 髄(髓) | 騒(騷) | 著(著) | 拝(拜) | 歩(步) | 緑(綠) |
| 枢(樞) | 増(增) | 庁(廳) | 廃(廢) | 宝(寶) | 涙(淚) |
| 数(數) | 憎(憎) | 徴(徵) | 売(賣) | 豊(豐) | 塁(壘) |
| 瀬(瀨) | 蔵(藏) | 聴(聽) | 梅(梅) | 褒(襃) | 類(類) |
| 声(聲) | 贈(贈) | 懲(懲) | 麦(麥) | 墨(墨) | 礼(禮) |
| 斉(齊) | 臓(臟) | 勅(敕) | 発(發) | 翻(飜) | 励(勵) |
| 静(靜) | 即(卽) | 鎮(鎭) | 髪(髮) | 毎(每) | 戻(戾) |
| 窃(竊) | 属(屬) | 塚(塚) | 抜(拔) | 万(萬) | 霊(靈) |
| 摂(攝) | 続(續) | 逓(遞) | 繁(繁) | 満(滿) | 齢(齡) |
| 節(節) | 堕(墮) | 鉄(鐵) | 晩(晚) | 免(免) | 暦(曆) |
| 専(專) | 対(對) | 点(點) | 蛮(蠻) | 黙(默) | 歴(歷) |
| 浅(淺) | 体(體) | 転(轉) | 卑(卑) | 訳(譯) | 恋(戀) |
| 戦(戰) | 帯(帶) | 伝(傳) | 秘(祕) | 薬(藥) | 練(練) |
| 践(踐) | 滞(滯) | 都(都) | 碑(碑) | 与(與) | 錬(鍊) |
| 銭(錢) | 台(臺) | 灯(燈) | 浜(濱) | 予(豫) | 炉(爐) |
| 潜(潛) | 滝(瀧) | 当(當) | 宝(賓) | 余(餘) | 労(勞) |
| 繊(纖) | 択(擇) | 党(黨) | 頻(頻) | 誉(譽) | 郎(郞) |
| 禅(禪) | 沢(澤) | 盗(盜) | 敏(敏) | 揺(搖) | 朗(朗) |
| 祖(祖) | 担(擔) | 稲(稻) | 瓶(甁) | 様(樣) | 廊(廊) |
| 双(雙) | 単(單) | 闘(鬪) | 侮(侮) | 謡(謠) | 楼(樓) |
| 壮(壯) | 胆(膽) | 徳(德) | 福(福) | 来(來) | 録(錄) |
| 争(爭) | 嘆(嘆) | 独(獨) | 払(拂) | 頼(賴) | 湾(灣) |
| 荘(莊) | 団(團) | 読(讀) | 仏(佛) | 乱(亂) | |
| 捜(搜) | 断(斷) | 突(突) | 併(倂) | 覧(覽) | |
| 挿(插) | 弾(彈) | 届(屆) | 並(竝) | 欄(欄) | |
| 巣(巢) | 遅(遲) | 難(難) | 塀(塀) | 竜(龍) | |
| 装(裝) | 痴(癡) | 弐(貳) | 辺(邊) | 隆(隆) | |

# 中國語重要簡體字對照表

※ 색은 중국어간체자(簡體字)

| 價 | 幹 | 揀 | 懇 | 墾 | 監 | 岡 | 講 | 個 | 蓋 |
|---|---|---|---|---|---|---|---|---|---|
| 값가 | 줄기간 | 가릴간 | 간절할간 | 따비질할간 | 볼감 | 매강 | 익힐강 | 낱개 | 덮을개 |
| 价 | 干 | 拣 | 恳 | 垦 | 监 | 冈 | 讲 | 个 | 盖 |
| 開 | 擧 | 據 | 鉅 | 乾 | 傑 | 擊 | 見 | 牽 | 潔 |
| 열개 | 들거 | 의지할거 | 클거 | 하늘건 | 뛰어날걸 | 칠격 | 볼견 | 끌견 | 깨끗할결 |
| 开 | 举 | 据 | 巨 | 干 | 杰 | 击 | 见 | 牵 | 洁 |
| 驚 | 慶 | 競 | 瓊 | 鷄 | 係 | 繼 | 啓 | 階 | 顧 |
| 놀랄경 | 경사경 | 다툴경 | 아름다운옥경 | 닭계 | 걸릴계 | 이을계 | 열계 | 섬돌계 | 돌아볼고 |
| 惊 | 庆 | 竞 | 琼 | 鸡 | 系 | 继 | 启 | 阶 | 顾 |
| 穀 | 崑 | 過 | 誇 | 觀 | 關 | 廣 | 掛 | 塊 | 壞 |
| 곡식곡 | 산이름곤 | 지날과 | 자랑할과 | 볼관 | 빗장관 | 넓을광 | 걸괘 | 덩어리괴 | 무너질괴 |
| 谷 | 昆 | 过 | 夸 | 观 | 关 | 广 | 挂 | 块 | 坏 |
| 喬 | 膠 | 舊 | 區 | 懼 | 構 | 溝 | 購 | 國 | 窮 |
| 높을교 | 아교교 | 예구 | 구역구 | 두려워할구 | 얽을구 | 도랑구 | 살구 | 나라국 | 궁할궁 |
| 乔 | 胶 | 旧 | 区 | 惧 | 构 | 沟 | 购 | 国 | 穷 |
| 權 | 勸 | 龜 | 歸 | 極 | 剋 | 劇 | 僅 | 氣 | 幾 |
| 권세권 | 권할권 | 거북귀 | 돌아올귀 | 지극할극 | 이길극 | 연극할극 | 겨우근 | 기운기 | 몇기 |
| 权 | 劝 | 龟 | 归 | 极 | 克 | 剧 | 仅 | 气 | 几 |
| 棄 | 難 | 寧 | 農 | 腦 | 惱 | 單 | 斷 | 壇 | 達 |
| 버릴기 | 어려울난 | 편안할녕 | 농사농 | 뇌뇌 | 괴로워할뇌 | 홑단 | 끊을단 | 제단단 | 통달힐달 |
| 弃 | 难 | 宁 | 农 | 脑 | 恼 | 单 | 断 | 坛 | 达 |
| 擔 | 膽 | 當 | 黨 | 隊 | 帶 | 對 | 臺 | 擡 | 導 |
| 멜담 | 쓸개담 | 마땅할당 | 무리당 | 떼대 | 띠대 | 대답할대 | 누각대 | 들대 | 인도할도 |
| 担 | 胆 | 当 | 党 | 队 | 带 | 对 | 台 | 抬 | 导 |

# 中國語重要簡體字對照表

※ 색은 중국어간체자(簡體字)

| 圖 | 塗 | 獨 | 東 | 動 | 頭 | 燈 | 謄 | 鄧 | 羅 |
|---|---|---|---|---|---|---|---|---|---|
| 그림도 | 바를도 | 홀로독 | 동녘동 | 움직일동 | 머리두 | 등잔등 | 베낄등 | 등나라등 | 벌일라 |
| 图 | 涂 | 独 | 东 | 动 | 头 | 灯 | 誊 | 邓 | 罗 |
| 樂 | 亂 | 蘭 | 爛 | 欄 | 來 | 兩 | 糧 | 麗 | 慮 |
| 즐길락 | 어지러울란 | 난초란 | 빛날란 | 난간란 | 올래 | 두량 | 양식량 | 고울려 | 생각할려 |
| 乐 | 乱 | 兰 | 烂 | 栏 | 来 | 两 | 粮 | 丽 | 虑 |
| 呂 | 歷 | 聯 | 練 | 憐 | 煉 | 簾 | 獵 | 嶺 | 靈 |
| 음률려 | 채력력 | 잇닿을련 | 익힐련 | 불쌍히여길련 | 쇠불릴련 | 발렴 | 사냥할렵 | 산고개령 | 신령령 |
| 吕 | 历 | 联 | 练 | 怜 | 炼 | 帘 | 猎 | 岭 | 灵 |
| 禮 | 爐 | 盧 | 錄 | 龍 | 累 | 婁 | 淚 | 類 | 劉 |
| 예도례 | 화로로 | 성로 | 기록할록 | 용룡 | 여러루 | 자주루 | 눈물루 | 무리류 | 성류 |
| 礼 | 炉 | 卢 | 录 | 龙 | 累 | 娄 | 泪 | 类 | 刘 |
| 陸 | 侖 | 裏 | 離 | 臨 | 馬 | 萬 | 網 | 賣 | 買 |
| 뭍륙 | 덩어리륜 | 속리 | 떠날리 | 임할림 | 말마 | 일만만 | 그물망 | 팔매 | 살매 |
| 陆 | 仑 | 里 | 离 | 临 | 马 | 万 | 网 | 卖 | 买 |
| 麥 | 脈 | 滅 | 夢 | 廟 | 畝 | 務 | 霧 | 無 | 門 |
| 보리맥 | 맥맥 | 멸망할멸 | 꿈몽 | 사당묘 | 이랑묘 | 힘쓸무 | 안개무 | 없을무 | 문문 |
| 麦 | 脉 | 灭 | 梦 | 庙 | 亩 | 务 | 雾 | 无 | 门 |
| 彌 | 撲 | 盤 | 髮 | 發 | 範 | 闢 | 邊 | 辨 | 變 |
| 두루미 | 두드릴박 | 쟁반반 | 터럭발 | 필발 | 법범 | 열벽 | 갓변 | 분별할변 | 변할변 |
| 弥 | 扑 | 盘 | 发 | 发 | 范 | 辟 | 边 | 办 | 变 |
| 並 | 報 | 補 | 寶 | 復 | 複 | 鳳 | 婦 | 膚 | 墳 |
| 아우를병 | 갚을보 | 도울보 | 보배보 | 겹칠복 | 겹칠복 | 새봉 | 며느리부 | 살갗부 | 봉분분 |
| 并 | 报 | 补 | 宝 | 复 | 复 | 凤 | 妇 | 肤 | 坟 |

# 中國語重要簡體字對照表

∴ 색은 중국어간체자(簡體字)

| 奮 | 備 | 飛 | 賓 | 憑 | 師 | 寫 | 辭 | 捨 | 産 |
|---|---|---|---|---|---|---|---|---|---|
| 떨칠분 | 갖출비 | 날비 | 손빈 | 의지할빙 | 스승사 | 베낄사 | 말사 | 버릴사 | 쌓을산 |
| 奋 | 备 | 飞 | 宾 | 冯 | 师 | 写 | 辞 | 舍 | 产 |
| 傘 | 殺 | 償 | 像 | 狀 | 嘗 | 傷 | 喪 | 雙 | 書 |
| 우산산 | 죽일살 | 갚을상 | 형상상 | 모양상 | 맛볼상 | 상할상 | 복입을상 | 쌍쌍 | 글서 |
| 伞 | 杀 | 偿 | 象 | 状 | 尝 | 伤 | 丧 | 双 | 书 |
| 棲 | 選 | 纖 | 聖 | 聲 | 歲 | 勢 | 掃 | 蘇 | 屬 |
| 깃들일서 | 가릴선 | 가늘섬 | 성인성 | 소리성 | 해세 | 기세세 | 쓸소 | 깨어날소 | 붙을속 |
| 栖 | 选 | 纤 | 圣 | 声 | 岁 | 势 | 扫 | 苏 | 属 |
| 孫 | 壽 | 樹 | 帥 | 隨 | 雖 | 獸 | 繡 | 肅 | 筍 |
| 손자손 | 목숨수 | 나무수 | 장수수 | 따를수 | 비록수 | 짐승수 | 수놓을수 | 엄숙할숙 | 죽순순 |
| 孙 | 寿 | 树 | 帅 | 随 | 虽 | 兽 | 绣 | 肃 | 笋 |
| 術 | 習 | 濕 | 勝 | 昇 | 時 | 實 | 審 | 尋 | 亞 |
| 재주술 | 익힐습 | 젖을습 | 이길승 | 오를승 | 때시 | 열매실 | 살필심 | 찾을심 | 버금아 |
| 术 | 习 | 湿 | 胜 | 升 | 时 | 实 | 审 | 寻 | 亚 |
| 兒 | 惡 | 嶽 | 巖 | 壓 | 愛 | 藥 | 躍 | 陽 | 養 |
| 아이아 | 악할악 | 큰산악 | 바위암 | 누를압 | 사랑애 | 약약 | 뛸약 | 볕양 | 기를양 |
| 儿 | 恶 | 岳 | 岩 | 压 | 爱 | 药 | 跃 | 阳 | 养 |
| 樣 | 讓 | 魚 | 億 | 憶 | 嚴 | 業 | 餘 | 與 | 淵 |
| 모양양 | 사양할양 | 물고기어 | 억억 | 생각할억 | 엄할엄 | 업업 | 남을여 | 줄여 | 못연 |
| 样 | 让 | 鱼 | 亿 | 忆 | 严 | 业 | 余 | 与 | 渊 |
| 熱 | 鹽 | 艷 | 葉 | 藝 | 譽 | 烏 | 吳 | 奧 | 穩 |
| 더울열 | 소금염 | 고울염 | 잎엽 | 재주예 | 기릴예 | 까마귀오 | 오나라오 | 속오 | 편안할온 |
| 热 | 盐 | 艳 | 叶 | 艺 | 誉 | 乌 | 吴 | 奥 | 稳 |

# 中國語重要簡體字對照表

※ 색은 중국어간체자(簡體字)

| 擁 | 堯 | 湧 | 憂 | 優 | 郵 | 雲 | 運 | 韻 | 願 |
|---|---|---|---|---|---|---|---|---|---|
| 안을옹 | 요임금요 | 꿀솟을용 | 근심우 | 넉넉할우 | 우편우 | 구름운 | 운전할운 | 운운 | 바랄원 |
| 拥 | 尧 | 涌 | 忧 | 优 | 邮 | 云 | 运 | 韵 | 愿 |
| 遠 | 園 | 衛 | 爲 | 韋 | 猶 | 隱 | 陰 | 應 | 義 |
| 멀원 | 동산원 | 호위할위 | 할위 | 다룸가죽위 | 오히려유 | 숨을은 | 그늘음 | 응할응 | 옳을의 |
| 远 | 园 | 卫 | 为 | 韦 | 犹 | 隐 | 阴 | 应 | 义 |
| 擬 | 醫 | 異 | 認 | 藉 | 蠶 | 雜 | 長 | 壯 | 莊 |
| 비길의 | 의원의 | 다를이 | 인정인 | 방자할자 | 누에잠 | 섞일잡 | 길장 | 씩씩할장 | 장중할장 |
| 拟 | 医 | 异 | 认 | 借 | 蚕 | 杂 | 长 | 壮 | 庄 |
| 裝 | 將 | 獎 | 臟 | 災 | 貯 | 適 | 積 | 蹟 | 跡 |
| 꾸밀장 | 장수장 | 권면할장 | 오장장 | 재앙재 | 쌓을저 | 맞을적 | 쌓을적 | 발자취적 | 자취적 |
| 装 | 将 | 奖 | 脏 | 灾 | 贮 | 适 | 积 | 迹 | 迹 |
| 敵 | 電 | 專 | 戰 | 節 | 點 | 鄭 | 齋 | 製 | 際 |
| 대적할적 | 번개전 | 오로지전 | 싸울전 | 마디절 | 점점 | 정나라정 | 가지런할제 | 지을제 | 끝제 |
| 敌 | 电 | 专 | 战 | 节 | 点 | 郑 | 斋 | 制 | 际 |
| 條 | 鳥 | 趙 | 種 | 鐘 | 鍾 | 從 | 晝 | 註 | 週 |
| 가지조 | 새조 | 조나라조 | 씨종 | 술잔종 | 소북종 | 쫓을종 | 낮주 | 주낼주 | 주일주 |
| 条 | 鸟 | 赵 | 种 | 钟 | 钟 | 从 | 昼 | 注 | 周 |
| 準 | 衆 | 證 | 遲 | 直 | 進 | 盡 | 塵 | 質 | 執 |
| 법도준 | 무리중 | 증거증 | 더딜지 | 곧을직 | 나아갈진 | 다할진 | 티끌진 | 문서질 | 잡을집 |
| 准 | 众 | 证 | 迟 | 直 | 进 | 尽 | 尘 | 质 | 执 |
| 車 | 燦 | 鑽 | 參 | 倉 | 廠 | 處 | 薦 | 遷 | 鐵 |
| 수레차 | 빛날찬 | 뚫을찬 | 참여할참 | 곳집창 | 헛간창 | 곳처 | 천거할천 | 옮길천 | 쇠철 |
| 车 | 灿 | 钻 | 参 | 仓 | 厂 | 处 | 荐 | 迁 | 铁 |

# 中國語重要簡體字對照表

| 徹 | 廳 | 聽 | 體 | 遞 | 礎 | 燭 | 觸 | 總 | 聰 |
|---|---|---|---|---|---|---|---|---|---|
| 뚫을철 | 관청청 | 들을청 | 몸체 | 갈마들체 | 주춧돌초 | 촛불촉 | 닿을촉 | 거느릴총 | 밝을총 |
| 彻 | 厅 | 听 | 体 | 递 | 础 | 烛 | 触 | 总 | 聡 |
| 叢 | 醜 | 築 | 椿 | 衝 | 蟲 | 層 | 齒 | 親 | 寢 |
| 모을총 | 추할추 | 쌓을축 | 참죽나무춘 | 찌를충 | 벌레충 | 층층 | 이치 | 친할친 | 잠잘침 |
| 丛 | 丑 | 筑 | 桩 | 冲 | 虫 | 层 | 齿 | 亲 | 寝 |
| 稱 | 墮 | 濁 | 奪 | 態 | 罷 | 貝 | 幣 | 褒 | 標 |
| 일컬을칭 | 떨어질타 | 흐릴탁 | 빼앗을탈 | 태도태 | 파할파 | 조개패 | 폐백폐 | 기릴포 | 표할표 |
| 称 | 堕 | 浊 | 夺 | 态 | 罢 | 贝 | 币 | 褒 | 标 |
| 豐 | 風 | 筆 | 畢 | 漢 | 艦 | 鄉 | 響 | 憲 | 獻 |
| 풍설할풍 | 바람풍 | 붓필 | 마칠필 | 한수한 | 싸움배함 | 시골향 | 울릴향 | 법헌 | 드릴헌 |
| 丰 | 风 | 笔 | 毕 | 汉 | 舰 | 乡 | 响 | 宪 | 献 |
| 顯 | 縣 | 懸 | 協 | 脅 | 號 | 護 | 壺 | 華 | 畫 |
| 나타날현 | 고을현 | 매달현 | 화합협 | 으를협 | 부르짖을호 | 호위할호 | 병호 | 빛날화 | 그림화 |
| 显 | 县 | 悬 | 协 | 胁 | 号 | 护 | 壶 | 华 | 画 |
| 確 | 環 | 還 | 歡 | 奐 | 會 | 廻 | 懷 | 劃 | 獲 |
| 확실확 | 고리환 | 돌아올환 | 좋아할환 | 빛날환 | 모을회 | 돌아올회 | 품을회 | 그을획 | 얻을획 |
| 确 | 环 | 还 | 欢 | 奂 | 会 | 回 | 怀 | 划 | 获 |
| 後 | 徽 | 興 | 戲 | | | | | | |
| 뒤후 | 아름다울휘 | 일어날흥 | 희롱할희 | | | | | | |
| 后 | 霭 | 兴 | 戏 | | | | | | |
|  | | | | | | | | | |
|  | | | | | | | | | |

## ◼ 이 창 범 ◼

국가공무원 명예퇴직

한국문인협회 회원, 국제펜클럽 한국본부 회원

경희대학교 총동문회 23대 부회장

월간 「한올문학」발행인, 편집인

수상 : 제10회 세계계관시인본상, 제12회 한국공간시인협회시부문 수상

       제9회 한국크리스찬문학상 수필 대상 수상 등 다수

공저 : 「한국명시선」시인 96인(억새꽃 춤추는 들녘)

       한국명수필 수필가 100인 「산길을 오르며」외 다수

| 사자성어 천자전 | 定價 16,000원 |
| --- | --- |
| 2015年 5月 5日 인쇄<br>2015年 5月 10日 발행<br>편 저 : 이 창 범<br>발행인 : 김 현 호<br>발행처 : 법문 북스<br>공급처 : 법률미디어 |  |

1 5 2 - 0 5 0

서울 구로구 경인로 54길4

TEL : 02)2636-2911~3, FAX : 02)2636-3012

등록 : 1979년 8월 27일 제5-22호

Home : www.lawb.co.kr

▌ISBN 978-89-7535-314-7 03700